学前教育原理

融媒体版
入眼·入脑·入手
易教·乐学

Xueqian
Jiaoyu
Yuanli

本书主编：柳阳辉
本书副主编：李晓洁　白　静
本书参编（按照姓氏笔画排序）：门少娟　赵丹丹　姚素慧

北京师范大学出版集团
BEIJING NORMAL UNIVERSITY PUBLISHING GROUP
北京师范大学出版社

图书在版编目(CIP)数据

学前教育原理/柳阳辉主编．—北京：北京师范大学出版社，2024.4

ISBN 978-7-303-29310-0

Ⅰ.①学…　Ⅱ.①柳…　Ⅲ.①学前教育—教育理论—高等职业教育—教材　Ⅳ.①G610

中国国家版本馆 CIP 数据核字(2023)第 129499 号

图书意见反馈　gaozhifk@bnupg.com　010-58805079
营销中心电话　010-58802181　58805532
编辑部电话　010-58807468

出版发行：北京师范大学出版社　www.bnup.com
北京市西城区新街口外大街 12-3 号
邮政编码：100088
印　　刷：鸿博睿特(天津)印刷科技有限公司
经　　销：全国新华书店
开　　本：787 mm×1092 mm　1/16
印　　张：16.25
字　　数：485 千字
版　　次：2024 年 4 月第 1 版
印　　次：2024 年 4 月第 1 次印刷
定　　价：44.00 元

策划编辑：王　超　　　责任编辑：孟　浩
美术编辑：焦　丽　　　装帧设计：焦　丽
责任校对：陈　荟　　　责任印制：陈　涛

丛书序

教材是高等职业院校组织教育教学活动、开展教育教学改革、实现党的人才培养目标的基本依据，是高等职业院校培养合格人才的重要保证。教材建设是国家事权和铸魂工程，习近平总书记强调“用心打造培根铸魂、启智增慧的精品教材”。党的二十大报告提出要“加强教材建设和管理”，将教材建设作为深化教育领域综合改革的重要环节。因此，编写一套既能全面准确体现习近平新时代中国特色社会主义思想和党的二十大精神，又能及时反映学前教育发展水平、凸显职业教育类型特色、适应社会发展和职业需求的优质教材，不仅是当今高等职业院校学前教育专业人才培养的需求，也是深化教育教学改革发展的重要政治任务。为深入贯彻落实习近平总书记关于职业教育和教材建设工作的重要指示批示精神，以及中共中央、国务院关于加强和改进新形势下大中小学教材建设的意见，不断提高高等职业院校学前教育专业人才的培养质量，现由多方合作编写了这套高等职业院校学前教育专业系列教材。这套教材很好地体现了全国职业教育大会和全国教材工作会议精神，契合了《学前教育专业师范生教师职业能力标准(试行)》的要求，具有鲜明的时代特色和创新之处。

第一，坚持党的教育方针和正确价值导向，落实立德树人根本任务。教材是党和国家意志的体现，建设什么样的教材体系和教材深刻影响着国家的人才培养，教材建设是国家事权。这套教材能够坚持正确的政治方向，以习近平新时代中国特色社会主义思想为指导，坚持党的教育方针和正确价值导向，落实立德树人根本任务，有机融入党的二十大精神、中华优秀传统文化、革命传统、法治意识和国家安全、民族团结以及生态文明教育，努力构建中国特色、融通中外的概念范畴、理论范式和话语体系，防范错误政治观点和思潮的影响，引导学生树立正确的世界观、人生观和价值观，坚定不移听党话、跟党走，努力成为德智体美劳全面发展的社会主义建设者和接班人。

第二，把好教材的科学关，发挥好教材的基本工具作用。教材是体现高等职业院校教学内容和方法的知识载体，是高等职业院校教学中的基本工具。把好教材的科学关，即保证教材内容的科学性、先进性和针对性。在编写教材时，一是要依据国家高等职业院校教材建设规划以及学科专业或课程教学标准(规范)等，服务高等职业院校教育教学改革和人才培养，全面准确阐述学科专业的基本理论、基础知识、基本方法和学术体系，体现创新性和学科特色，满足教学需要；二是要符合高素质人才成长规律和学生认知特点，体现先进职业教育理念，适应人才培养模式创新和优化课程体系的需要，突出理论和实践的统一；三是要编排科学合理，符合学术规范，遵守知识产权保护等国家法律、行政法规，不得有民族、地域、性别、职业和年龄歧视等内容，不得有商业广告或变相商业广告。

第三，创新教材呈现形式，满足个性化“教”与“学”的需求。在飞速发展的信息时代，信息技术已成为较具潜力的生产力，也是人们工作、学习和生活的重要方式和手段。创新教材呈现形式，即适应“互联网＋教育”的发展需求，推进新形态立体化教材建设。在编写教材时，一是以纸质教材为核心，积极开发配套的多媒体课件、视频、音频、习题库、案例库等教材资源，实现“纸、数”融合；二是对教材资源进行开发与整合，建立动态、共享的教材资源库，实现优质教材资源的共建与共享；三是搭建资源平台或网络课程，构建人人皆学、处处能学、时时可学的智能化学习平台，实现线上、线下教学畅通无阻，促进教与学、教与教、学与学的全面互动，进一步提高教学质量与人才培养质量。

第四，保持教材的开放性，适应时代发展的需要。系统论告诉我们，一个开放的系统具有不断地与外界进行物质、能量和信息交换的性质和功能，是系统向上发展的前提，也是系统稳定存在的条件。保持教材的开放性，即编撰教材应解放思想，立足现在，面向未来，要适应时代发展的需要。在编写教材时，一是要坚持理论联系实际，关注教育实践和社会发展中出现的新情况、新问题，积极为研究和解决这些新情况、新问题出谋献策；二是要对接先进教育理念，反映学科教学和科研最新进展，确保教材内容与时俱进；三是要建立健全质量评价和更新制度，要重视采集广大师生在使用过程中的信息反馈，建立第三方纠错机制，充分吸纳社会监督意见，对教材进行定期审查和升级，不断改进、完善教材。

教材建设是系统工程，需要教材编写者、出版者、使用者和教学管理者等多方面的共同努力。确保每一本教材都成为精品，是广大教材编撰工作者追求的目标。我们期望这套教材能对高等职业院校学前教育专业人才培养做出一些贡献。我们期待全国高等职业院校的广大师生以及相关工作者的意见和建议，以便在教育教学实践中不断完善教材。

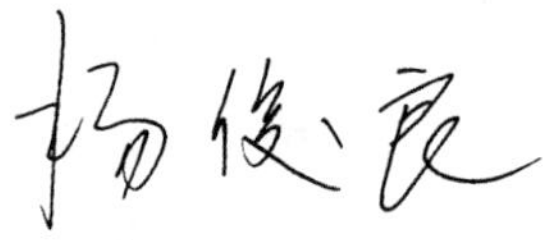

郑州幼儿师范高等专科学校校长

前　言

学前教育作为国民教育体系的重要组成部分，是重要的社会公益事业。党的二十大报告强调要“坚持教育优先发展”“办好人民满意的教育”“加快建设高质教育体系，发展素质教育”。办好学前教育，关系亿万儿童的健康成长，关系千家万户的切身利益，关系国家和民族的未来。《教师教育课程标准(试行)》指出，幼儿园职前教师教育课程要帮助未来教师充分认识幼儿阶段的特性和价值，理解“保教结合”的重要性，学会按幼儿的成长特点进行科学的保育和教育；理解幼儿的认知特点和学习方式，学会把教育寓于幼儿的生活和游戏中，创设适宜的教育环境，保护与发展幼儿探究、创造的兴趣，让幼儿在愉快的幼儿园生活中健康地成长。教材是实施课程标准的重要凭借。本教材是依据《国家职业教育改革实施方案》中“三教”改革的任务、《职业院校教材管理办法》、“十四五”职业教育国家规划教材建设的各项要求，基于学前教育专业的实践性特征，以学前教育的基本理论及托幼机构、家庭和社会等实践活动为研究范畴，以从事学前教育工作所需要的专业知识和技能为核心编写而成的。

本教材的体系科学、内容全面，主要具有以下特点。

第一，以发展学生的相应核心素养为宗旨，内容选取遵循课程标准，重视知识的科学性、系统性，内容表述与呈现严谨有序，反映新时代和学前教育领域的最新成果，体现学前教育发展动态和趋势。

第二，根据学前教育专业学生的认知规律和职业教育教学特点，凸显问题导向式教学特色，避免使用过多的抽象概念，避免过难、过繁、过偏的知识，突出趣味性，增强对学生的吸引力，使学生能够读得懂、学得会、用得上。不同水平的学生都能够利用教材进行自主学习，教师能进行二次加工。

第三，准确把握幼儿园教师所需的理念、知识和技能，以培养“有理想信念、有道德情操、有扎实学识、有仁爱之心”的幼儿园教师为目标，与幼儿园行业导师双元合作，筛选出与学前教育专业实际应用结合紧密的、能被学生接受的典型案例，设计与社会生活和幼儿园工作实践接近的教学情景。

第四，融合学历证书与幼儿园教师资格证书的双重要求，根据学科知识结构与国家教师资格考试大纲的相关内容编写，突出教师资格证考试中的知识点，满足取得“双证”的需要。

第五，除基础知识的介绍外，还设置了“学习目标”“思维导图”“单元导入”“单元案例”“知识链接”“课证融通”“思考与练习”等栏目，以充分激发学生的学习兴趣。本教材的载体融合多种媒体，充分利用先进的信息技术手段，为师生提供丰富、生动、多样的教与学资源。

本教材共有十二个单元，由郑州幼儿师范高等专科学校的柳阳辉、李晓洁、白静、姚素慧，开封文化艺术职业学院的赵丹丹，郑州市教工幼儿园的门少娟六位教师共同编写。具体分工如下：单元一“教育与学前教育”(柳阳辉)，单元二“学前教育的产生与发展”(柳阳辉)，单元三“学前教育与社会发展”(赵丹丹)，单元四“学前教育与儿童发展”(赵丹丹)，单元五“我国学前教育的目标、内容和原则”(白静)，单元六“幼儿园全面发展教育”(李晓洁)，单元七“幼儿园教师”(白静)，单元八“幼儿园课程”(姚素慧)，单元九“幼儿园教育活动”(姚素慧)，单元十“幼儿园环境”(李晓洁)，单元十一“幼儿园班级管理”(李晓洁)，单元十二“幼儿园的合作与衔接”(白静)，教材的资源建设和补充(门少娟)。

在编写过程中，参考、借鉴或引用了许多国内外同行的研究成果，在此一并致以衷心的感谢。本教材经多次修改，其中不足之处在所难免。敬请广大师生批评指正，不吝赐教，以期待进一步修订完善。

编者

目 录

单元一　教育与学前教育

学习目标

1. 了解教育的定义、本质属性和基本要素。
2. 理解学前教育的定义和性质。
3. 能够结合学前教育实践问题理解学前教育的重要意义。

思维导图

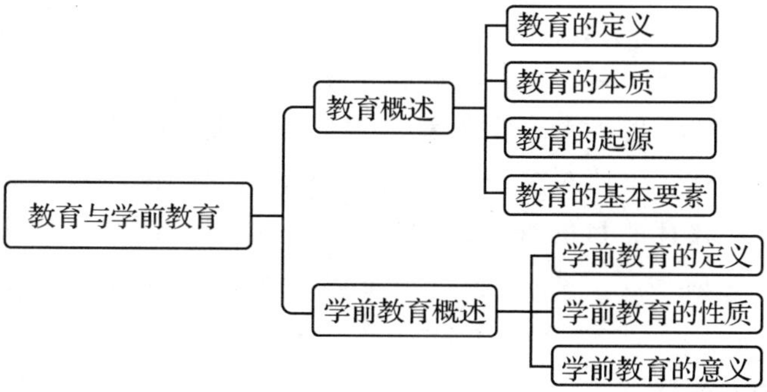

单元导入

学前教育是十分复杂的社会实践活动，有其独特的规律性。要当好一名幼儿园教师，从事学前教育工作，不能仅凭良好的愿望和热情，还必须按照学前教育规律，为从事创造性劳动做好必要的理论准备。了解教育和学前教育的基础知识，有助于提升学习者的教育理论素养，形成运用理论联系实际、分析教育现象、解决教育问题的能力，从而提高从事学前教育工作的自觉性、科学性和创造性。

单元案例

《说文解字》对于“教育”的解读是“教，上所施下所效也”“育，养子使作善也”。在日常生活中，人们经常使用“教育”一词，每个人都能从自身的经历中体会到教育的意义。那么，究竟什么是教育呢？什么是学前教育？它与其他教育有何区别？让我们带着这些问题进入本单元的学习。

第一课　教育概述

一直以来，我们都在接受着各种各样的教育，对教育这个词并不陌生。然而，究竟什么是教育呢？这个问题看似简单，但真要回答却并不容易。对于一个教育工作者，这是必须弄清楚的第一个问题。

一、教育的定义

教育有广义和狭义之分。广义的教育泛指所有能增长人的知识和技能、影响人的思想观念、发展人的智力和体力、完善人的个性的一切活动。因此，有目的、有意识地对人的身心施加影响并促进人向社会要求的方向发展的社会实践活动都可称为教育。广义的教育是伴随着人类社会的产生而产生的。它可以是自发的、无组织的和零散的，也可以是自觉的、有组织的和系统的。广义的教育包括家庭教育、社会教育和学校教育。这三者既有各自的内涵、特点和功能，又相互联系、相互渗透、相互制约。

狭义的教育即学校教育，是教育者根据社会发展的需要，在特定场所有目的、有计划、有组织地对受教育者的身心施加影响的过程。学校教育由专业的教师承担，教育的目的性、计划性、组织性、系统性很强。学校教育是社会发展到一定阶段的产物，其产生的基本条件是生产力的发展和文字的产生。

二、教育的本质

教育的本质是有目的地培养人的社会实践活动。对教育的本质属性可以从以下三方面来理解。

(一)教育活动是人类社会特有的社会实践活动

教育是把自然人转化为社会人的过程，这表明教育是人类所独有的社会现象。动物界存在的“老鸭教小鸭游水”等现象属于动物的本能。它的内容和方式不会随着社会发展而变化，是动物哺育下一代时出现的固化的本能。

(二)教育活动是有意识、有目的地培养人的社会实践活动

教育与其他社会现象有着本质区别。其他社会现象也对人的发展有影响，如社会生产对人的发展的影响很大，但不是自觉地、有目的地影响人的发展。

(三)教育活动是一种专门培养人的社会实践活动

学校是承担教育职责而专门设置的机构，包括托儿所、幼儿园、小学、中学、大学和其他各种类型的教育机构。学校教育相对其他形式的教育有自身的优越性，如有专门的教育场所、专门的经过职业培训的教师、经费保障、精心设计的课程和教学计划等。也正是由于其独特的结构和功能，学校教育

在人的发展中起着主导作用。

知识链接

古史有虞氏之学为“庠”的传说。据《礼记·明堂位》记载，庠是氏族储存公共粮食之所，由老者看管。所以庠也成为老人聚集活动的场所，是氏族敬老养老行礼之地。根据《说文解字》，庠，“从广羊声”；“广”即房舍的意思，“羊”即家畜的羊。在氏族公社中，教育年青一代的任务通常由具有丰富生活经验的老人承担。这种活动要就老人的方便，一般在养老的地方进行，所以庠也兼为教育的场所。庠兼有两方面的重要活动，即养老与教育，而教育的任务重在德教。

庠是原始社会末期开展多种活动的机构，包括开展当时的教育活动。这些机构虽然还不是正式的学校，但人们开始在这些机构进行有目的、有组织的活动，为以后专门教育机构的产生奠定了基础。①

三、教育的起源

教育的起源是一个复杂的问题，是整个教育科学理论体系的基点。讨论教育的起源问题，有助于了解教育的发生、发展的历史进程，有助于理解和加深对现在教育的认识。但在教育理论的发展史上，人们的观点并不一致，至今未能形成完全相同的看法。其中比较有代表性的观点有如下几种。

(一)神话起源说

神话起源说强调教育是由人格化的神如上帝或天所创造的，教育体现神或上天的意志，使人皈依于神或顺从于天。这种观点是错误的，是非科学的。之所以如此主要是因为认识水平的局限，人们不能科学地认识和提出教育的起源问题。

(二)生物起源说

生物起源说认为，人类教育起源于动物界中各类动物的生存本能活动，认为动物中就存在教育现象，只是人类的教育现象较为复杂一点而已。它认为二者只存在量的差别，没有质的不同。其主要代表人物有法国哲学家利托尔诺、英国哲学家沛西·能等。

利托尔诺从生物学的观点出发，把动物界生存竞争和天性本能看成是教育的基础。按照他的看法，动物是基于生存与繁衍天性本能而产生了把“经验”“技巧”传给小动物的行为，这种行为便是教育的最初形式与发端。沛西·能认为教育是一个生物学的过程，一切人类社会都有教育；不管这个社会如何原始，甚至在高等动物中也有低级形式的教育。

---

① 孙培青：《中国教育史》第四版，7～9页，上海，华东师范大学出版社，2019。

与神话起源说相比，生物起源说以达尔文生物进化论为指导，是第一个正式提出的教育起源学说，标志着在教育的起源问题上开始从神话解释转向科学解释。它的根本错误在于没有把握人类教育的目的性和社会性，从而没能区分出人类教育行为与动物养育行为之间质的差别，把教育的起源问题生物学化。

（三）心理起源说

心理起源说认为，教育起源于儿童对成人的无意识模仿。其主要代表人物是美国心理学家孟禄。

孟禄从心理学的观点出发，根据原始社会没有学校、没有教师、没有教材的原始史实，判定教育应起源于儿童对成人的无意识模仿。他认为原始社会中年幼者对年长成员的无意识模仿就是最初的教育。这种观点不同于生物起源说，其进步意义在于强调教育是人类的本能，而不是动物的本能。

心理起源说避免了生物起源说的错误，提出模仿是教育起源的新说，有其合理的一面。模仿作为一种心理现象和一种学习方式，可视为教育的诸种途径之一。但孟禄的错误在于他把全部教育都归之于无意识状态下的模仿行为，否认了教育的社会属性和目的性，否认了教育是一种自觉、有意识的活动。

（四）劳动起源说

劳动起源说也称社会起源说，它是在直接批判生物起源说和心理起源说的基础上，在历史唯物主义理论的指导下形成的。它源自恩格斯劳动创造人以及人类社会起源于劳动的理论。

苏联教育学家米丁斯基在其著作《世界教育史》中提出，只有从恩格斯的“劳动创造了人本身”这个著名的原则出发，才能了解教育的起源。① 教育起源于人类特有的生产劳动。他在批判资产阶级教育思想的同时，力图以历史唯物主义的观点来阐明教育的起源，特别是运用恩格斯在《劳动在从猿到人转变过程中的作用》中阐述的人和人类社会起源的观点，提出教育起源于劳动。他认为，教育从人类生产生活资料和生产资料的时候就开始了，同时认为教育是人类所特有的一种有意识、有目的的社会活动。

除此之外，还有一些学者持有其他观点。比如，我国教育家叶澜认为，教育起源于人类的交往活动，而不是生产劳动，因为教育关系是人与人之间的关系，而劳动中的关系是人与物之间的关系。尽管人类社会最初的交往活动大量是在劳动中进行的，但我们依然不取生产劳动为教育的形态起源。教育的起源关系教育本质、教育功能、教育规律等问题，一直以来也是教育理论界

---

① 转引自胡德海：《教育学原理》第二版，147 页，兰州，甘肃教育出版社，2006。

的热门话题之一。关于教育起源问题的认识，会随着人类学、生物学、考古学等学科的发展而呈现出新的趋势。

知识链接

有一些学者从教育起源的时间的角度，提出“古猿说”和“晚期智人说”。“古猿说”认为，人类教育起源于古猿的教育，即古猿为了维护自己的类的存在而将自己固有的求生技能传授给下一代的行为。这种行为在劳动的作用下发生了质的变化，转变成人类教育。“晚期智人说”认为教育起源于原始社会高级阶段上的晚期智人。人类在大约300万年的史前史中，依次经历了约280万年缺育少教的猿人阶段、约16万年有育无教的早期智人阶段，直到公元前4万年至公元前1万年前的晚期智人阶段才得以既育又教。“晚期智人无疑是教育的开山鼻祖”，现代考古学、人类学认为“山顶洞人”是蒙古人种的祖先类型，“克罗马农人”是欧罗巴人种的古代代表。因此，蒙古人种的教育起源于“山顶洞人”，欧罗巴人种的教育起源于“克罗马农人”。由此可见，不同人种的教育又有着不同的发祥地。①

四、教育的基本要素

教育活动是多种多样的，但都共同存在构成教育活动必不可少的基本的要素，即教育者、受教育者和教育影响。

(一)教育者

教育者是指直接对受教育者的素质发展产生影响的人，包括学校的教师、管理人员、兼职教师、家庭教师、家长等。其中教师是教育者的主体和代表。教育过程是教育者有目的的活动过程。教育者把受教育者作为“教”的对象，以教育影响为手段，把引导和促进受教育者身心的发展作为活动目的，力求使受教育者的身心发生合乎社会的变化。

(二)受教育者

在广义的教育中，所有为提高自身素质而处于学习状态的人都是受教育者；在狭义的教育中，受教育者特指教师“教”的对象——学生。随着世界范围内终身教育(lifelong education)和全民教育(education for all)的实行，教育对象的范围已经扩展到一个人从生命形成(胎教)到死亡的整个一生和全社会不分种族、性别、宗教、民族的所有人。其中学校里的学生是受教育者的主体和代表。在教育过程中，受教育者首先作为教育的对象存在于教育活动的要素之中。受教育者是教育的对象，同时受教育者也是学习的主体。受教育者作为一个独立个体，他们有自己的主动性、选择性，有自己的需要和意志，可以依靠自己独立思考主导自己的行为。

---

① 王凌皓、姚玉香：《教育起源学说综述》，载《白城师范学院学报》，2003(1)。

知识链接

为了保障适龄儿童接受学前教育，规范学前教育实施，促进学前教育事业普及普惠、安全优质发展，2020 年 9 月根据宪法和教育法等法律法规，教育部发布了《中华人民共和国学前教育法草案(征求意见稿)》。2023 年 9 月，经审议通过的《中华人民共和国学前教育法(草案)》公布。《中华人民共和国学前教育法(草案)》指出，适龄儿童依法享有平等接受学前教育的权利。全社会应当为适龄儿童接受学前教育、健康成长创造良好环境。

(三)教育影响

教育影响是教育内容、教育方法和教育手段及其联系的总和。它既是教育实践活动的工具，又是教育者和受教育者相互作用的中介。教育内容是人类积累起来的各种丰富经验，是教育者有意识地传递给受教育者的、有价值的影响物。它是根据教育目的和受教育者的身心发展特点，经过选择和加工而成的。它主要体现在各种教科书、教学参考资料和其他形式的信息载体之中，也体现在教育者自身和教育环境当中。教育手段是指教育活动过程中所运用的一切物质条件，如教学场所、实验手段、教育设备设施等。教育者和受教育者只有凭借这些手段才能完成教与学的任务。

教育者、受教育者、教育影响这三个基本要素既相互独立，又相互联系。教育者是教育影响和受教育者之间的纽带，受教育者是教育者选择和施加教育影响的对象，教育影响是教育者对受教育者作用的桥梁。三个基本要素相互促进，三者构成一个完整的活动体系。其中教育者是主导性因素，是教育活动的组织者和领导者；受教育者是主体性因素，在学习活动中必须充分发挥主观能动性；教育影响是教育活动中联系教育者和受教育者的各种媒介。

第二课　学前教育概述

人一生按年龄可分为若干时期，如婴儿期、幼儿期、儿童期、少年期、青年期、成年期、老年期等。不同年龄阶段的人有着不同的年龄特征、不同的需要。因此，教育必须分阶段进行。学校教育按不同的年龄阶段划分，纵向上包括学前教育、小学教育、中学教育和高等教育。

一、学前教育的定义

(一)学前教育的概念

“学前”指入小学之前，而入小学的时间受时代变迁、文化传统、政治与经济制度等因素影响，在不同时期和不同国家并没有统一的标准。因此，学前教育也有广义和狭义两种理解。广义的学前教育是指对从出生到入学前儿童的教育，即凡是能够影响儿童的身体成长和认知、情感、性格等心理各方面发展的活动。比如，儿童在家看图书、帮父母做家务劳动，或者随成人去旅游、参观、看电影、参加社会活动等，都是学前教育。而狭义的学前教育则指学前教育工作者整合儿童周围的资源，对入小学前儿童施以有目的、有计划、有系统的影响活动。本书中的学前教育主要指狭义的学前教育。

知识链接

学前教育的对象包括婴儿和幼儿。就年龄而论，学前教育是指从出生到6周岁左右(即入学前)儿童所接受的教育。这种年龄上限除了社会制度依据，也有生理根据。人一生可供使用的牙齿有两批：第一批是乳牙，第二批是恒牙。恒牙有32个，生长得最早的一个是第一大臼齿。它长出的时间大都是在儿童6岁的时候，俗称“六龄牙”。可以把它的长出视为人的发育过程中适宜的分期点，“六龄牙”的长出预示着人生幼年时期的结束。根据《中华人民共和国义务教育法》的规定，入小学的年龄是6周岁或7周岁。在国外，儿童入小学的年龄一般在5～8周岁。

在生活中，我们常常听到早期教育、婴儿教育、幼儿教育、儿童教育、幼稚教育等名词，在使用过程中如果不注意把握其内涵和外延，往往会导致使用的混淆。

早期教育与婴儿教育同义，针对的是0～3岁儿童，强调的是对早期儿童的教育。我国学前教育关注的焦点是3～6岁的儿童，对3岁前的儿童的保育和教育关注还不足。因此，我们通常所讲的早期教育一般特指对3岁前儿童的保育和教育。但是，从国际上通行的标准看，早期教育在欧美国家还包括0～8岁儿童的教育。国际上“早期教育”和“学前教育”两个概念相互交叉，要根据使用的具体语境来区别年龄范围。

幼儿教育从字面上看，指的是对幼儿的教育，即对3～6岁儿童的教育。从外延上看，幼儿教育至多是狭义上的学前教育，不能等同于广义的学前教育。目前我国幼儿园的主体是招收3～6岁的儿童。

儿童教育在我国指的是对0～14岁儿童的教育。它除了包含学前教育，还包含基础教育阶段的小学教育。

幼稚教育则是我国近现代常用的概念。新中国成立后，国家正式文件中一般使用“学前教育”一词代替“幼稚教育”。不过，在我国港澳台地区，幼稚教育的概念仍然在使用。

(二)学前教育的实施形式

学前家庭教育与学前社会教育是学前教育的主要社会实践形式。前者是由父母或其他养护者在家庭中进行的；后者是在家庭以外由社会组织进行的。

1. 学前家庭教育

家庭是人一生中最早接触而生活的时间最长的社会场所，是儿童出生以后第一个重要的生活与学习的环境。17 世纪，捷克教育家夸美纽斯曾经把幼儿的家庭教育形象地描述为“在母亲膝前进行的教育”，把幼儿教育的场所称为“母育学校”。在历史上，家庭教育曾经是幼儿教育的主要实施形式。许多研究表明，儿童的年龄越小，家庭教育对他们身心发展的影响越大。学前家庭教育一般具有早期性、随意性、随机性、长久性、单独性、感染性、及时性等特点。

2. 学前社会教育

为入学前儿童开设的集体保育和教育，称为学前社会教育。其中，幼儿园教育和托幼机构保育是学前社会教育的主要组成部分。幼儿园教育是由幼儿园承担的、由专职幼儿教育工作者根据社会的要求和幼儿的身心发展特点，对在园幼儿实施的有计划、有组织、以促进幼儿身心全面发展为目的的社会教育。幼儿园教育在我国归属于学校教育系统。幼儿园教育具有家庭、社会所不及的优点，如面向众多幼儿而非单个个体，有明确的培养目标，教育的实施是有计划、有步骤地进行，有专门的具有专业素质的幼儿园教师等特点。在当代，这种专门化的形式多样的社会学前教育，日益成为学前教育的主要形式，承担着学前教育的重要责任。

(1)幼儿园

目前，幼儿园成为我国专门化的社会学前教育机构的主要形式。根据《幼儿园工作规程》的规定，幼儿园是对 3 岁以上学龄前幼儿实施保育和教育的机构。幼儿园教育是基础教育的重要组成部分，是学校教育制度的基础阶段。幼儿园一般为 3 年制，可分为全日制、半日制、定时制、季节制和寄宿制等。依据《国务院关于当前发展学前教育的若干意见》，当前我国幼儿园发展的方针是大力发展公办幼儿园，鼓励社会力量以多种形式举办幼儿园。2018 年我国颁布的《中共中央　国务院关于学前教育深化改革规范发展的若干意见》进一步强调，大力发展公办园，同时积极扶持民办园，提供普惠性服务。

教师和幼儿是学前教育的核心要素。教师是学前教育的主导者。教师在教育过程中发挥着领导、组织和执教的功能，是教育活动的主导者。教师要根据国家的教育目的和教育方针，按照保育与教育相结合的原则，遵循幼儿的身心发展特点和规律，以适宜的教育方式，对幼儿实施德、智、体、美、劳全面发展的教育，促进幼儿身心和谐发展，为幼儿一生的发展打好基础。幼儿是学前教育活动的主体。教师与幼儿在教育过程中发生着复杂的互动关系。幼儿是接受教育影响的人，在教育活动中承担着学习的责任，是生活、游戏、学习等教育活动的主体，是发展的主体。他们既需要成人的精心呵护与教育，又需要成人的理解与尊重。教师应当充分尊重幼儿的个体差异，根据幼儿不同的身心发展水平，采取有效的活动形式和方法，满足幼儿的身心发展需要，培养幼儿良好的身心素质。

(2)托育机构

依据《国务院办公厅关于促进3岁以下婴幼儿照护服务发展的指导意见》《托育机构设置标准(试行)》《托育机构管理规范(试行)》《托育机构保育指导大纲(试行)》，3岁以下婴幼儿照护服务是生命全周期服务管理的重要内容，应建立专业化、规范化的托育机构。托育机构是实施保育的场所，应当提供健康、安全、丰富的生活和活动环境，配置符合婴幼儿月龄特点的家具、用具、玩具、图书、游戏材料和安全防护措施，并根据场地条件合理确定收托规模，配备符合要求的保育人员。托育机构的保育工作是婴幼儿照护服务的重要组成部分。托育机构要创设适宜的环境，合理安排一日生活和活动，为婴幼儿提供生活照料、安全看护、平衡膳食和早期学习机会，促进婴幼儿身体和心理的全面发展。

国务院办公厅关于促进3岁以下婴幼儿照护服务发展的指导意见

知识链接

《托育机构保育指导大纲(试行)》对婴幼儿营养与喂养、睡眠、生活与卫生习惯等保育重点工作提出目标和要求。

该指导大纲指出，托育机构保育应遵循尊重儿童、安全健康、积极回应、科学规范四个基本原则，通过创设适宜环境，合理安排一日生活和活动，提供生活照料、安全看护、平衡膳食和早期学习机会，促进婴幼儿身体和心理的全面发展。

国家卫生健康委关于印发托育机构设置标准(试行)和托育机构管理规范(试行)的通知

在具体实施中，托育机构保育工作应当遵循婴幼儿发展的年龄特点与个体差异，通过多种途径促进婴幼儿身体发育和心理发展。该指导大纲从婴幼儿营养与喂养、睡眠、生活与卫生习惯、动作、语言、认知、情感与社会性方面提出了具体目标和保育要点。保育重点应当包括营养与喂养、睡眠、生活与卫生习惯、动作、语言、认知、情感与社会性等。

该指导大纲强调，托育机构保育人员是保育工作的主要实施者，应当具有良好的职业道德和业务能力，身心健康。保育工作应当根据婴幼儿的身心发展特点和规律，制定科学的保育方案，合理安排婴幼儿的饮食、饮水、如厕、盥洗、睡眠、游戏等一日生活和活动，支持婴幼儿主动探索、操作体验、互动交流和表达表现，丰富婴幼儿的直接经验。

二、学前教育的性质

(一)基础性

教育是民族振兴的基石，是社会发展的基础。世界各国已经认识到教育落后阻碍着国家的发展，所以教育就成为社会发展的一种基础性措施。学前教育是基础教育的基础，对于促进个体早期的全面健康发展，巩固和提高义务教育质量与效益，提升国民素质，促进教育和社会公平具有重要价值。《幼儿园教育指导纲要(试行)》明确指出，幼儿园教育是基础教育的重要组成部分，是我国学校教育和终身教育的奠基阶段。城乡各类幼儿园都应从实际出发，因地制宜地实施素质教育，为幼儿一生的发展打好基础。在个体发展的初始阶段，学前教育对个体的潜能开发、个性发展和能力培养具有绝对的基础性作用。

(二)启蒙性

幼儿尚处于人生发展的早期。在这个时期，幼儿的生理和心理尚处于初级发展水平，暂不具备掌握系统知识结构的能力。我们对其教育须起于未发、适时而教、循序渐进。在教育内容上，我们应为他们提供基本的、具有启蒙性的内容，对他们认知的要求虽是粗略的、浅显的，但必须是科学的、唯物的、辩证的。比如，幼儿学习的内容应是幼儿周围生活环境中常见的、有代表性的、具体形象的、浅显易懂的自然知识和社会知识，以初步培养幼儿的关于数量、时空等的观念，发展其语言表达与审美能力等。学前教育的方式应形象、具体、直观、生动活泼，并要求多种形式、手段、方法综合运用，创设立体、开放的教育环境。实施学前教育时强调不以传授知识的多少为主要目标，重在开发幼儿的智能和创造性，培养幼儿良好的个性品质，提高幼儿的社会环境适应能力等。

(三)公益性

学前教育是重要的社会公益事业，具有显著的公益性。《中华人民共和国教育法》明确规定："教育活动必须符合国家和社会公共利益。"坚持教育的公益性是我国教育事业健康发展的基本要求。2010年，《国务院关于当前发展学前教育的若干意见》明确指出，学前教育是终身学习的开端，是国民教育体系的重要组成部分，是重要的社会公益事业。

(四)普惠性

学前教育普惠性的核心内涵是普遍惠及、人人享有。有学者认为学前教育的普惠性包括三个层面："一是指受惠面的普遍化、扩大化，依据的标准是公民权利而非身份地位；二是指幼儿教育作为公共产品之一，由政府承担施惠方的责任；三是指普惠性学前教育的核心目标是普及学前教育，提升学前教育质量。"①普惠性学前教育是供给充分、分布合理、价格能够符合社会大众接受的、质量有保障的学前教育。除了通过扩大学前教育机构的规模，创办学前特殊教育机构，保障处境不利的幼儿有机会接受学前教育，另外还要扩大优质学前教育资源的覆盖范围。学前教育的普惠性原则不仅意味着每个幼儿都有机会接受学前教育，而且要求每个幼儿都接受高质量的学前教育，逐步实现优质学前教育资源惠及每个幼儿的目标。

---

① 王海英：《从特权福利到公民权利——解读〈国务院关于当前发展学前教育的若干意见〉中的普惠性原则》，载《幼儿教育(教育科学)》，2011(1、2)。

知识链接

《国务院关于当前发展学前教育的若干意见》指出，鼓励社会力量以多种形式举办幼儿园。通过保证合理用地、减免税费等方式，支持社会力量办园。积极扶持民办幼儿园特别是面向大众、收费较低的普惠性民办幼儿园发展。

普惠性幼儿园是指那些为广大中低收入家庭服务的幼儿园，即利用公共资金创办的面向社会大众的公共学前教育服务机构。它不仅达到规定办园基本标准，面向社会大众招生，而且收费实行政府定价或接受政府指导价。它至少包括三个类型的幼儿园：一是公办幼儿园；二是集体或单位创办的公办性质幼儿园；三是提供普惠性服务的民办幼儿园。普惠性幼儿园一般注重园所安全、用房配置、户外场地、设施设备、经费投入、办园规模这些问题。

三、学前教育的意义

学前教育的意义

(一)学前教育关系亿万儿童的健康成长

学前教育作为人生开端的教育，对人的认知发展、社会性和人格的发展起着奠基性作用。学前教育这个阶段是一生中发展速度较快、可塑性较强的阶段，同时也是语言发展、智力发展、学习的关键阶段，是人的大脑发育的关键阶段，还是人的好奇心、求知欲、想象力、创造性等发展的关键阶段。良好的刺激对大脑的功能和结构都有重要的影响。如果错过了这一阶段，在较晚的阶段再来弥补则是很困难的，甚至是不可能的。

适宜的、遵循幼儿身心发展规律的教育不仅能够积极地促进幼儿智力发展，而且直接关系幼儿的学习态度、学习兴趣、学习习惯和学习动机等非智力因素的发展。这对个体发展和终身学习具有重大影响，对幼儿的身心健康发展至关重要。

(二)学前教育关系千家万户的切身利益

家庭是社会基本的单位，每一个幼儿都联系着一个或几个家庭。当前我国的入园率逐年上升，学前教育机构承担着为家长参加工作和学习提供便利的任务。在家长普遍重视孩子和早期教育的当今时代，学前教育的质量成为家长关注的核心。因此，对于一个家庭来讲，孩子的成长和发展是影响家庭生活质量的一个关键性因素。学前教育可以为家庭减负，是关系千家万户切身利益的民生工程。

典型案例

为了推动学前教育的普遍发展，世界各国不论是发达国家还是发展中国家，都运用适当的策略，积极创造条件，创办各种各样的学前教育机构。美国主要有托儿所、儿童保育中心、幼儿园、学前班、蒙台梭利学校、早期补偿教育中心等；英国主要有幼儿学校、幼儿班、日托中心、游戏小组、幼儿保育学校等；瑞典主要有日托中心、托管中心、学前教育中心、家庭日托、儿童护理中心、公园游戏场所、玩具图书馆等；澳大利亚主要有学前教育中心、儿童保育中心、家庭日托、游戏小组等；南非主要有保育中心、游戏小组、小学预备学校、母亲日托等。多样化的学前教育机构满足了社会不同层次的需要，也促进了学前教育的不断发展。①

(三)学前教育关系国家和民族的未来

教育是国家和民族发展的根本大计。学前教育不仅对幼儿及其家庭有利，还具有重要的社会经济价值，有利于降低犯罪率与改善公民的健康状况和生活质量，从而节约公共行政、司法、医疗和福利开支。大力发展学前教育能体现促进社会公平和促进社会政治、经济、文化、人才等方面发展的宏观价值。许多发达国家已经把学前教育作为整个国民教育的基础，并逐步纳入义务教育和终身教育体系。

加大学前教育的投入和支持，普及学前教育，提升学前教育质量，将有助于提高我国教育水平和国民整体素质，为培育合格的社会主义事业的建设者和接班人奠定最初的基础，对我国实现从人力资源大国向人力资源强国转变的任务具有重要的战略意义。

思考与练习

一、基础练习

1. 简述教育的分类。

2. 简述教育的基本要素。

3. 简述学前教育的性质。

二、实践训练

1. 我国学前教育的发展现状是什么？请从具体政策、法规等方面展开文献检索，开展学前教育专业认同的小组讨论，并形成研究成果。

2. 你认为目前出现入园难和入园贵的现象的原因是什么？你认为采取什么措施可以减少入园难和入园贵的现象？请以小组合作的形式展开调研并形成调研报告。

3. 关注学前教育的热点话题，在班级进行分享讨论。

4. 在查阅文献资料的基础上，找到几所普惠性幼儿园进行访谈调查，针对普惠性幼儿园的发展现状与问题提出自己的看法。

---

① 黄静潇：《国外学前教育发展策略概览》，载《教育导刊》，2005(2)。

学习评价与反思

单元一综合检测题

单元一综合检测题答案

单元二　学前教育的产生与发展

学习目标

1. 了解学前教育产生与发展的基本历程，明确现代学前教育的发展趋势。

2. 理解学前教育家的儿童教育思想，尤其是福禄培尔、蒙台梭利、陈鹤琴的教育理念。

3. 尝试运用相关教育思想分析学前教育的热点问题。

思维导图

- 学前教育的产生与发展
  - 学前教育实践的产生与发展
    - 原始社会的学前教育
    - 农业社会的学前教育
    - 工业社会的学前教育
    - 现代社会的学前教育
  - 学前教育理论的产生与发展
    - 西方学前教育理论的产生与发展
    - 我国学前教育理论的产生与发展

单元导入

《中华人民共和国学前教育法(草案)》明确规定，学前教育是国民教育体系的重要组成部分，是重要的社会公益事业；国家实行学前教育制度。因此，办好学前教育，关系亿万儿童的健康成长，关系千家万户的切身利益，关系国家和民族的未来。学前教育是怎样产生和发展的？公共的托幼机构是在怎样的背景中诞生的？让我们一起来了解学前教育的产生与发展。

单元案例

1837 年，福禄培尔在德国的勃兰根堡创办了一个发展幼儿活动本能和促进幼儿自我活动的机构，同时在以前研究成果的基础上创制了一套游戏材料“恩物”。福禄培尔曾想把这个机构取名为“婴儿职业所”或“育婴院”，但因觉得都不妥而没有确定下来。后来有一天，他在森林中散步时，从所看到的花草树木的自然乐趣中忽有所悟，于是决定用“幼儿园”一词来命名自己创办的幼儿教育机构。他把幼儿园的活动场所比作花园，把幼儿比作花草树木，把幼儿教师比作园丁，把幼儿的发展比作培植花草树木的过程。因此，1840 年，世界上第一所幼儿园诞生了。①

第一课　学前教育实践的产生与发展

人类不断发展的历史，也是教育不断发展的历史。② 自从有了人类社会，便有了教育现象；有了儿童，也就有了学前教育现象。人类需要通过教育来传授生产和生活知识以维持人类生活，延续社会发展。因此可以说，学前教育作为一种社会现象，伴随着人类社会的产生而产生、发展而发展。学前教育的发展历史指的是学前教育随社会的演变而产生、发展的过程。学前教育与人类社会一起产生和发展。

一、原始社会的学前教育

原始社会的生产力低，人类的祖先尚无条件组成现代意义的家庭，而以集体化的氏族公社的形式生活。儿童教育就成为一种“公共事务”，由氏族公社的年长和体弱者在住地统一看护儿童，实施公养公育。

原始社会的学前教育

(一)原始社会学前教育的内容

1. 生存和劳动教育

生产劳动是原始社会重要且普遍的活动。儿童教育必然要紧密结合生产劳动，并为生产劳动服务。成人教儿童学习制造石器、使用火的方法，教儿童团结互助，要勇敢地同毒蛇猛兽及各种自然灾害做斗争。氏族公社时期已有了农业劳动。老人们把种植稻、粟、蔬菜的经验教给儿童，还教他们制造骨器、木器、弓箭和陶器等。

2. 道德教育

在氏族公社时期，没有法律，也没有统治者，一切都依照传统习俗行事。道德教育可以使儿童自幼学会遵守氏族公社成员之间交往的规范，不损人利己，不侵犯氏族公共利益；学会尊敬长辈、爱护幼小、团结互助等。

3. 宗教和审美教育

在氏族公社时期，原始宗教活动普遍存在。宗教教育不仅能使儿童养成宗教意识和情感，而且还能让儿童在参加的宗教祭祀活动中学到一些生产知识和自然常识。原始的歌舞是当时宗教祭祀活动的重要组成部分，宗教活动

---

① 单中惠、刘传德：《外国幼儿教育史》，166～167 页，上海，上海教育出版社，1997。

② 刘晓东、卢乐珍等：《学前教育学》，3 页，南京，江苏教育出版社，2004。

中的美育(包括歌舞、音乐、绘画等)因此成为一项不可缺少的内容。

4. 军事教育和体育

由于原始社会的生产力低、生存环境恶劣，所有成员都要参加与大自然的斗争，因此要对儿童进行体格训练。同时，因为部落之间有争斗，儿童从小就要接受军事训练，学习和使用武器及作战方法，锻炼强健的体魄。因而这也成为一项重要的教育内容。

(二)原始社会学前教育的特征

1. 无阶级性

由于原始社会的生产力低、生产资料公有，还没有阶级划分，因此教育是没有阶级性的。原始社会教育目的是培养合格的氏族成员，对儿童实施社会公育。

2. 非独立性

原始社会的教育与生产劳动相结合。儿童教育内容以生活经验为主，与儿童日后将要进行的生产、生活实际密切相关。由于原始社会没有专门的教育机构和专职的教育者，儿童的学习与教育是在生产劳动过程中进行的，是不固定的、分散的。

3. 原始性

原始社会没有产生专门的教育活动，不存在现代意义上的学前教育。教育没有从生产和生活中分化出来，所以当时的学前教育是非常原始的。教育没有专职人员，往往是“长者为师”。原始群落的老人是原始社会儿童教育工作的主要承担者。原始社会没有专门的教育场所，采取随时随地、分散进行的教育形式。儿童接受教育的手段是言传身教、口耳相传。原始社会主要是在实践活动中结合实际的示范讲解和观察模仿而进行教育的。

二、农业社会的学前教育

农业社会是在原始社会的基础上发展起来的。原始社会生产力的提高导致剩余物质资料的出现，于是私有财产为人类阶级社会的产生奠定了物质基础，私有制家庭逐渐取代了原先的氏族制大家庭而成为相对独立的生产和生活单位。人类社会进入了有阶级的社会——奴隶社会、封建社会。

(一)家庭承担学前教育的责任

原始公有制下的儿童公育制失去其社会基础而不复存在。稳定的家庭逐步建立，为家庭学前教育的产生提供了基础。这样养育和教育儿童的责任自然向家庭转移，进入了“各亲其亲，各子其子”的“天下为家”的时代。对幼小一代的抚养与教养主要通过家庭来进行，母亲是入学前儿童的主要养育者和教育者。

1. 国外学前教育的不同形式

西方的斯巴达是古希腊诸城邦中最大的农业奴隶制国家。为了维护奴隶制统治，斯巴达人建立了以培养勇猛善战的军人为目的的教育制度，非常注重军事体育训练——“五项竞技”，即赛跑、跳跃、角力、掷铁饼、投标枪。除此之外，军人还学习骑马、游泳、击剑、唱战歌等。7岁以后，男孩被送到国家建设的军事教育场所接受严苛的军事体育训练，以在战时成为勇敢、坚韧的爱国战士。女孩则在家中或附近的村落接受严格的体育训练，以在战时成为战士的坚强后盾。

雅典拥有优良的海港条件，工商业较为发达，实行的是民主政治，重在把受教育者培养成身心和谐发展的能履行公民职责的人，更倾向于培养多才多艺、能言善辩、善于工商事务的政治家和商人。6岁以前的儿童一般在家庭中受到照顾。此外，3～6岁的儿童还要在附设在神庙里的儿童场接受专人负责的教育。这种教育以发展品德、智力和体质为主要目的，采用讲故事、做游戏、学音乐等形式。

古罗马以父权的家长制著称。儿童出生以后，母亲承担抚养子女的义务。男孩7岁时，母亲承担主角的教育便告结束。男孩在跟随父亲外出工作或参加社会活动的过程中，接受父亲的影响和教育。也有些男孩进入学校学习文化知识。女孩继续留在家中，跟随母亲学习纺织及家务。

中世纪时期对儿童实施压抑天性的宗教训诫，体罚盛行。随着文艺复兴运动的兴起，教育家以人文主义为指导，认为儿童应当得到成人的照顾，肯定儿童的自然天性；提出家庭要按照儿童的身心发展规律对他们进行教育；要求父母、教师或保育人员以身作则，为儿童做榜样。这为近代学前教育的兴起奠定了思想基础。

2. 我国学前教育的不同形式

我国古代对儿童的教育主要是通过家庭来完成的。在普通家庭，0～7岁的儿童在家庭生活中得到父母和长辈的照料，学习的主要内容是伦理道德、为人处世的礼仪规矩，也包括基本的生活与劳动技能、读写算知识等。做游戏和学习童谣是儿童接受社会教育的重要通道。

古代宫廷教育是家庭教育的一种特殊形式。皇室、贵族以及地位较高的家庭中的年幼儿童由专门的乳母或保姆进行喂养，年龄稍长就要进入宫廷学校学习。宫廷学校融学前教育、初等教育于一体，学习内容包括生产生活知识以外的内容，如做游戏、讲故事、识字写字等。统治阶级对学前教育尤为重视，不仅建立了针对君主教育的保傅制度与乳保教育制度，还提出了实施胎教的主张和具体要求。公元前11世纪的西周出现的“孺子室”，是专为周王的太子、诸王子、各诸侯的儿子们设立的。孺子室的保育人员分为教孩子为善的慈师、了解孩子个性好恶而加以引导的慈母、管理孩子饮食起居的保姆和奶妈，分工明确，职责清楚，有一定的组织形式。

保傅制度

(二)学前教育的阶级性凸显

私有制的产生和阶级的出现，使得上层剥削者和底层劳动者之间的分化日益清晰、固定。统治阶级为了维护自己的统治，利用手中的权力让自己的子女接受专人教育，以便把自己的子女培养成未来的统治者和官吏。同时他们剥夺平民子女受教育的权利。比如，在我国西周时期，奴隶主垄断教育和学术，实行“学在官府”。平民百姓没有机会进入学校，奴隶根本没有受教育权，只被允许跟随父母学习各种劳动知识和技能。儿童从小就必须严格按照父辈的社会地位和职业接受相应的教育。世袭制必然导致受教育权的等级性和不平等性。于是文化知识教育成了统治者的专利，教育的阶级性、等级性随之产生。无论是东方还是西方，不管是奴隶社会还是封建社会，本质都是相同的。

(三)学校的产生标志学前教育和学校教育产生分期

在原始社会末期，由于生产力的发展和国家机构的建立以及文字的出现，为了适应社会生产力发展的需要，培育一批具有初步读、写、算能力和为统治阶级服务的人，学校开始产生。我国夏代已经有了“庠”“序”“校”三种学校。商代的学校有“大学”“小学”“序”等。在西周时期，我国的教育制度已经非常完备，建立了政教合一的官学体系，有“国学”和“乡学”之分，形成了以礼乐为中心的六艺教育。学校的产生标志着学前教育与学校教育有了较明确的年龄划分。但是入学前儿童的教育仍然在家庭中分散进行，这和封建社会的农业经济形态是相适应的。

三、工业社会的学前教育

文艺复兴以后，工业革命逐步兴起，大工业机器生产在欧洲得到迅速发展，大量小农、小手工业者被迫进入大工厂做工，妇女也被迫走出家庭进入工厂就业，致使低龄孩子无人照顾，造成严重的社会问题。因此，创办学前教育机构以收容、教养工人孩子的需求日益迫切。一些社会开明人士、慈善家和自治团体、行会陆续开始创办贫儿救济设施，虽然简陋，但确实推动着学前教育机构的建立与逐步发展。

(一)慈善性质公共学前教育机构的建立

由于大工业生产创造了比小农经济较高的劳动生产率，社会具备了创办学前教育机构所必需的物质基础。生产的社会化带来了学前教育的社会化，学前教育机构就首先在欧洲诞生了。

英国空想社会主义者欧文于1816年在新兰纳克创办了“幼儿学校”，后改名为“性格形成学院”，招收当地纺织女工的1～6岁的孩子，进行集体保育，在当时社会上引起了巨大反响。欧文认为人的性格是从出生之日起因外力形成的，人出生即具有可以发展的天赋，教育应该及早开始。创办幼儿学校的目的就在于尽早培养儿童的聪敏、善良、仁慈、理性，使他们适应社会；基本原则是尽量使儿童快乐。为此，他提出了不责骂或处罚儿童、教师表情亲切等教育原则。

课证融通

单选题(2020年保教知识与能力真题)：欧文创办的幼儿学校是世界上较早(　　)。

A. 使用恩物开展教学的学前教育机构

B. 为工人子弟创办的学前教育机构

C. 为贵族子弟创办的学前教育机构

D. 为儿童提供“有准备的环境”的学前教育机构

答案：B。

在幼儿学校的影响下，英国、法国和德国等西方主要工业国家的幼儿公共教育机构纷纷出现。从此，等级社会的幼儿教育仅仅在家庭中进行的封闭模式被打破，开始向着开放的社会化形式迈出了意义重大的一步。但是这个时期出现的学前教育机构多是由一些慈善家、工业家创办的，实质上不过是慈善性质的社会福利机构而已。

(二)幼儿园的建立和发展

同偏重看护的托儿所、保育所、幼儿学校等机构相比，幼儿园的出现是近现代社会学前教育的转折点。欧文的幼儿学校开创了近代幼儿教育的先河，但19世纪下半叶对西方各国幼儿教育影响较大的则是福禄培尔的幼儿教育理论和实践。

福禄培尔于1837年在勃兰根堡创办了一所幼儿学校，于1840年将它正式命名为“幼儿园”，收托3～7岁的儿童。因此他被称为“幼儿园之父”。福禄培尔是作为人类历史上第一位职业幼儿教育理论家和实践家而闻名于世的。他较早创立了一套比较完整的幼儿教育理论和实践体系，使得幼儿公共教育成为教育理论和教育实践中的一个独立领域。

幼儿园在各国的广泛建立，改变了学前教育主要局限于托儿、保育的格局，形成了由幼儿园、托儿所、保育所等多种机构组成的现代学前教育体系。综观学前教育产生和发展的轨迹，学前教育的发展是和社会，特别是和社会生产力发展水平紧密相连的，是受到社会政治、经济制约的。可以说，没有工业大生产就没有学前教育机构的产生，学前社会教育机构是近代大工业生产的产物。

四、现代社会的学前教育

在社会变革、科技发展的背景下，世界历史进入了一个不同的社会制度和思想文化共处共生、合作竞争互补的时代。在过去的近百年中，各国逐渐意识到人才培养与国家富强间的紧密联系。所以，人们更加重视教育的社会价值和地位，特别是重视学前教育，认识到不仅要解决父母外出工作时孩子无人照料的问题，还要促进学前教育的发展。我国的学前教育起步较晚，具有自己独特的发展轨迹。

蒙养教育的产生与发展

邸舍的产生

(一)我国学前教育的发展

由于我国传统的学前教育主要由家庭来承担，农业社会的经济和社会的发展没有对社会化的学前教育机构的产生提出需求，因此我国古代未能产生现代意义上的社会化的学前教育机构。

1. 我国幼儿园的诞生与发展

鸦片战争前后，外国教会陆续在我国上海、福州、宁波等地创办了一些慈善性质的孤儿院、育婴堂，为孤苦儿童提供一些具有奴化和宗教倾向性的教育。

在清末“洋务运动”后期，张之洞宣扬“中学为体，西学为用”，倡办新式教育。湖北巡抚端方于 1903 年 9 月在武昌创办湖北幼稚园，标志着我国第一所真正意义上的公立学前教育机构正式诞生。1904 年，清政府在全国颁布并正式实行《奏定学堂章程》，即“癸卯学制”，把教育分为初等教育、中等教育、高等教育三个大的系统。清政府将初等教育分为学前教育和小学教育两个阶段，为学前教育专门制定《奏定蒙养院章程及家庭教育法章程》。这是第一次用国家学制的形式把学前教育机构的名称确定为“蒙养院”，使社会学前教育机构的地位固定下来。这不仅是我国近代学前教育制度化的标志，也是我国学前教育史上具有划时代意义的里程碑。随后，湖北幼稚园改名为“武昌蒙养院”。

蒙养院并无独立场所，均附设在育婴堂及敬节堂内。关于蒙养院的师资，国外的幼稚园都是由女师范生开展教养活动，但“中国此时情形，若设女学，其间流弊甚多，断不相宜”。因为不能开设女学，就没有女师范生，只能将育婴堂的乳媪和敬节堂的节妇训练后作为蒙养院的师资，她们被称为“保姆”。湖北幼稚园创办之初开设的课程包括游戏、歌谣、谈话和手技(手技是提供各种材料让幼儿操作)。可见，蒙养院的作用是非常有限的，蒙养院的教育质量是难以保证的。

整体来看，我国的学前教育从蒙养院制度的制定到实施中师资的聘用、课程的设置、教法的运用及玩具的配备等，无不显露出借鉴日本学前教育模式的痕迹。同时蒙养院一方面保留了传统教育的思想观点，对儿童进行伦理道德教育；另一方面也增设了近代社会学前教育的形式和内容，充分体现了“中学为体，西学为用”的基本思想，呈现出过渡性、妥协性的特点。随后，江浙、京沪等地相继创办一批学前教育机构。虽然名称和设置办法各不相同，质量参差不齐，数量不多，基础薄弱，但也推动着我国的学前教育开始由封建社会的家庭教育向专门的社会教育转变。

1922 年 11 月颁布《学校系统改革令》，又称“壬戌学制”。该学制将学前教育机构命名为“幼稚园”，规定招收 6 岁以下的儿童，并把学前教育正式列入学制系统。该学制重新确定了学前教育在学制系统中作为国民教育第一阶段的地位，推动了我国学前教育进一步向前发展。民国时期教会设立的幼稚园数量较多。幼稚园倾向于借鉴欧美相关教育的内容和方法，主要为特权阶级家庭的幼儿服务，因此被人民教育家陶行知评为害了“外国病、花钱病和富贵病”。陶行知、陈鹤琴等教育家致力于研究和创建符合我国国情的学前教育机构及理论，积极推进学前教育的中国化、平民化和科学化发展。

此外，中国共产党领导下的根据地和解放区在开展武装斗争的同时，也在积极发展学前教育事业。抗日战争爆发后，为解除劳动妇女的后顾之忧，培养革命新一代，中国共产党明确提出“重视保育事业，抚养革命后代”的学前教育方针。1938 年，中国战时儿童保育会陕甘宁边区分会在延安成立。同年 10 月建立延安第一保育院，实行“保教卫三位一体”的制度。1941 年，《陕甘宁边区政府关于保育儿童的决定》发布，要求在边区实行儿童公育制度。1946 年下半年全面内战爆发后，各解放区幼儿教育事业的发展极其缓慢。1951 年，《政务院关于学制改革的决定》指出，幼儿教育机构定名为幼儿园。幼儿园被确定为实施幼儿教育的组织，被纳入学制系统，成为小学教育的基础。

2. 新中国成立以来学前教育的发展

新中国成立以来，我国学前教育首先是学习苏联，形成了我国社会主义学前教育理论体系，在“文化大革命”期间受到重创，改革开放后又获得了蓬勃生机。

改革开放以来，国外的先进思想不断被引入，为我国学前教育学科建设提供了借鉴。同时相邻学科的发展为学前教育学科建设提供了新鲜血液。现在的学前教育在吸收各学科研究成果的基础上正走向科学化建设阶段。

学前教育研究领域不断扩大与深入。从研究对象上看，学前教育研究已经延伸到 3 岁前。从研究方法上看，重视儿童发展理论的应用研究和实验研究。从研究内容上看，涉及教育目标、课程标准、道德教育、教学方法、神经科学等各领域的研究，重视研究学前教育师资的培养、幼儿与小学的衔接，重视研究农村学前教育的特点等。

整体来看，在国家政策的支持和引导下，我国学前教育事业稳步发展。学前教育普及率大幅提高，教育质量迅速提升，初步形成以普惠性公办幼儿园为主体，社会、家庭和其他幼儿教育园所相互支持、相互补充的学前教育体系。

（二）现代社会学前教育发展的趋势

学前教育已经成为全社会关心的公共教育事业。世界各国学前教育在各自不同的背景下，沿着各自不同的路线，进行各有特色的实践。概览世界各地不难看到，尽管文化背景、历史传统、经济水平各异，但是学前教育的发展呈现出共同的发展趋势。

1. 保障儿童的受教育权利，促进教育民主

19世纪末到20世纪40年代，在儿童研究运动和儿童中心主义教育改革运动的推动下，儿童的社会价值及教育价值得到社会普遍认可，尊重和保护儿童权利的意识开始觉醒。第二次世界大战以后，学前教育不仅普遍获得国家的认可和支持，而且朝着民主化、普及化方向大步前进。保障儿童的受教育权利，促进教育民主，成为现在学前教育发展的指导思想。

教育民主化成为全球教育改革的基本目标。教育民主化指的是全体社会成员享有越来越多的教育机会，受到越来越充分的民主教育。教育民主化的核心是人人有受教育的权利，教育机会均等。从教育民主化的要求来看，学前教育理应包括在内。因此，确保每一个学龄前儿童都能得到适当的保育和教育，就是当代教育民主化在学前教育领域的必然要求。1959年，联合国大会通过《儿童权利宣言》，肯定儿童享有生存、发展、学习和娱乐的权利。1989年，联合国大会一致通过《儿童权利公约》，将对儿童各种权利的保护变成各国政府的法律承诺。

2. 保障教育公平，加大政府支持力度

从保障儿童受教育权利、促进教育民主化的宗旨出发，各国加大了对学前教育干预、调整的力度，出台相应政策，支持和促进学前教育的发展。各国政府大力支持儿童教育机会均等运动的广泛开展，扩大学前教育的规模，切实保障处境不利的儿童尤其是残疾儿童能够得到适当的保育和教育。

1965年，美国开始实施"开端计划"，针对低收入家庭的孩子，向其提供教育补偿、适合儿童年龄和发展水平的综合性服务，并重视与家庭、社区的合作，使他们在原有基础上获得良好的发展。1985年9月，美国政府规定，将5岁儿童的学前教育纳入学校公立教育，使90%以上的5岁儿童进入学校的幼儿班免费接受学前一年教育。法国的幼儿学校不论公立、私立，都由法国教育部管辖，并且提供免费的教育。英国在19世纪末颁布的《初等教育法》以及随后的若干法令，确定了儿童从5岁开始接受免费义务教育的制度。1997年，英国又提出为3岁以上儿童提供免费教育。

我国在《国家中长期教育改革和发展规划纲要(2010—2020年)》中明确指出："把促进公平作为国家基本教育政策。""教育公平的主要责任在政府，全社会要共同促进教育公平。"该纲要还指出："建成覆盖城乡的基本公共教育服务体系，逐步实现基本公共教育服务均等化，缩小区域差距。努力办好每一所学校，教好每一个学生，不让一个学生因家庭经济困难而失学。切实解决进城务工人员子女平等接受义务教育问题。保障残疾人受教育权利。"

3. 培养"完整儿童"，为人的终身发展奠定基础

20世纪60年代，在"冷战"和知识爆炸等因素的压力下，世界各国都强调加强幼儿的早期智力开发，导致出现"智育中心"的局面。国际竞争的加剧、知识经济的发展和经济全球化的进程，对人的整体素质提出了前所未有的要

求，尤其对人的主体性品质，如对积极主动性、创造性、批判性思维、责任感等品质的重视更是超过了以往任何时代。这促使各国学前教育要注重儿童全面发展，强调培养富有个性的“完整儿童”，使其成为有尊严和价值的个体，为其终身发展奠定基础。1999 年，世界学前教育组织和国际儿童教育协会共同制定的《全球幼儿教育大纲》提出，优秀的幼儿教育课程是针对儿童整个身心健康而设计的，必须考虑儿童的身体状况、认知水平、语言能力、创造能力、社会性与情感的发展状况等，重视培养身心健康的“完整儿童”。①

2001 年，《幼儿园教育指导纲要(试行)》指出，幼儿园的教育内容是全面的、启蒙性的，可以相对划分为健康、语言、社会、科学、艺术五个领域，从不同角度促进幼儿情感、态度、能力、知识、技能等方面的发展。2012 年，《3—6 岁儿童学习与发展指南》更突出以促进幼儿全面和谐而富有个性的发展为宗旨，不断加强与深化指导，使之落实于儿童的发展之上。

4. 注重教育的立法，落实政府的责任

立法是学前教育发展的根本保障。世界学前教育法制化建设及管理日益完善，以保证有章可循、有法可依。比如，从 19 世纪 30 年代开始，法国、英国、美国和日本相继出台了学前教育的法规和政策。现在，各国的立法及相应的保障更是日益规范。1989 年我国颁布的《幼儿园管理条例》是新中国成立以来经国务院批准颁发的第一部幼儿教育法规。该条例规定了幼儿园的任务、管理以及保育教育工作，明确了各级地方政府在幼儿园的发展、管理等方面的责任，使我国幼儿教育管理从此跨入了法制化轨道。2016 年的《幼儿园工作规程》是为加强幼儿园的科学管理、规范办园行为、提高保育和教育质量、促进幼儿身心健康而制定的，有效推动了我国学前教育的法制化、规范化发展。

5. 强调学前教育的科学化和全龄化

教育的每一次重要进步往往都与心理学、脑科学的进展及其在教育实践中的运用有重要关系。一方面，各种心理学、脑科学等研究成果能够及时指导学前教育理论研究和实践改革；另一方面，各种科学技术成果促进了学前教育内容、手段等的发展。用科学技术手段研究学前教育，用科学的成果和方法指导学前教育的实践已成为必然的趋势。

1981 年 11 月，联合国教科文组织在法国巴黎召开的国际学前教育协商会议上将学前教育的概念解释为：“能够激起出生直至进小学的儿童(小学入学年龄因国家不同而有 5～7 岁之不同)的学习愿望，给他们学习体验，且有助于他们整体发展的活动总和。”②可见，当今学前教育关注 0～6 岁的全龄化教

---

① 世界学前教育组织、国际儿童教育协会：《全球幼儿教育大纲——21 世纪国际幼儿教育研讨会文件(上)》，李毅译，载《幼儿教育》，2001 (3)。

② 梁志燊：《学前教育学》第 3 版，2 页，北京，北京师范大学出版社，2014。

育，还把胎儿教育纳入学前教育关注的范围；不仅关注婴幼儿的学习结果，还关注他们的学习兴趣和体验；不仅关注婴幼儿某一方面的发展，还关注他们身心全面的、整体的发展。

6．重视教师专业化水平的提升

学前教育事业发展的关键是人才培养，所以教师水平的提高是保障高质量教育的重要条件。一方面，各国大力新建或增设学前教育专业，帮助培养专门人才。另一方面，以法规的形式建立完整的师资培训体系。比如，不少国家都实行专门的幼儿教师资格制度。美国幼儿教育协会在 1994 年提出学前教育专业人员的学历应该从高中层次延伸到博士。提升教师的专业化水平，普及“尊重幼儿，保障幼儿权利，让幼儿全面发展和主动学习”这一学前教育价值观，成为世界学前教育工作者的共识。这一切使学前教育质量的提高有了根本的保证。

总之，学前教育是随着人类社会的发展而发展的，学前教育具有历史性是不言而喻的。

第二课　学前教育理论的产生与发展

在学前教育发展的漫长历程中，不同历史时期的众多哲学家、教育家以其独特的教育思想和丰富的教育实践活动，为学前教育体制及学科的创建与发展做出了贡献。经过时间的千锤百炼，历经沧桑岁月的洗礼，这些先贤智者的思想仍然熠熠生辉，指引我们前进的方向。那么，幼儿是如何走进先哲的视野的？学前教育是如何萌芽，并逐步发展、成熟的？我们又该如何继承和发扬前辈的学前教育理论与实践成果呢？了解学前教育的历史、研究学前教育的思想精神，对于学习、丰富与发展学前教育都具有重要意义。

一、西方学前教育理论的产生与发展

(一)西方学前教育思想的孕育阶段

人类很早就进行了学前教育实践或者对学前教育经验进行了总结，但是没有系统化，所以学前教育的思想大多散见于各种论述之中。我们将 16 世纪前称为学前教育思想的孕育阶段。

1．柏拉图的学前教育思想

古希腊哲学家柏拉图(公元前 427—公元前 347)在他的著作《理想国》中论述建立贵族共和国理想的同时，提到学前教育的重要性：“凡事之开始，为最重要之点。而于教育柔嫩之儿童，则更宜注意。盖其将来人格之如何，全在此时也。”①柏拉图特别重视公民 0～6 岁期间接受的学前教育，因为他认为公民幼年时期是容易被熏陶塑造的一个时期，公民的教育应该从婴儿时期甚至

① 转引自郑健成：《学前教育学》，3 页，上海，复旦大学出版社，2007。

胎儿时期开始。柏拉图还是历史上较早论述优生优育问题的思想家，他强调胎教对儿童发展的重要性。

柏拉图提出了学前社会教育的主张：儿童出生后交给国家特设的养育所，由专门的保姆抚养。3～6岁儿童集中到附设于神庙的儿童场院，由国家委派优秀的女公民教育他们。他认为应该让3～6岁儿童玩耍，教育应该用游戏的方式开展。他认为只有游戏式的、自然而然的、启发式的教育，才更容易在儿童的心灵上生根。

2. 亚里士多德的学前教育思想

古希腊哲学家亚里士多德(公元前384—公元前322)在《政治论》中提出胎教思想，重视优生优育；主张婴儿出生后用母乳喂养；认为儿童从小要多运动。亚里士多德建议在儿童5岁以前，为避免妨碍他们身心的健康发展，不能教他们任何功课或强迫他们从事任何形式的劳作，可为他们安排适当的游戏和娱乐活动。教育者应注意儿童日常生活的管理和周围的环境影响。

他还第一个做出年龄分期的尝试，将教育分为三个阶段：出生至7岁为第一阶段；7～14岁为第二阶段；14～21岁为第三阶段。第一阶段为学前教育阶段，幼儿主要在家中接受教育；在后两个阶段，幼儿将接受正规的集体教育。

3. 昆体良的学前教育思想

古罗马教育家和雄辩家昆体良(约35—约95)在《雄辩术原理》中详述了其儿童教育思想，阐明7岁之前儿童的教育内容及教育的必要性，提出人的教育应从摇篮开始。

昆体良认为教育的目的是培养品德高尚的演说家。要想成为一名优秀的演说家，必须具备良好的道德品质、天赋的资质和勤奋学习的精神。昆体良认为幼儿教育可以在德行和知识方面为雄辩家的培养打下初步的基础。幼儿教育是在家庭里进行的。作为儿童的父母首先要有较高水平的道德修养和较为广博的知识，以身作则，给儿童树立榜样。同时，无论如何应当挑选最好的保姆。毫无疑问，首先应注意的是她们的道德，同时语言也必须正确。① 可见，他不仅重视婴儿期语言的发展，还强调周围环境对儿童最初观念形成的重大影响。

在教育方法方面，他认为应该根据儿童的年龄特点进行快乐教育，在教育中养成儿童对知识的热爱和对学习的兴趣，为以后在学校教育中积极主动地学习打下一个良好的基础。在世界教育史上，昆体良是较早提出反对体罚的教育家。他指出，对于幼年遭受体罚的儿童，当他们长大以后不再惧怕体罚时，教师将更加难以教育，而且体罚会造成儿童心情压抑、沮丧和消沉。②

① [罗马]昆体良：《〈雄辩术原理〉选》，任钟印译，5～6页，华中师范学院教育系编印，1982。

② [罗马]昆体良：《〈雄辩术原理〉选》，任钟印译，20～21页，华中师范学院教育系编印，1982。

(二)西方学前教育思想的萌芽阶段

16世纪后期至18世纪初期，人类追求个性解放。不管是文艺复兴时期的人文主义者，还是启蒙运动时期的思想家，他们都主张为儿童身体和智力发展提供有利条件，并越来越重视儿童的教育。随着教育学科的建立，儿童教育的思想不断丰富起来，呈现出完备化、理论化和专门化的特点，并体现在教育学的论著中。

1. 夸美纽斯的学前教育思想

17世纪捷克人文主义教育家夸美纽斯(1592—1670)尖锐地抨击中世纪的学校教育，并号召“把一切的知识教给一切人”，即“泛智论”。这是他从事教育实践和研究教育理论的出发点和归宿点。其主要著作有《大教学论》《母育学校》《世界图解》等。《世界图解》是一本运用直观性原则编写的教科书，被认为是第一本图文并茂的儿童启蒙读物。

课证融通

单选题(2012年保教知识与能力真题)：世界上第一部论述学前教育的专著是(　　)。

A.《母育学校》　B.《爱弥儿》　C.《社会契约论》　D.《学记》

答案：A。

夸美纽斯认为，家庭是儿童的第一所学校；家庭教育是学校教育的初步阶段；父母是儿童的第一位老师，特别是母亲对儿童的教育负有特殊的责任和义务。1632年，夸美纽斯的《母育学校》出版。除了知识的教育外，夸美纽斯还重视儿童体育、德育、美育等，对儿童的道德培养尤为重视；强调智慧、节制、坚忍和公正是德育的主要内容。此外，他还将劳动教育纳入其中。表2-1为夸美纽斯对学制的划分。

《母育学校》简介

表2-1　夸美纽斯对学制的划分

年龄阶段	生长期	教育机构
1～6岁	婴儿期	母育学校
6～12岁	儿童期	国语学校
12～18岁	少年期	拉丁语学校
18～24岁	青年期	大学与旅游

2. 洛克的学前教育思想

英国教育家洛克(1632—1704)非常重视学前教育。他指出，幼小时所得的印象，哪怕极其微小，小到几乎觉察不出，都有极重大、极长久的影响。① 他在《教育漫话》中阐述的绅士教育主张是他的哲学和政治思想在教育上的反映。

《教育漫话》简介

① ［英］约翰·洛克：《教育漫话》，傅任敢译，24页，北京，人民教育出版社，1985。

洛克提出了“白板说”。他认为，人可以通过感官获得确实可靠的知识。人心如同一块白板，理性和知识都是通过人的感官和经验获得的。[①] 幼童如同一张白纸或一块蜡，没有任何观念，因此只能通过后天的学习和教育来获取观念。洛克的“白板说”肯定了儿童教育的可能性和价值。

3. 卢梭的学前教育思想

卢梭(1712—1778)是18世纪法国启蒙思想家。他的著作《爱弥儿》通过讲述主人公爱弥儿从出生到成人的教育过程，系统地阐述了自然主义教育理论。

卢梭倡导自然主义教育观。他反对中世纪的“性恶论”，认为人的自然本性是善良的，人生而具有自由、理性和良心。但是，人类社会在进入文明状态之后，违背了自然法则，产生了人与人之间的不平等。因此，卢梭主张“回归自然”、进行自然教育。在西方教育思想史上，卢梭第一次明确提出教育应从人的自然本性出发，使人得到充分的自由发展的思想。[②] 他呼吁教师要认识到儿童与成人的差异和儿童有不同于成人的特点，不能用对待成人的方式对待儿童，要以对待儿童的方式对待儿童。

卢梭依据每个阶段儿童的年龄和心理发展特点，进行年龄分期：婴儿期(出生至2岁)以身体的养护为主；儿童期(2～12岁)以体育锻炼和感官训练为主；少年期(12～15岁)以智育为主；青年期(15～20岁)以道德教育和宗教教育为主。卢梭重视感觉教育，强调通过锻炼儿童的感官，使他们学会做出正确的判断，激发智慧。他十分重视婴儿时期身体的养护。在道德教育上，卢梭提出“自然后果法”，即对于儿童的过失，不必加以责备和处罚；而要利用儿童过失所造成的自然后果，使他们自食其果，从而认识到自己的过失而加以改正。

课证融通

单选题(2015年保教知识与能力真题)：从科学知识取向转向儿童经验取向的代表性教育著作是(　　)。

A.《理想国》　　B.《爱弥儿》

C.《大教学论》　　D.《林哈德与葛笃德》

答案：B。

(三)西方学前教育思想的初创阶段

18世纪后期到20世纪前半期，学前教育已经从笼统的认识发展到建立独立的范畴和体系，开始从普通教育学中分化出来，成为一门独立的学科并获得初步发展。

1. 福禄培尔的学前教育思想

福禄培尔(1782—1852)是德国19世纪幼儿教育家、近代学前教育理论的

① 郭法奇：《外国学前教育史》，100页，北京，北京大学出版社，2015。

② 唐淑：《学前教育史》，320～321页，北京，人民教育出版社，2018。

恩物

奠基人。1840 年，他将自己创立的机构正式命名为“幼儿园”，还设计了一套游戏材料——“恩物”。他研究了已有的学前教育思想和理论，系统地阐明了幼儿园的基本原理和教学方法。1861 年，福禄培尔的生前好友将他的有关幼儿教育的论文编辑成书出版，名为《幼儿园教育学》。① 这是学前教育学成为一门独立学科的标志。除此之外，他的著作《人的教育》《慈母游戏和儿歌》也影响深远。

课证融通

单选题(2012 年保教知识与能力真题)：福禄培尔在幼儿园教育实践中创制的活动玩具被称为(　　)。

A. 魔方　　B. 积木　　C. 恩物　　D. 拼图

答案：C。

(1)教育应当遵循儿童发展的自然规律

福禄培尔提出教育应当适应儿童的发展，教育是以儿童的自我活动为基础的观点。他认为，人的发展是循序渐进的，辅导儿童学习必须遵循儿童发展阶段性的规律；教育要遵循自然的法则，顺应儿童的天性特点。

福禄培尔把儿童的本能分为活动的本能、认识的本能、艺术的本能。人只有在活动中才能充分表现出人的内在本质。因此，教育的任务在于促进儿童本能的发展；幼儿园要开展宗教、科学、语言、艺术四大领域的教育活动，让儿童身心都得到发展。教育要追随活动的本能，来唤起儿童的积极性、创造性和自动性。

(2)教育分期与任务

福禄培尔在《人的教育》中把人的发展分为 4 个时期，即婴儿期、幼儿期、少年期和青年期。每一时期并没有硬性的、精确的年龄划分，而是由某种显著的特征决定的。这种特征支配这一时期其他方面的发展。其中婴儿期是从外界了解富有多样性的事物的时期，以感官的发展为主。幼儿期是真正的人的教育开始的时期，这一时期应多注意儿童的智育。少年期是学习的时期，这一时期教育的主要任务是让儿童理解外部事物并内化。

(3)幼儿园教育

幼儿园教育的任务是促进儿童的身体和精神健康成长，使儿童身心均得到发展。福禄培尔强调游戏和作业活动的价值，重视游戏对儿童发展的重要意义。为了帮助儿童开展自我活动，他还为儿童发明了一套游戏材料——“恩物”。运用恩物所体现的观念来开展的各种活动叫作“作业”，充分体现了福禄培尔关于“创造”的理念。

① 周采、杨汉麟：《外国学前教育史》，188 页，北京，北京师范大学出版社，1999。

2. 杜威的学前教育思想

杜威(1859—1952)是美国哲学家和教育家，其教育著作有《我的教育信条》《学校和社会》《儿童与课程》《民主主义与教育》《明日之学校》等。

(1)儿童中心论

杜威认为，儿童生来具有发展的本能、冲动和自我生长的能力，儿童是在活动中通过与环境的相互作用获得发展的，因此教育必须以儿童为中心。同时，杜威并不赞同教师采取“放手”的政策。在他看来，教师不仅应该为儿童提供生长的适当机会和条件，而且应该观察儿童的生长并给予真正的引导。在这种儿童观的基础上，杜威提出了自己对教育本质的看法。

(2)教育的本质

杜威认为，教育即生活，教育即生长，教育即经验的不断改造。他批判传统教育或多或少地为遥远的未来做准备，认为教育应当是生活本身而不是生活的准备，最好的教育就是“从生活中学习”，这就是“教育即生活”。他认为生长是生活的特征，儿童的发展就是原始的本能生长的过程，教育是人一生持续不断地生长、发展的过程，所以“教育即生长”。他还认为生活是个体与环境相互作用的过程，经验就是在这种相互作用中产生的，教育就是通过主动活动不断地去获得个人的直接经验，因此“教育即经验的不断改造”。

(3)幼儿教育观

杜威提出“学校即社会”“儿童中心”“做中学”的观点。他批判传统教育将已经拟定好的知识灌输给儿童，脱离儿童的生活实际；认为应把学校办成雏形社会，教育内容直接取材于社会生活；反对传统以学科为中心的课程，提倡课程应以儿童为中心，与儿童生活相沟通；提倡做中学，通过做获取直接经验；认为教学过程应该就是“做”的过程。“做中学”就是“从活动中学”“从经验中学”，它使学校里知识的获得与生活过程中的活动联系了起来。

课证融通

单选题(2017年保教知识与能力真题)：对杜威“教育即生长”的正确理解是(　　)。

A. 教育以儿童的本能和能力为依据

B. 儿童的生长以教育目标为依据

C. 教育以促进教师的专业成长为基础

D. 教育应促进儿童的身体发育

答案：A。

3. 蒙台梭利的学前教育思想

蒙台梭利(1870—1952)是意大利第一位女性医学博士和教育家。1907年，她在罗马贫民区创建了学前教育机构——儿童之家，将她在特殊儿童教育学校的成功经验应用于普通儿童，在此进行教育实验和研究。1909年，她总结了儿童之家的实践经验，出版了《蒙台梭利教育法》，标志着其学前教育理论正式形成。其代表性著作还有《童年的秘密》《有吸收力的心理》《新世界的教育》等。

(1)儿童中心的儿童观

蒙台梭利认为，儿童具有吸收性心智，每个儿童都是一个遵循自身内部法则的生物体，都有各自不同的需要和发展进程。儿童的吸收性心智只有在适宜的环境中才能得到满足和发展，她把这种活动称为儿童的“工作”。儿童能够通过工作获取独立——身体和心智的独立。因此，她视教育为促进儿童内在力量自然发展的过程，强调儿童的自由活动，认为儿童遵循自我学习的法则。

(2)重视“有准备的环境”

“精神胚胎”和“敏感期”概念是蒙台梭利“有准备的环境”教育理念提出的理论依据。蒙台梭利认为，人类似乎有两个胚胎时期。一个是在出生前，这是所有动物都具有的。另一个是在出生后，这一时期是人类所特有的。从出生时开始，人的精神生命就潜藏在身体内，只是被制约在尚未发达的肉体之中而已，被称为精神胚胎。① 教育就是要为儿童创造适宜的环境和条件，帮助儿童按自身的规律去发展自己的精神胚胎。

蒙台梭利发现儿童在成长发育过程中存在敏感期，如行走的敏感期、语言的敏感期、秩序的敏感期等。当儿童处于某个敏感期时，会产生一种敏感力；儿童内心的这股无法抑制的动力，驱使他们对所感兴趣的特定事物产生尝试或学习的狂热，直到满足需求或敏感力减弱才会消逝。儿童在敏感期里的学习兴趣浓厚、效率高、效果好。

蒙台梭利认为适宜的环境是儿童发展的主导因素，一个有准备的环境是关键。为儿童提供的环境应符合两个标准：一是自由发展的环境，尽可能减少障碍，要有秩序，要充满生气，是一个愉快的环境；二是适宜的环境，能提供有利于儿童成长的外部条件。

(3)重视感觉教育

蒙台梭利认为，感觉教育能够促进儿童各种感官的发展，促进儿童的精神发展和人格形成，是其他高级智能的基础。② 因此，蒙台梭利设计了一套用于儿童感官训练的教具，即感官教具，也称为“蒙台梭利教具”。感官教具分为视觉教具、听觉教具、嗅觉教具、味觉教具、触觉教具五种。

感官教具是根据儿童的身心发展规律由简单到复杂设计的，能够循序渐进地引导儿童操作练习。它们具有“错误控制”的功能，让儿童自己摆弄、自己练习、自我纠正，从而积极主动地发展感知觉与动作。每种感官教具只训练儿童

---

① [意]蒙台梭利：《有吸收力的心灵》，爱立方编译，55页，北京，北京理工大学出版社，2015。

② 段云波：《蒙台梭利感觉教育》，4～11页，长春，北方妇女儿童出版社，2011。

的一种感觉能力，以使相应的感官可以凭借敏锐度去感知刺激，得到准确和清晰的感觉，可以满足儿童的内在发展需要，长时间地吸引儿童“工作”。

> **课证融通**
>
> 单选题(2018 年保教知识与能力真题)：下列说法中属于蒙台梭利教育观点的是(　　)。
>
> A. 注重感官教育　　B. 注重集体教学作用
>
> C. 重视实物使用　　D. 通过游戏使自由与纪律相协调
>
> 答案：A。

(4)重视教师的作用

在儿童之家中，教师被称为“指导员”。蒙台梭利认为教师必须是儿童活动的敏锐的观察者、支持性的引导者、探寻秘密者和良好的沟通者，这样才能运用科学的方法在观察和研究的基础上努力揭示儿童的内心世界。教师的任务就是去了解儿童，尽可能发现“童年的秘密”，力争做“秘密的探寻者”，把儿童从所有的障碍中解放出来。同时，教师也必须对自己进行观察与研究，认识自己在教育幼儿方面的优缺点，成为真正意义上的“自我反思者”。她要求合格的教师必须以儿童为中心，通过专业的学习成为儿童的引导者、儿童成长环境的准备者、儿童行为的示范者、儿童的观察者、家园共育的发起者和教育活动的示范者。

(5)自由与自制的教育

自由是蒙台梭利环境中的首要因素，主要体现在“自由与自制”“无奖励和惩罚”的理念和行动中。蒙台梭利反对外在的奖赏与惩罚，认为奖赏与惩罚会使儿童偏离正在关注和工作的事物本身而导致儿童缺乏自我监控和引导能力。对于儿童来说，吸引他们的应该是工作本身带来的内心的满足与快乐，而不应是外在的奖励或惩罚。真正的纪律源于对工作的专注。可见，自由的表象下面是对儿童自制能力的培养和内在秩序的建立，自由是表象、形式，自制才是本质、目的。

(四)西方学前教育思想的发展阶段

20 世纪中叶以来，人类社会不断发展。哲学、人类学、生态学、教育学、心理学、脑科学等学科的发展，不断丰富着学前教育的研究视角和研究内容，推进了学前教育的科学化进程。

瑞士儿童心理学家皮亚杰(1896—1980)的儿童认知发展理论是 20 世纪对儿童教育影响较大的理论，其核心是“发生认识论”。皮亚杰把儿童认知发展的结构称为“图式”，认为每个人都具有本能的、遗传性的图式。图式变化的机制是“同化”“顺应”与“平衡”。通过同化和顺应，儿童能够形成自己的“图式”。皮亚杰根据认知发展的结构，将儿童到青年初期的认知发展分为如下四个阶段，如表 2-2 所示。

表 2-2 皮亚杰的儿童认知发展阶段论

阶段	年龄	认知发展
感知运动阶段	0～2 岁	儿童主要通过感觉运动图式与外界相互作用，取得平衡
前运算阶段	2～7 岁	儿童的感知运动图式开始内化为表象，语言开始发展，处于“自我中心主义”时期；思维开始由表象思维向运算思维过渡，思维具有直觉性
具体运算阶段	7～11 岁	儿童的思维已具有可逆性和守恒性，但这种思维运演还离不开具体事物的支持，出现了具体运算图式；儿童能进行初步的逻辑思维
形式运算阶段	11～15 岁	儿童的认知结构发展到最高水平，能对抽象的和表征性的材料进行逻辑运演，能够运用逻辑思维解决问题

皮亚杰认为教育的主要目标在于形成儿童的智力和道德的推理能力，形成和发展儿童的认知结构是教育的最终和根本的目的。但是，皮亚杰过度强调图式、生物适应和儿童主体认识的能动性，对社会作用在儿童认知发展中的重要性重视不够；强调儿童思维发展的年龄特征和稳定性，对儿童思维能力的个体差异重视不够。

除此之外，斯金纳的行为主义心理学、马斯洛的人本主义教育思想、瑞吉欧的学前教育模式、布朗芬布伦纳的人类发展生态学理论等为学前教育思想体系的科学性和理论水平的提升提供了充足的养料，使学前教育理论得以深化发展。

二、我国学前教育理论的产生与发展

我国古代学前教育思想源于先哲对婴幼儿养育和教育问题的思考，散见于古代一些著作中，具有悠久的历史。“幼吾幼，以及人之幼”是我们民族的古训，重视学前教育是我们民族的优良传统。

(一)我国学前教育思想的孕育和萌芽

我国古代最初有关儿童教育思想的萌芽散见在谚语中。比如，“教儿婴孩，教妇初来”等。在战国时期，人们开始从母爱和家庭教育的角度认识慈幼的含义，即“有教为爱”，如孟母断织教子的故事就是一个典型的事例。汉代以后，“爱而有教”已成为社会普遍认同的慈幼观念。卓有远见的思想家总结了学前教育的实践经验，提出了宝贵的学前教育思想。

1. 贾谊的学前教育思想

西汉的贾谊(公元前 200—公元前 168)在《新书》中论述了其早期教育思想。

贾谊继承了我国古代“慎始而正其本”的思想，认为对人的教育应自胎教开始。他的胎教思想可概括为“慎择母”和“孕正礼”。贾谊认识到母亲的道德品质和个性特征对其后代有直接影响，强调“正礼胎教”，即要以正规的礼法对孕妇的孕育过程进行约束，给胎儿提供良好的孕育环境。

贾谊认为对太子的教育应该做到“早谕教”和“选左右”。“慎选左右”对早期教育的意义重大。他在《新书》中介绍了“三公”“三少”的保傅制度：“师，导之教训”“保，保其身体”“傅，傅之德义”。这种保傅教育制度旨在为太子的早期教育提供正面的良性的环境。保傅官与太子接触密切，对太子的道德品行有着潜移默化和深远持久的影响。①

2. 颜之推的学前教育思想

魏晋南北朝时期的颜之推(531　595)出身于官僚世家，为了用儒家思想教育子孙，巩固家族的传统与地位，撰写了我国封建社会第一部系统而完整的家庭教科书——《颜氏家训》。

颜之推极力提倡早期教育，并且主张从胎教开始。他提及古代圣王的胎教方法：“怀子三月，出居别宫，目不邪视，耳不妄听，音声滋味，以礼节之。”同时，他指出对待婴儿也要及早施教：“当及婴稚，识人颜色，知人喜怒，便加教诲。使为则为，使止则止。比及数岁，可省笞罚。”“父母威严而有慈，则子女畏慎而生孝矣。”

颜之推重视道德教育，主张孩子出生后，就要引导他学习孝、仁、礼、义等方面的道德规范，进行道德启蒙。儿童“神情未定”，身心正处于发展之中，可塑性强，极容易被熏染。因此，父母不仅要特别注重以身示教，而且要重视为子女选择君子之交的朋友，重视环境熏陶对子女产生的潜移默化的作用。他还提出对待儿童不能溺爱，要“严而有慈”，而且要“均爱”，不可偏爱偏宠。

3. 朱熹的学前教育思想

朱熹(1130—1200)是宋代思想家、教育家。朱熹特别重视蒙养阶段的基础教育，主张儿童学习“眼前事”，提出学习内容应当是“学其事”，即学习眼前日常的事。学习内容具体包括“洒扫应对之节”“礼乐射御书数之文”和“爱亲敬长隆师亲友之道”等。

朱熹认为儿童缺乏辨别是非的能力，教育就不宜多讲深奥的道理，而应力求形象、生动，以激发儿童的兴趣，使其乐于接受。因此，朱熹通过格言、故事、须知、学则等形式给儿童灌输行为规范，以期积久成习，自成方圆。朱熹为儿童编写了《小学》与《童蒙须知》两部启蒙教材。在《小学》中，他重视榜样的作用，收录了大量古今圣贤的“嘉言懿行”，供儿童模仿学习，力求使儿童能从中学到做人的道理。

4. 王守仁的学前教育思想

明代中叶思想家、教育家王守仁(1472—1528)非常重视儿童教育。他揭露和批判传统儿童教育是“鞭挞绳缚，若待拘囚”，主张把儿童好动喜乐的天性视为教育儿童的基础和基本原则。王守仁从“心即理”“致良知”“知行合一”

---

① (汉)贾谊：《贾谊集》，175～180页，上海，上海人民出版社，1976。

的心学理论体系出发，提出以“明人伦”为教育目的、以“致良知”为核心的儿童教育思想。

王守仁认为：“大抵童子之情，乐嬉游而惮拘检，如草木之始萌芽，舒畅之则条达，摧挠之则衰痿。”因此，儿童教育必须注意顺导儿童的性情，不宜加以束缚和限制。他还认为：“今教童子，必使其趋向鼓舞，中心喜悦，则其进自不能已。譬之时雨春风，沾被卉木，莫不萌动发越，自然日长月化；若冰霜剥落，则生意萧索，日就枯槁矣 。”他反对“小大人式”的传统儿童教育方法和粗暴的体罚等教育手段，要求根据儿童的接受能力施教。这体现了自然主义教育倾向，是难能可贵的。

王守仁认为，儿童教育应该量力而施，因材施教。教育者在确定教学内容时要符合儿童的认识发展水平，要坚持“随人分限所及”的教育原则。同时，他认为“教人为学，不可执一偏”。对儿童进行教育的内容和途径应当是多方面的。他提出通过歌诗、习礼与读书对儿童进行全面引导的要求，以有效调动儿童的积极性。

(二)我国学前教育思想的初创和发展

19 世纪中叶以后，传统的封建教育不能适应当时社会的要求。因此人们在主张改革旧教育制度、提倡西学、设学校的同时，也提出了实施学前社会教育的思想。清末维新运动的领导人康有为(1858—1927)在《大同书》中提出在我国实施学前社会教育的主张。他认为儿童应完全由社会公育，在公立育婴院接受胎教，3 岁后转到慈幼院接受保育，以后接受小学、中学、大学教育，20 岁学成后毕业，为社会服务。其思想核心在于倡导教育的社会化，由社会对幼童实行公养公教。

民主教育家蔡元培(1868—1940)在对学校教育进行一系列重大改革的同时，也提出建立学前社会教育体系，主张设立胎教院、乳儿院、幼稚园等养育机构实施学前社会教育，以代替家庭教育。尽管这种代替是不现实的，但是其重视学前教育的思想是十分可贵的。

20 世纪初期，福禄培尔、蒙台梭利的学前教育思想以及杜威的学前教育思想相继传入我国，对我国幼稚园的建立产生一定的影响。随着我国幼稚园的发展和学前教育理论的积累，陈鹤琴、陶行知、张雪门等教育家开始致力于研究与创立适合我国国情的学前教育理论。这对于形成我国的学前教育思想做出了重要的贡献。

课证融通

单选题(2021 年保教知识与能力真题)：“做人，做中国人，做现代中国人”这一教育目的的提出者是(　　)。

A. 张雪门　　B. 陶行知　　C. 陈鹤琴　　D. 张宗麟

答案：C。

1. 陈鹤琴的学前教育思想

陈鹤琴(1892—1982)是我国学前教育家，于1923年创办了南京鼓楼幼稚园，创立了“活教育”理论，一生致力于探索中国化、平民化、科学化的幼儿教育道路。他是我国儿童教育和儿童心理研究的开拓者和奠基人，是我国以观察实验法研究儿童心理发展的较早的学者之一。

1940年10月，陈鹤琴创办了江西省立实验幼稚师范学校。这是我国第一所独立设置的公立师范学校。此后他在上海市创办省立、国立实验幼稚师范学校，为我国学前教育事业发展做出了不懈的努力。

陈鹤琴的教育观察实验

(1)倡导研究和了解儿童，按照儿童的身心发展特点开展教育活动

陈鹤琴认为要对儿童心理发展的特点与规律进行科学的研究与探讨，以便更有效地教育儿童。他总结出儿童心理的八大特点，即好动、好模仿、易受暗示、好奇、喜欢游戏、喜欢成功、喜欢合群、喜欢野外生活。陈鹤琴主张把新生儿到学龄前儿童的发展分成四个时期，即新生婴儿期、乳儿时期、步儿时期、幼儿时期。他揭示了每个时期儿童的发展特点，并确定了与各发展时期相适应的教育重点。

(2)反对“死教育”，提倡“活教育”

一是“活教育”的目的论。陈鹤琴指出活教育的目的就是“做人，做中国人，做现代中国人”。这样的现代中国人应该具有强健的身体、建设的能力和创造的能力以及合作的态度和服务的精神，爱国主义是“现代中国人”的灵魂。

二是“活教育”的课程论。陈鹤琴指出：“大自然、大社会，都是活教材。”陈鹤琴认为大自然、大社会才是活的书、直接的书，应该向大自然、大社会学习。“活教育”采用的是“五指教学法”，这“五指”指健康、社会、科学、艺术和文学五种活动，是一个整体。故“五指教学法”也称为“整个教学法”。“活教育”以儿童的经验、身心发展特点和社会的发展需要为选择教材的标准，反对实行分科教学，提倡综合的单元教学和以社会自然为中心的“整个教学法”，主张游戏式的教学。

三是“活教育”的方法论。“活教育”反对以教师为中心的注重知识灌输、脱离实际生活的、传统的、死气沉沉的教育，主张教育应当以儿童和儿童的活动为中心，以儿童的亲身经历与直接经验为基础的活动是教学的基本途径。因此，活教育方法论的基本原则是“做中教，做中学，做中求进步”。他主张把儿童作为幼儿园课程系统的中心，让儿童充分与物、他人接触，获得感性经验。教学过程的基本步骤是实验观察、阅读参考、发表创作、批评研讨。教师的任务是引发儿童的学习活动，提供材料，指导和欣赏儿童的活动。凡是儿童能够自己想、自己做的就应当让他自己去想、自己去做，应当鼓励儿童去发现他自己的世界。

陈鹤琴：办好幼稚园的15条主张

课证融通

单选题(2012 年保教知识与能力真题)：创建“活教育”体系的教育家是(　　)。

A. 陈鹤琴　　B. 福禄培尔　　C. 杜威　　D. 蒙台梭利

答案：A。

(3)重视家庭教育，主张幼儿园与家庭合作

陈鹤琴所著的《家庭教育》是有中国特色的儿童家庭教育“百科全书”，极大地推动了我国家庭教育的科学化、民主化、游戏化、艺术化。他积极主张幼儿园与家庭合作起来教育儿童。他主张“儿童的教育是整个的、是继续的”，只有两方配合才会有大的效果。

2. 陶行知的学前教育思想

陶行知(1891—1946)是我国伟大的人民教育家。在教育救国思想的影响下，他毕生从事旧教育的改革，推行生活教育、平民教育，为我国教育发展做出了重大贡献。

陶行知高度评价学前教育的社会价值：“学前教育实为人生之基础”，“是根本之根本”。他批判旧中国幼儿教育的三大病——外国病、花钱病、富贵病，提出要建立适合中国国情的、省钱的、平民的幼儿园。他认为工厂、农村是幼儿园的新大陆，并身体力行地积极推行平民的、乡村的教育，在南京市首创了我国第一所乡村幼儿园——南京燕子矶幼稚园，还开展了乡村幼儿师范教育，创建农村幼儿教育研究会等，并提出通过“艺友制”解决幼儿教育师资的培养问题。

课证融通

单选题(2018 年保教知识与能力真题)：陶行知创立的培养幼儿教育教师资的方法是(　　)。

A. 讲授制　　B. 五指活动　　C. 感官教育　　D. 艺友制

答案：D。

(1)“生活教育”理论体系

陶行知提出了“生活教育”的三大主张：“生活即教育”“社会即学校”“教学做合一”。

第一，生活即教育。生活是教育的中心。陶行知认为，生活即教育，游戏即工作。生活决定教育，有什么样的生活便有与之相应的教育；只有在生活中求得的教育才是真正的教育。他提出以幼儿园周围的社会生活、自然现象、家乡生产、风土人情为内容编成教材，以儿童力所能及的地方为教室，以儿童所能接触到的事物为主要教学内容，让儿童参加种植、饲养等劳动，从生活中学习，自己解决问题，自己组织游戏，培养出具有生龙活虎的体魄和活活泼泼的心灵的儿童。

第二，社会即学校。陶行知主张学校教育的范围不在书本，而应扩大到

大自然、大社会和群众生活中去，使学校教育和改造自然、改造社会紧密相连，形成真正的教育。要让社会的每一个角落、每一个地方、每一个生活单位都担负起学校的职能，把整个社会作为一个大学校。同时，学校必须突破围墙之限，要与整个社会联系起来，实行开放式办学，这样才能充分发挥教育的作用。

陶行知的“六大解放”

第三，教学做合一。陶行知认为，教学做合一，是生活现象之说明，即教育现象之说明。在生活里，对人之影响说是教，对己之长进说是学，对事说是做。教学做只是一种生活之三方面，而不是三个各不相谋的过程。

课证融通

单选题(2014 年保教知识与能力真题)：陶行知的生活教育理论注重“教学做”合一，强调(　　)。

A. 做是中心　　B. 学是中心

C. 教与学是中心　　D. 教是中心

答案：A。

(2)重视创造教育

陶行知提出幼稚园应该实施和谐的生活教育，反对束缚儿童个性的传统教学法；认为教育要启发儿童，重视儿童创造力的培养。为此，他提出了“六大解放”的要求，主张解放儿童的头脑、双手、眼睛、嘴巴、空间和时间，致力于解放儿童的创造力。

3. 张雪门的学前教育思想

张雪门(1891—1973)是我国幼儿教育家，与陈鹤琴先生被称为我国幼儿教育界的“南陈北张”。张雪门从 1918 年开始投身学前教育，先后创建宁波星荫幼稚园、北平孔德幼稚师范学校、北平幼稚师范学校。张雪门出版的《幼稚园教育概论》和《幼稚园行为课程》等著作对我国现代学前教育理论与实践产生了较大影响。

(1)实施改造中华民族的幼稚教育

张雪门主张建立以改造中华民族为目标的学前教育。他还主张幼稚教育实施必须依据我国的传统文化、国家民族的需要和儿童的心理发展三大原则，才能培养儿童的伦理观念、民主生活意识和科学头脑。

(2)推行“行为课程”

张雪门提出，生活就是教育，五六岁的孩子在幼稚园生活的实践，就是行为课程。他要求教师一定注意儿童的实际行为，常常运用自然和社会的环境，以唤起其生活的需要，扩充其生活的经验，培养其生活的能力。

行为课程的编制是整体性的，需要根据儿童的直接经验，并兼顾社会和个体两方面的需求。行为课程的内容可以包括儿童的工作、游戏、音乐、故事、儿歌以及常识等。但实施时则应彻底打破各学科的界限，采取单元教学

张雪门的见习与实习工作组织与安排思想

的方式，使各科教材自然地融会在儿童的生活中，力求做到从生活中来，从生活而发展，也从生活而结束。

(3)重视见习与实习

张雪门的幼稚师范教育非常注意实践，把见习与实习放在重要地位。张雪门认为幼师生的实习场所应有中心幼稚园、平民幼稚园、婴儿教保园、小学四种。有效的实习应该是有系统组织的实习，第一须有步骤，第二须有范围，第三须有相当时间，第四更须有适合的导师与方法，才能达到实践的效果。

回顾人类历史长河，学前教育的发展曲折而顽强。我国古代学前教育思想源远流长，静逸平缓；近代学前教育思想则是激流跌宕；现代学前教育思想呈现出融会贯通、海纳百川的特点。随着学前教育实践的发展，学前教育的理论研究呈现出综合化、专业化的特点。如何站在巨人的肩膀上，实现学前教育思想的继承与发扬，是学前教育工作者应该深入思考的问题。

思考与练习

一、基础练习

1. 简述学前教育实践的发展历史。

2. 简述原始社会学前教育的特点。

3. 简述福禄培尔的教育思想。

4. 论述陈鹤琴的教育思想对我国学前教育发展的影响。

二、实践训练

1. 查阅资料，了解蒙台梭利的教育思想以及其在当今世界的影响，并以小论文的方式进行评析。

2. 请结合陈鹤琴的教育理念，查阅《幼儿园教育指导纲要(试行)》和《3—6岁儿童学习与发展指南》，比较分析“五大领域课程”和“五指活动课程”的异同。

学习评价与反思

单元二综合检测题　　单元二综合检测题答案

单元三　学前教育与社会发展

学习目标

1. 理解社会发展对学前教育的影响。
2. 能理解和分析学前教育的社会功能。
3. 能利用所学理论分析学前教育现象。

思维导图

- 学前教育与社会发展
  - 社会发展对学前教育的影响
    - 经济对学前教育的影响
    - 政治对学前教育的影响
    - 文化对学前教育的影响
  - 学前教育的社会功能
    - 学前教育的政治功能
    - 学前教育的经济功能
    - 学前教育的文化功能

单元导入

社会是由政治、经济、文化等构成的一个复杂系统，学前教育是这一系统的重要组成部分。学前教育与社会政治、经济、文化、人口等因素相互影响、相互制约。通过本章的学习，我们将会了解到社会发展对学前教育的影响和学前教育的社会功能。

单元案例

我想起曾看过的一篇短文。面对一群诺贝尔奖获得者，有记者提问：“在您的一生里，您认为最重要的东西是在哪所大学、哪所实验室里学到的?”一位白发苍苍的诺贝尔奖获得者平静地回答：“在幼儿园。”记者感到非常惊讶，又问道：“为什么是在幼儿园呢?”老者微笑着回答：“在幼儿园里，我学会了很多。比如，把自己的东西和别的小伙伴分享，不拿别人的东西，学习要勤于思考，生活中要仔细观察等。我认为，这些东西非常重要。”

在这些诺贝尔奖获得者的眼中，人生最重要的东西竟然都是在幼儿园学到的。这个回答不得不让人深思：在人类漫长的发展历程中，学前教育作为教育的基础对社会和个体的发展有什么样的作用？

第一课　社会发展对学前教育的影响

一、经济对学前教育的影响

(一)经济发展影响学前教育的产生

在原始社会初期，生产力低，人们以狩猎和采集现成的自然产品为生；教育与生活、劳动结合在一起，还没有分离为一种特殊的社会职能；3 岁左右的儿童直接参加成人的活动，在活动中接受原始的教育。

在奴隶社会和封建社会，人们以畜力耕作和手工操作为主，生产力发展很慢；人们为了基本的生活而劳动，根本没有多余的物质生活资料为学前教育服务；而且当时的社会劳动不需要特殊的技术准备。因此，学前教育长期处于自然状态，发展缓慢。

资本主义大工业的兴起产生了创建学前教育机构的社会需要。18 世纪后期至 19 世纪初期，蒸汽机和其他机器运用于生产，大大发展了经济，增加了社会财富，为学前教育的发展提供了物质基础。大机器生产的出现使得大批独立的手工业者和小农生产者破产，被迫成为大工厂的雇佣劳动力。为了养家糊口，妇女走出家庭去工作，导致婴幼儿无人看管，客观上产生了创建学前教育机构的需要。这些历史事实说明，经济发展直接影响学前教育的产生。

(二)经济发展影响学前教育的发展规模和速度

显然，办教育需要有一定的人力、物力和财力。而社会能够为学前教育发展提供的物质条件是由经济发展水平决定的。经济发展水平的高低决定着社会剩余劳动产品的多少、自由劳动时间的多少，进而又直接关系社会财富的多少和允许多少人脱离或暂时脱离物质生产过程。教育事业必须建立在一定的物质基础上。

经济发展在为学前教育提供一定物质条件的同时，也对学前教育事业的发展规模和速度产生制约和影响。综观世界各国的学前教育发展史，各国大都在蒸汽时代开始创办社会学前教育，在电气时代开始重视学前教育，在电子计算机普遍使用的信息时代才进一步强调学前教育的普及问题与质量问题。目前，已有许多国家将学前教育纳入正规教育体系，通过立法确定学前教育的社会地位，实行学前义务教育。我国在《国家中长期教育改革和发展规划纲要(2010—2020 年)》中明确提出，要重视学前教育，加快普及学前教育。所有这些绝不是主观愿望使然，而是经济的不断发展对学前教育产生的推动作用。

经济发展为学前教育提供物质前提，而学前教育的发展也必须与经济发展相适应。如果学前教育落后于经济发展，国家就应大力发展学前教育；反之，国家就要采取限制措施。这可以从我国现代学前教育发展史中得到印证。1958—1960年，学前教育盲目发展，幼儿园数量较多。由于学前教育的发展规模和速度超出了社会生产力的发展，以致1961年后纷纷停办幼儿园，之后又逐渐恢复到1957年的水平。

(三)经济发展影响学前教育的目标变迁

教育的目标之一是培养人才、培养劳动者，使年青一代能顺利地参加社会生活和生产劳动。社会的经济发展水平不同，对年青一代提出的要求不同，教育的目标也不同。经济的发展为实现这些要求提供物质基础。

从学前教育的历史发展来看，大工业革命以前，生产力低，社会生产对人的智能素质要求不高，幼儿家庭教育一般重保不重教。随着大工业生产的发展，科学技术应用在社会生产中所占的比例日渐增大，社会生产力的提高更多地依靠科技而非人的体力，于是学前教育的目标开始以智育为重点。现代社会生产力的极大提高和社会财富的极大丰富带来了一些社会问题，如自然资源匮乏、地球环境恶化等。社会生产对人的素质也相应地提出了多方面的要求，这就使得教育包括学前教育开始重视人的全面发展。从小培养儿童的主动性、独立性和创造性，因地制宜地实施素质教育，为儿童一生的可持续发展打好基础是当前学前教育的主要目标。

(四)经济发展影响学前教育内容、手段的变革

学前教育的内容、手段与经济发展密切相关。经济发展既可以创造更多的社会物质财富，又可以促进科学技术和文化教育的发展，为丰富和更新教育内容、手段提供条件。自福禄培尔为幼儿园确定教育内容和教具以来，随着社会经济的发展，学前教育的内容、手段有了很多的变革。

在教育内容方面，在经济发展水平低的原始社会，儿童属于整个氏族，学前教育的内容主要与生活和生产密切相关。随着生产力的发展和私有制的产生，一夫一妻制的家庭出现，家庭教育取代了氏族共育，学前教育增加了儿童品德和行为习惯养成的内容。在当前经济大发展的背景下，学前教育增加了认识社会环境和自然环境的内容与要求，注重培养儿童的求知欲和认识周围事物的兴趣，注重发展儿童的智力，培养儿童的社会交往能力。

在教育手段方面，在经济发展水平较低的时代，教师以演示和口授为主，让儿童通过听课学习；在经济发展水平较高的现代社会，教师借助电脑视频、网络慕课等现代化教学手段实施多样化教学，使儿童获得最大程度的发展。

二、政治对学前教育的影响

政治对学前教育的影响是复杂多样的。这里重点探讨政治对学前教育的性质、学前教育的领导权、儿童的受教育权、学前教育目的和内容、学前教育管理体制等方面的影响。

(一)政治对学前教育性质的制约

学前教育是培养人的活动。对儿童进行什么样的教育，要把他们培养成什么样的人，这些学前教育方针、政策等主要是由政治决定的。在不同形态的社会，学前教育的性质不同。

原始社会没有阶级划分，儿童出生后在氏族中接受教育，教育是没有阶级性的。自奴隶社会起进入了阶级社会，教育具有了阶级性。比如，在我国夏、商、周时期，奴隶主的子女由专人负责教育，从小被培养成压制奴隶的统治者。在封建社会中，地主阶级的子女从小在家庭中接受封建伦常礼教，读书的目的就是做官，以巩固宗族、巩固君权；而下层劳动人民的子女只能在日常生活和生产中接受劳动训练。

在半殖民地半封建的旧中国，学前教育也必然具有半殖民地半封建的性质。清政府倡办的蒙养院，其教育内容和方法主要效仿日本，同时保存了浓厚的封建性。

新中国成立后，学前教育机构面向广大干部、群众和工农子女。国家贯彻为生产服务、为群众服务的方针，并根据教育方针明确了幼儿园的教育任务与内容，使学前教育具有了社会主义性质。

改革开放后，我国学前教育事业有了很大的发展。我国政府相继制定和发布了《幼儿园工作规程》《幼儿园管理条例》《幼儿园教育指导纲要(试行)》等法规性文件，在一定程度上推动了学前教育事业的发展。

(二)政治决定学前教育的领导权

首先，国家通过权力机构掌握学前教育的领导权。国家通过颁布法律、政策，规定办学宗旨、方针，并以强制的手段监督执行，据此将学前教育纳入需要的轨道上。同时，各级政权机构往往还通过任命学前教育机构领导人和教师，从组织上保证这种领导权。

其次，国家利用经济力量来掌握学前教育的领导权。国家可以利用拨款等办法，有效地发展学前教育。比如，西方发达国家家长承担的学前教育费用占学前教育总费用的20%左右，政府承担了大部分的学前教育经费。① 在我国部分地区，由于地方政府重视学前教育投入，因此学前教育得到了快速发展。比如，江苏省张家港市把学前教育的发展纳入社会发展规划和张家港三个文明建设的内容之中，确保了对学前教育基础设施的投入和教师的编制及薪水的竞争力。这使得该市学前教育的硬件处于全国领先水平，其教师队伍的质量也在不断提高。

最后，国家以思想上的优势力量掌握学前教育的领导权。在学前教育领域内，国家通过教材的编定、各种婴幼儿读物的发行以及对保教人员思想上

---

① 虞永平:《试论政府在幼儿教育发展中的作用》，载《学前教育研究》，2007(1)。

的影响，左右着学前教育的发展方向。

知识链接

国际学前教育公共经费投入的影响因素

学前教育公共经费投入是指在国家财政预算内的教育拨款中给予学前教育的专项资金。作为衡量政府对学前教育的重视程度、对学前教育的财政投入力度和对儿童发展关注程度的依据，研究者普遍选用各国学前教育公共投入经费占国内生产总值的比例和各国学前教育公共投入经费占教育经费总额的比例这两个指标进行比较。从已有的各种数据检索结果来看，近年来，世界各国在学前教育方面的公共投入水平差异较大。种种差异可从三方面加以解释：第一，不同国家的富裕程度存在较大差别；第二，政府对本国未来人才发展战略是否有清晰的认识，由此决定政府是否从未来人才发展竞争力的角度高度重视学前教育以及具有何等重视程度；第三，不同国家政府对学前教育形式的构想，包括对学前教育机构人员受教育程度、师生比等方面的要求，也决定了政府投入的数量。①

(三)政治制约着儿童的受教育权

在阶级社会中，各阶级在政治、经济上的不平等，反映到学前教育上主要表现为不平等的受教育权。比如，谁有接受学前教育的权利、接受什么样的学前教育、在哪里接受学前教育等。这种不平等的受教育权或是由国家法律明文规定的，或是由受教育者的家庭经济条件或其他条件决定的。

在18、19世纪的西欧，在社会政治、经济发展及特定历史文化条件的影响下，由于学术性现代学校和供劳动人民子女入学的群众性现代学校都同时得到了比较充分的发展，于是就形成了欧洲现代教育的双轨学制：一轨自上而下，另一轨自下而上。它们是两个平行的系列，既不相通也不相接。这样就剥夺了在国民教育学校上学的劳动人民子女升入中学和大学的权利。

又如，我国清朝末期尽管颁布了壬寅学制、癸卯学制，但由于男尊女卑的观念根深蒂固，还存在男女儿童不能平等地享有教育权和进蒙养院的女童数量极少的现象。民国时期随着政体的变更、“女禁”的解除，接受幼儿教育的女童人数日益增多。新中国成立后，国家提倡男女平等。至此，接受幼儿教育的男女儿童人数才大致相等。

(四)政治制约学前教育目的和内容

学前教育的根本目的是为社会培养合格人才。在一定的社会中，培养具有什么样的政治方向、思想意识的人才是由社会的政治制度决定的，直接反

① 周兢、陈思、郭良菁：《国际学前教育公共经费投入趋势的比较研究》，载《全球教育展望》，2009(11)。

映了国家的利益和需要。因而，政治制度不同的社会便有不同的教育目的。为了确保教育能够培养出国家所需的人才，国家要为教育确定培养人才的标准、选择教育内容、提出道德要求等。

例如，《幼儿园教育指导纲要(试行)》就明确规定了幼儿园的教育任务和内容。其中，幼儿园德育的目标和内容是国家培养要求在幼儿园教育方面的集中反映。比如，幼儿园德育中，“爱祖国”“爱家乡”等德育目标都有鲜明的政治色彩。

(五)政治制约学前教育管理体制

教育管理体制直接受制于社会关系。在不同的政治体制框架下，地方政府与中央政府之间的关系有很大的不同，因此对教育的影响和期待也会不同，据此形成的教育管理体制也不相同。

在中央集权的政治体制下，中央与地方是一种垂直的领导与服从关系。与此相对应的教育管理体制相对刻板统一，如统一的教育主管部门、从中央到地方垂直的学前教育行政管理体制、统一的幼儿园课程标准等。在地方分权的政治体制下，中央与地方更像是一种平行关系。与此相对应的教育管理体制是无中心的或者是多中心的。这就为各地学前教育发展提供了特殊空间。在中央调控加地方分权的政治体制下，中央是有限调控，地方是有限自治，中央与地方权力的格局处于一种张力状态。与此相对应的教育管理体制既突出国家的宏观调控，又强调各地学前教育的自主发展。

目前，我国的学前教育实施的是地方负责、分级管理的管理体制，强调发挥中央和地方两个方面的积极性。中央政府及其教育职能部门能够制定面向全国的法律法规，是一个“立法者”的角色。在具体实施上，地方政府拥有财权、事权，在执行中央政策的时候往往要经过“本土化改造”。但是，有时却会出现地方对中央政策的错误理解和错误执行的现象。例如，1995 年我国出台了关于企业办幼儿园的若干意见，并提出了“幼儿教育社会化”的说法。虽然这一说法有前提也有其根本的内涵，但有些地方政府往往看到的就是其表面的意思，在“社会化”这股风潮下趁机将幼儿园推向市场，与原来的企业、单位脱离，使我国的学前教育发展受到影响。

此外，政治体制影响幼儿园内部的微观管理体制。一般来说，如果幼儿园的内部管理比较民主，那么教师就有较大的自主权，幼儿自主的个人活动就多。如果幼儿园集中管理，那么教师就能照章办事，对幼儿的管制就多，幼儿的活动以集体活动为主。

三、文化对学前教育的影响

文化与学前教育

文化是一个复杂的社会现象，也是人类社会特有的现象。广义的文化是指人类在社会历史实践过程中所创造的物质文明和精神文明的总和；狭义的文化是指社会意识形态以及与之相适应的制度和组织结构。文化包含不同的形式：人类活动作用于自然界，产生了物质文化；人类活动作用于社会，产生了制度文化；人类活动作用于人本身，产生了精神文化。

文化与教育相伴而生，文化给以教育社会价值和存在意义，教育给以文化生存依据与生机活力。文化与教育的关系比政治、经济与教育的关系更加密切、更加直接，因为教育传承的就是文化内核、文化素质。从无所不包的文化整体到文化的精神层面，文化的内涵有一个逐步收缩和聚集的过程。这里将从价值观念的意义上使用文化的概念来探讨主流文化对学前教育的影响。

(一)文化传递模式影响学前教育的价值取向

文化传递是文化的世代相接，是文化在时间上的延续。美国文化人类学家玛格丽特·米德从文化传递模式出发，将人类文化分为三种基本类型：后喻文化、互喻文化、前喻文化。后喻文化是一种面向过去的文化，指晚辈主要向长辈学习；互喻文化是指长辈和晚辈的学习都发生在同辈人之间；前喻文化是长辈反过来向晚辈学习的文化。与米德的三种文化传递模式相对应，存在三种教育取向，即"复制"取向的教育、"适应"取向的教育、"创新"取向的教育。

在后喻文化传递模式下，教育表现出了显著的"复制"前人文化的价值取向。这种"复制"是全方位的。从"复制"的对象看，被复制者——教师、家长及其他长辈的高权威地位是绝对化的。从"复制"的内容看，在漫长的农业社会中，一方面由于生产力低、知识产出少，另一方面由于受多"复制"而少"创造"、多"传承"而少"变革"的后喻文化传递模式的影响，整个教育内容变化缓慢。从"复制"的方法看，几乎都是个别化地进行师传徒受、子承父业式的口耳相传的教与学，晚辈更多是进行模仿和记忆。"复制"取向的教育通常表现为一种强调权威的绝对化、内容的统一化、方法的简单化的教育，其本质通常是贬抑人类创造、压抑儿童个性。可以说，这一时期是教育中无"人"的时期、无"主体"的时期。

在前喻文化传递模式下，教育表现出面向未来的"创新"的价值取向。随着社会信息和教育内容的变化，儿童对新鲜事物的敏感度和接受能力已远远超出墨守成规的长辈，学前教育已无法立足"继承"与"积累"式的传承模式，"开放"与"创新"式的传承势在必行。

与前喻、后喻文化传递模式不同，互喻文化传递模式不是发生在亲代与子代之间，而是发生在同辈群体中。互喻文化传递模式演绎的是一种平等的关系，而正是这种平等关系使儿童的同伴群体成为其社会化过程中重要的他人。

(二)文化心理影响学前教育的内容和形式

与西方社会不同，我国有独特的文化心理。这些独特的文化心理不可避免地影响到学前教育的内容和形式。

我国的学前教育是基础教育的有机组成部分，其性质是面向全体的、普及性的。但是，我国中小学存在片面追求升学率的倾向，而且趋于低龄化。在这种应试指挥棒的指引下，幼儿园成为小学的预备班，小学教育开始向幼儿园延伸。

(三)文化传统影响学前教育的传统与变革

传统是复杂的历史构成，既是历史，又是现实，是历史在现实中的沉积。它不仅作用于过去，而且构成一种强大的现实力量作用于当前乃至未来。现实的教育不能不受文化传统的影响。

从世界上看，美国的教育在于培养能适应民主社会要求的理想公民，有浓厚的实用主义色彩；英国看重涵养文化、陶冶品行及形成智能的训练，有明显的绅士教育遗风；法国注重造就才智出众的人才；德国注重培养以国家为重的公民。教育传统上的差异都与这些国家的文化传统紧密相关。

我国有着悠久的文化传统，如在价值观念上重群体和谐。具体表现为：在人与自然的关系上，强调天人合一；在个体与社会的关系上，强调个体融入社会；在人与人的关系上，强调长幼有别、尊卑有序的格局。在幼儿园的日常生活中，教师与教师、教师与保育员、教师与管理者、教师与幼儿之间建构起不同的关系世界，其核心原则就是“有序”。其中师幼有序既是长幼有别的文化反映，也是师道尊严在现实中的投射。①

此外，在思维方式上，我国传统文化强调中庸、不偏不倚。这一点在幼儿园课程内容与目标的制定上可见一斑。比如，2001 年的《幼儿园教育指导纲要(试行)》一方面继承了 20 世纪 30 年代课程中五大领域的思想，另一方面又吸纳了瑞吉欧、维果茨基等的教育思想。在具体的目标表述部分，激进与保守、必需与可以、自己与他人之间辩证地存在，既不凸显一个维度、贬低另一个维度，也不把任何一个维度提高到非此不可的地步，体现了一种轻松拿捏的中国式智慧。

在教育发生历史性变革的背景下，一方面，我们要看到当前教育改革中遇到的各种阻力追根溯源都与文化传统有一定的关系；另一方面，我们也不得不承认文化传统是当前教育的根基，彻底否定文化传统会导致文化教育的真空。因此，我们要正确认识文化传统对教育的制约与影响，促进当前学前教育改革的跨越式发展。

第二课　学前教育的社会功能

依据教育功能对象的不同，教育的功能可分为个体功能和社会功能。前者是指教育活动对于个人的发展功能，后者主要是指教育活动对于社会的发展功能。学前教育的社会功能是指学前教育通过自身职能的正常履行而产生的一种社会功效。具体来说，学前教育的社会功能主要包括经济功能、政治功能、文化功能。

---

① 王海英：《学前教育社会学》，52 页，南京，江苏教育出版社，2009。

知识链接

教育部基础教育司 2022 年工作要点

促进学前教育普及普惠。落实《“十四五”学前教育发展提升行动计划》，指导各省制订实施方案，做好入园需求预测，推动以县为单位完善普惠性资源布局规划，加强城镇新增人口、流动人口集中地区和乡村幼儿园建设，补齐普惠性资源短板，进一步提高普及普惠水平。指导各地做好城镇小区配套园治理“回头看”工作。分片召开幼小衔接试点工作经验交流会，继续推广“安吉游戏”典型经验，提高科学保教水平。

国务院关于当前发展学前教育的若干意见

①把发展学前教育摆在更加重要的位置。②多种形式扩大学前教育资源。③多种途径加强幼儿教师队伍建设。④多种渠道加大学前教育投入。⑤加强幼儿园准入管理。⑥强化幼儿园安全监管。⑦规范幼儿园收费管理。⑧坚持科学保教，促进幼儿身心健康发展。⑨完善工作机制，加强组织领导。⑩统筹规划，实施学前教育三年行动计划。

一、学前教育的政治功能

学前教育的政治功能是指学前教育通过培养儿童的政治理念和品德，促进和保障一定的社会政治制度的巩固和发展。

(一)学前教育能初步培养合格的公民

学前教育机构是一种社会设置，是一种防止社会离心定位、增进社会亲和力和有机团结的工具，承担着社会再生产的任务。有学者曾经用“村落中的国家”来形容国家权力和意识形态对一所村希望小学的全面渗透。同样，在幼儿园，大到教育目标，小到教育活动和日常互动，国家色彩无处不在。①

人的社会化是人的发展的重要方面，是个体之所以能成为人的基础。而政治社会化又是人的社会化的重要方面。政治社会化是指引导人们接受一定社会的政治意识形态，形成适应于一定社会政治制度的政治态度与政治认同感的过程。这一过程需要通过学前教育实现，旨在确保把儿童培养成国家公民，同时为社会政治秩序的稳定创造条件。

(二)学前教育有助于促进社会政治稳定

学前教育机构是儿童游戏的乐园，也是一个儿童兴趣萌发、习惯养成的场所。在学前教育机构的生活中，儿童形成的有序意识与规范意识可以使其成年后在社会生活中自觉维护公共秩序、增进社会稳定。

子女教育是民众较为关心的事项之一。儿童的健康成长和发展不仅关系着家庭生活的质量、决定着家庭幸福，还牵动着全社会，对家庭生活、国民

---

① 王海英:《学前教育社会学》，118 页，南京，江苏教育出版社，2009。

经济发展和社会秩序的稳定有着重大的影响。

二、学前教育的经济功能

学前教育经济功能的异化

学前教育的经济功能是指学前教育通过培养能够参与各种经济活动的劳动者和专门人才使社会生产力和经济得到发展。

(一)学前教育可以提升劳动力的素质

学前教育可以创造、保存并传播科学文化知识，提高儿童的科学文化水平。当今世界，“知识经济”的概念已经深入人心，知识可以转化为生产力。教育是知识创新、传播和应用的主要基地，也是培育创新精神和创新人才的摇篮。学前教育的发展可以促进教师的素养提升。教师作为社会劳动力的一支队伍，既会对学前教育事业本身的发展产生影响，也会对社会经济发展产生影响。学前教育提升劳动力的素质主要体现在各级各类人才的早期培养方面。

(二)学前教育可以带动其他行业的发展

大力发展学前教育，不仅可以有效地扩大受教育人口的比例，而且可以带动建筑、仪器设备、办公家具、通信、交通、报刊出版、旅游等一系列行业的发展，从而达到带动经济增长的目的。另外，学前教育的产业化会带来对幼儿园的建筑、设备、玩教具等方面的重视，在一定程度上带动了经济增长。

三、学前教育的文化功能

学前教育的文化功能是指学前教育在文化的选择、传递、更新和创造过程中所发挥的作用。

(一)学前教育可以选择文化

文化选择是文化变迁和文化发展的起始环节，它表现为某种文化的自动选择或排斥。学前教育并不传播所有的文化，往往根据一定的标准对文化进行选择。首先，选择有价值的文化精华，剔除文化糟粕，传播文化中的真善美。学前教育要尽可能让儿童接触和感受真善美的东西，这样有利于儿童真善美性情的形成。其次，根据儿童的年龄特点和教育教学的规律，选择适合学前教育的文化。由于学龄前儿童具备与其他年龄阶段儿童不同的学习特点与方式，因此学前教育对文化的选择要充分考虑儿童的特点。

(二)学前教育可以传递文化

文化是人类在活动中创造的，对个体来说是后天习得的。文化不可能通过遗传的方式延续，而只能通过传递的方式发展下去。文化的传递有多种方式：可以通过物质实体的方式保存下来，代代相传；也可以法律制度的方式将文化保存下来。但仅有这些是不够的，因为一方面以物质实体和法律制度方式保存的文化还需要人的理解；另一方面，作为人类文化核心的文化传统、价值观念、思维方式等只能借助教育，通过人的培养，体现在每个人的思想意识和认识中得以保存。学前教育是培养人的社会活动，同样具有传递文化的功能。物质文化可以通过人的操作来保存与传播，精神文化则可以通过人的掌握得以保存和积累。

(三)学前教育可以更新和创造文化

学前教育是更新和创造文化的手段。学前教育非常强调对儿童创造力的培养。因为儿童对新事物的兴趣往往特别浓厚，学前教育在保护儿童学习欲望的基础上通过组织科学的教育教学活动，往往比较容易促进儿童创造力的生成。

学前教育可以把人类创造的文化财富转化为儿童的知识、才能、思维方式、实践能力等，再通过儿童个体的活动体现出已有文化的功能，或者创造出新的文化成果，从而推进人类文化的发展。

课证融通

简答题(2019 年保教知识与能力真题)：经济发展与学前教育的关系。

答案：略。

思考与练习

一、基础练习

1. 谈谈社会发展对学前教育的影响。

2. 谈谈学前教育的社会功能。

3. 有人认为，只要增加学前教育经费的投入，学前教育事业就会蓬勃发展。请利用所学知识评析该观点。

二、实践训练

1. 调查一个社区学前教育的现状，分析学前教育与社会发展的关系。

2. 选择一个感兴趣的题目，分组做专题研讨。

学习评价与反思

____

____

____

单元三综合检测题　　单元三综合检测题答案

单元四　学前教育与儿童发展

学习目标

1. 了解儿童观的演变，树立科学的儿童观。
2. 理解并掌握儿童发展的特点、影响儿童发展的因素。
3. 能用所学理论分析儿童发展状况和学前教育现象。
4. 学会分析学前教育与儿童发展的关系。

思维导图

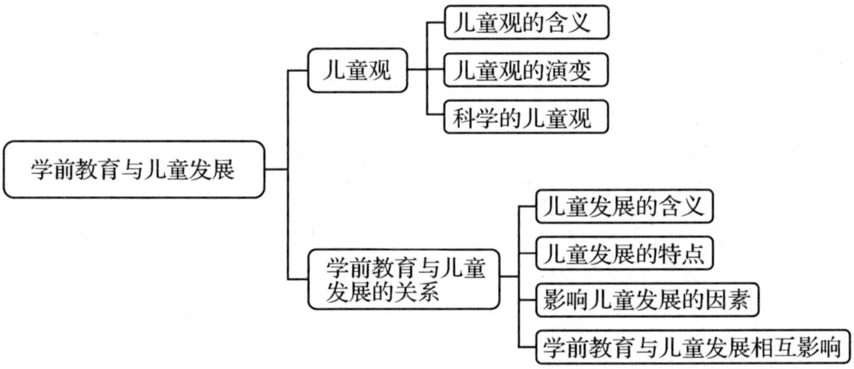

单元导入

学前教育是一种以人为对象的社会实践活动，它的教育对象是儿童。儿童身心发展的规律是教育的依据，教育与儿童发展是学前教育的重要理论问题。本章主要研究和探讨以下两个问题：如何科学地看待儿童和学前教育在儿童发展中的作用。

单元案例

接新班后，小毅立即引起了老师的注意。老师了解到，他的家境不太好，父母早已离异。为了养家糊口，他妈妈每天早出晚归，去离家较远的工厂打工。他的生活起居都由奶奶照顾。老师很同情小毅的遭遇，平时总是想方设法地让他多吃点饭菜，希望他长得强壮一些。

当他与同伴有纠纷时，老师在引导他学着解决问题的同时，教育他要学会与同伴友好相处……日子一天天过去，小毅也在慢慢地发生变化。他已经能较主动地参与到集体活动中，也能与同伴友好相处，与老师的关系越来越亲密。记得有一次，老师要在活动室的天花板上悬挂东西，需要踩到桌子上才够得着。当老师爬到桌子上时脚踩偏了，身体一下子失去了平衡，差点儿从椅子上摔下来。当老师再次爬上桌子时，一个细细的声音传入她的耳朵："王老师，你小心点。"老师循声望去，只见小毅蹲在地上，双手紧紧地抓住桌子的腿，两眼紧张地盯着老师。老师被深深地感动了。孩子那一句发自内心的提醒以及想保护老师的行动，饱含了他对老师的关心和爱。老师相信他会自信、健康地成长，因为他体验到了爱的力量、爱的甜蜜，享受到了成长的快乐。

老师如此对待小毅，是基于怎样的儿童观？从小毅惊人的变化中可以知道学前教育与儿童发展的关系是怎样的呢？

第一课　儿童观

一、儿童观的含义

儿童观是人们对儿童的基本看法和态度。它包括对儿童的权益和地位、特质和能力以及儿童期在个体发展中的作用等方面的看法。

人们往往在日常生活中形成了对儿童带有共性的较为稳定的看法，这些看法在人们的头脑中根深蒂固并表现在其言行中。儿童观与教育观紧密相关，不同的态度和观念会导致教师对教育过程相关要素认识的差异，从而产生不同的教育行为。

成人对儿童的看法和态度会体现出一定的时代性。随着社会政治经济的发展，儿童观会发生转变。比如，古代社会认为孩子必须严加管束；现代社会认为孩子是有尊严的，是独立的个体，要尊重孩子的权利等。

二、儿童观的演变

(一)古代的儿童观

古代社会没有"儿童"的概念，人们普遍把儿童看成"小大人"，认为除年龄和身体外，儿童与成人没什么差别。在一些绘画作品中，儿童被画成与成人非常相似的成人"缩小版"，在衣着、行为上与成人没有什么区别。同时，儿童又是被忽略的对象，没有任何权利和地位。

由于古代社会的生产力比较低，个体难以应对生存环境的挑战，人们必须以血缘、地缘关系为纽带结成群体，家庭利益和国家利益高于一切，儿童只是家族继承和繁衍的工具、未来的劳动力和保卫国家的兵源。因此国家本位和家族本位的儿童观一直占主导地位，儿童的社会权益和地位难以保障，个性得不到应有的尊重。

(二)近代的儿童观

14 世纪开始在西欧兴起的文艺复兴运动，是新兴资产阶级发动的反封建的文化革命运动和思想解放运动。针对教会对人权的禁锢和对神权的尊崇，一批进步的启蒙思想家提出新的人类观，倡导人权，反对神权，认为人是自由的、自然的，因此人的价值和尊严必须得到尊重。在这一时期，一种全新的儿童观展现在世人面前。

捷克教育家夸美纽斯提出要相信一切儿童都可以造就成人。荷兰人文主义教育家伊拉斯谟指出，“儿童”这个词在拉丁语中意味着“自由者”。他奉劝教师要研究儿童，不要指望儿童像小大人一样行动；认为自由的教育是符合儿童天性的，用教育手段把本来是自由的儿童奴隶化是极其荒谬的。意大利人文主义者维吉乌斯在《儿童教育论》中提倡成人要以经常赞扬好的行为、饶恕与宽大细小过失的办法来教育儿童，教育方法必须根据儿童个性的不同而有所区别。

可见，文艺复兴时期的儿童观承认儿童的特点和兴趣，认为儿童是天真、纯洁的，具有发展的可能性，要求人们珍视儿童、热爱儿童。但是，他们没有从根本上否定儿童对于社会和父母的绝对服从关系，没有看到儿童是有自身价值的。

17 世纪英国哲学家洛克认为人的意识中没有与生俱来的“天赋观念”；人心如同白板，可以任意涂画描绘。

18 世纪法国启蒙思想家卢梭被公认为是从根本上扭转以成人社会的要求看待儿童的传统、把儿童视为具有固有法则的“自然”存在的思想家。他认为儿童并不是生来就有原罪的存在，也不是夸美纽斯和洛克主张的那种可以任意教育的“白板”，更不是“小大人”；儿童本身具有不可转让的价值，是一种不断地渴求创造性表现的存在。在他的教育哲理小说《爱弥儿》中，他不仅尖锐地批判了封建社会对儿童的种种偏见和歧视，而且从一个崭新的角度审视儿童、研究儿童。他指出在万物的秩序中，人类有它的地位；在人生的秩序中，童年有它的地位；应当把成人看作成人，把孩子看作孩子。他认为儿童生来就是性善的，是纯洁无瑕的，心中没有任何罪恶的种子；儿童也是自由的，教育就要保护儿童善良的心灵，顺从儿童自由的本性；教育要注意运用各种方法使儿童避开社会的不良习俗和偏见，废止社会道德的灌输，让儿童返回自然，恢复儿童的天性；要认识到儿童与成人的不同，把儿童期看作特殊的发展时期；要认识到儿童在生理和心理上都处于尚待成熟的时期，而且儿童有自己的快乐和幸福。卢梭强调儿童是一个独立的个体，有自己的尊严和权利，具有自身的发展规律和价值；教育不应为了成人的利益而牺牲儿童的利益，应把属于儿童的东西还给儿童。

卢梭第一次以鲜明、深刻的论述把教育的注意力吸引到儿童身上，在教育史上具有重要价值。第一，他明确指出了儿童与成人的区别，强调儿童期的教育应符合儿童的身心特点、顺应儿童的天性。第二，他强调儿童是一个独立的个体，儿童有自己的尊严、有自己的权利；教育要把属于儿童的东西还给儿童，不应为成人的利益牺牲儿童的利益。第三，儿童期是个体发展的重要时期，而不是可有可无的。儿童的现在和将来是前后一贯发展的过程，教育不应为儿童的未来而牺牲儿童的现在。第四，教育应为儿童的发展创造良好的环境，使其避开一切不良因素的影响，让儿童在其天性不受污染的环境下自由地发展。卢梭的教育思想对后来的教育家和思想家产生了深刻的影响。

(三)现代的儿童观

进入 20 世纪以来，很多教育家对儿童观进行了深入的研究。蒙台梭利认为儿童具有内在的生命力、具有吸收性心智、具有敏感期；儿童的发展具有阶段性，儿童的发展是通过自由的“工作”来实现的。杜威是进步主义思想的主要代表，他认为儿童是未成熟的人、是发展中的人；儿童期的生活有自身的价值；儿童是起点、是中心，而且是目的。加德纳认为每个儿童都是多种不同智力的不同程度的组合，要承认、关注并欣赏个体之间的差异。瑞吉欧教育认为，儿童有巨大的发展潜力；儿童与成人一样，是拥有独特权利的个体。我国幼儿教育家陈鹤琴认为，儿童具有天生的好奇心、天生好动、喜欢模仿、喜欢合群；儿童有自身的价值，应当尊重儿童的人格。

三、科学的儿童观

科学的儿童观是指那些符合儿童本质的观点。科学儿童观的基本内涵包括以下五个方面。

蒙台梭利的儿童观、杜威的儿童观

(一)儿童有独立人格

儿童作为人，具有和成人一样的人格和尊严、一样丰富的精神世界、一样的差异性。儿童是人，是具有独立人格的人；他们有自己的尊严、秘密，有自己感知世界、思索世界的方式，有着不同于成人的思想和情感。儿童有独立人格，这里包括两层含义。

1. 儿童是能动的主体

儿童不是不能自主活动的自然材料，也不是没有意识的动物和植物，而是能动的主体。儿童不仅能通过对外界的摄取活动使自己的身体得以保存和发展，还能创造和满足自己的物质和精神需要，以发展自己。儿童具有个人的爱好、兴趣、追求，有个人的独立意志。在教育活动中，他们不是消极被动地接受教育，而是能够意识到自己是被他人影响的，从而有可能自觉地参与到教育过程中，共同完成教育活动。

2. 儿童是具有思想感情的个体

儿童不同于可以听任摆布的物品，他们有血有肉，有自己的思想和情感，有自己的需要、愿望、尊严和意志，有自身独立的人格。儿童合理的需要应当得到满足，正当的权益应当得到尊重。教师不仅要认识儿童，而且要理解、尊重儿童，满足儿童的合理需求，与儿童建立良好的人际关系。

课证融通

1. 单选题(2018 年综合素质真题)：幼儿萌萌午休时不睡觉，还发出吵闹的声音。何老师把她关在厕所里，以免影响其他幼儿休息。何老师的做法(　　)。

A. 不正确，侵犯幼儿的人身权利和人格尊严

B. 不正确，侵犯幼儿的思想自由和受教育权

C. 正确，有利于保证其他幼儿午休的权利

D. 正确，有利于引导幼儿养成良好的生活习惯

答案：A。

2. 单选题(2017 年保教知识与能力真题)：小彤画了一个长了翅膀的妈妈。教师合理的应对方式是(　　)。

A. 让小彤重新画，以使其作品更符合实际

B. 画一个妈妈的形象，让小彤照着画

C. 询问小彤画长翅膀的妈妈的原因，接纳他的想法

D. 对小彤的作品不予评论

答案：C。

3. 单选题(2017 年综合素质真题)：某幼儿园一直试着让幼儿做一些力所能及的事，如发勺子、分碗、搬凳子等。一天，小樱用乞求的目光注视着老师，轻声说："老师，让我发一次勺子好吗?"下列做法正确的是(　　)。

A. 老师让小樱先举手再发言　　B. 老师让小樱先吃饭再做事

C. 老师应该让小樱搬凳子　　D. 老师应该让小樱发勺子

答案：D。

4. 单选题(2017 年综合素质真题)：中二班要举行画展，孩子们纷纷带来了个人作品。赵老师当众挑选"好的作品"，并将"不好的作品"丢在了废纸篓里。赵老师的做法(　　)。

A. 不正确，伤害了部分孩子的自尊心

B. 不正确，打击了全体孩子的积极性

C. 正确，能激励孩子们创造好的作品

D. 正确，能提升班级画展的整体水平

答案：A。

5. 单选题(2017 年综合素质真题)：夏老师教唱歌，可可总是唱错歌词。夏老师当着全班幼儿的面，严肃地对可可说："你怎么那么笨啊!"小朋友们哄堂大笑，夏老师的做法(　　)。

A. 阻碍了幼儿的探究学习　　B. 破坏了幼儿的同伴关系

C. 损害了可可的名誉　　D. 侮辱了可可的人格

答案：A。

(二)儿童有合法权利

儿童是社会的未来、人类的希望。儿童是独立的社会个体，是权利的主体，有着独立的法律地位。他们不仅享有一般公民的生命权、生存权、人格权等绝大多数权利，并且受到社会的特殊保护，享有身心健康权、人身自由权、人格尊严权、隐私权、名誉权等。

> **课证融通**
>
> 单选题(2017 年保教知识与能力真题)：对幼儿如厕，教师最合理的做法是(　　)。
>
> A. 允许幼儿按需自由如厕　　B. 要求幼儿排队如厕
>
> C. 控制幼儿如厕的次数　　D. 控制幼儿如厕的间隔时间
>
> 答案：A。

1989 年，联合国大会通过的《儿童权利公约》的核心精神就是维护儿童的社会权利主体地位。它的基本原则有以下四项。①尊重儿童的观点与意见的原则。任何事情如果涉及儿童本人，必须认真听取儿童自己的观点和意见。②无歧视原则。每一个儿童都平等地享有该公约规定的权利。儿童不应因其本人或父母的种族、肤色、性别、民族、语言、财产、伤残等受到任何歧视，他们所享有的一切权利也不应因其父母、监护人和家庭成员的身份、活动和观点等而受到影响。③儿童的最大利益原则。以儿童的最大利益为目标是该公约首要考虑的。凡涉及儿童的一切事务和行为，都应首先考虑以儿童的最大利益为出发点。④尊重儿童尊严的原则。该项原则要求尊重儿童的人格和尊严，保证儿童生存与发展的质量。

《儿童权利公约》提到的儿童权利多达几十项，如姓名权、国籍权、受教育权、健康权、医疗保健权、受父母照料权、娱乐权、闲暇权、隐私权、表达权等。但其基本的权利可以概括为以下四项。

第一，生存权。所有儿童都有存活的权利、有权接受可行的最高标准的医疗保健服务。第二，发展权。儿童享有充分发展其全部体能和智能的权利，包括接受正规和非正规的教育。应向儿童提供良好的道德和社会环境，以满足儿童在发展过程中的身体、心理、精神的需要。第三，受保护权。应保护儿童免受歧视，免受身体及性虐待和经济剥削，免受战乱遗弃、照料疏忽；当儿童需要时，应随时提供适当的照料或康复服务。第四，参与权。儿童拥有参与家庭、文化和社会生活的权利，有权对影响他的任何事情发表意见。

> **课证融通**
>
> 1. 单选题(2018 年综合素质真题)：联合国《儿童权利公约》所指的“儿童”是(　　)。
>
> A. 18 岁以下的任何人　　B. 16 岁以下的任何人

C. 10 岁以下的任何人　　D. 6 岁以下的任何人
答案：A。
2. 单选题(2018 年综合素质真题)：依据联合国《儿童权利公约》，对儿童的养育和发展负有首要责任的是(　　)。
A. 国家　　B. 父母　　C. 学校　　D. 社会
答案：B。
3. 单选题(2016 年保教知识与能力真题)：最早提出"以儿童的最大利益为首要考虑"的这一原则文件是(　　)。
A.《适合儿童生长的世界》　　B.《3—6 岁儿童学习与发展指南》
C.《中华人民共和国未成年人保护法》　D.《儿童权利公约》
答案：D。

我国是《儿童权利公约》的缔约国。《中华人民共和国宪法》《中华人民共和国未成年人保护法》《中华人民共和国教育法》等法律法规对儿童的法律权利做了明确规定。儿童的合法权利包括人身权和受教育权等。

课证融通

单选题(2019 年综合素质真题)：兰兰擅长绘画，小小年纪已多次获奖。在没有征得兰兰和她家长同意的情况下，幼儿园将兰兰在幼儿园课堂上创作的画作拿给出版社出版。该幼儿园的做法(　　)。
A. 合法，幼儿园有权处理幼儿的课堂画作
B. 合法，任何人不能干涉幼儿园的决定
C. 不合法，幼儿园侵犯了兰兰的财产权
D. 不合法，幼儿园侵犯了兰兰的著作权
答案：D。

这些法律法规和条约体现了现代社会以人为本的儿童观，即保障儿童的生命健康，为他们提供基本的营养、居住、娱乐和医疗条件；为儿童提供平等的教育机会，使每一个儿童都能受到良好的教育，在身体、认知、社会性、情感等方面得到和谐发展；教育者和儿童在人格上是平等的，教育者必须尊重儿童的人格、意愿和兴趣，不得虐待、歧视和剥削儿童；儿童是学习的主体，教育者应该支持儿童主动地学习与发展。

(三)儿童是发展中的个体

1. 儿童具有与成人不同的身心特点

儿童不是成人的雏形，不是"小大人"，他们在年龄、身材、知识和能力等方面具有与成人不同的特点。例如，儿童的思维以具体形象思维为主，而成人的思维则以抽象逻辑思维为主。

2. 儿童具有发展的可能性与可塑性

儿童是发展中的人。儿童期是一个人的生理、心理发展的重要时期，其特征都处在变化当中。所以儿童具有极大的可塑性，蕴藏着极大的发展可能性。在这一时期，儿童的受教育和身心发展状况对于他们一生的发展将产生极大的影响。

3. 儿童具有发展的需要

儿童发展的可能性和可塑性要转变为现实，取决于儿童发展需要的满足、儿童与环境的相互作用。客观现实不断作用于儿童，对儿童提出新要求；同时这些要求会转变为儿童的需要。环境对儿童的客观要求所引起的需要与儿童现有发展水平之间的矛盾，是推动儿童发展的动力。

(四)儿童通过主体活动而获得发展

活动对儿童有着重要的价值。皮亚杰认为，儿童通过自身活动建构自己的认知结构。儿童的活动可以分为两类。一类是操作活动。儿童通过与物体相互作用尤其是通过动手操作，理解事物之间的关系，获得物理经验及数理逻辑经验。例如，儿童可以通过操作、实验等直接与材料相互作用的方式发现和感知材料的特性，进而发现和了解材料在某种情况下会发生变化。用一些材料制成的物体可以在压、弯、拧的状态下变形，有的会在加热或遇冷时发生变化……教师应充分利用当地资源，为儿童提供水、沙、泥、纸、塑料、铁等材料，支持和引发儿童操作、探究实验，主动建构有关的知识经验。

典型案例

4岁的幼儿知道木头会浮在水面上，铁块会下沉。如果给他一个铁盒，问他铁盒是否会沉入水下，幼儿回答时就会很犹豫。如果给他材料让他实验操作，他会很容易找到答案。①

另一类是人际交往活动。儿童通过与教师、同伴的相互交往掌握各种行为规则，实现社会性的发展。在幼儿园里，教师与儿童的交往过程实际上就是儿童的学习过程。儿童在教师的言传身教中学习有关社会的基本价值观念，如公平、合作、分享以及纪律性、责任感等。例如，儿童进行日常游戏时都想担任主角或者都想玩某一好玩的玩具，就会出现争执。这时教师就要启发儿童自己想办法，引导儿童学会等待，轮流分享、合作。儿童在与教师、同伴的交往中应学会控制自己的情感，正确表达自己。

儿童是在活动中得到发展的。教师必须树立“教育要儿童化”“寓教育于活动之中”的理念，可让儿童参与操作活动、游戏活动、娱乐活动，此外还可让

① 周青云：《学前教育学》，26页，西安，陕西师范大学出版总社，2020。

儿童参与劳动、观察等活动。教师在组织活动的过程中应采用多种教育形式相结合，除了采用集体性的教学、游戏盥洗、午睡外，还要不失时机地让儿童参与小组活动、自选活动、自由活动等。每种组织方式都有其独特价值。

(五)儿童作为一个整体连续发展

儿童的生理、心理、认知、情感、社会性发展是儿童发展的各个不同侧面，它们共同构成一个有机整体，互相联系、彼此制约。处在学前期的儿童的生理发展尤为重要，直接制约其心理发展。年龄越小，二者联系越紧密。只有有健全的生理，才能产生健全的精神，反之亦然。儿童大脑的发育成长使儿童心理发展成为可能。脑科学研究表明，经常开展体育活动，锻炼身体就能使新陈代谢提高20%～30%。只有保证大脑有充足的氧供应量，大脑细胞活跃，儿童学习的质量才能得以提高。

知识链接

情绪与大脑

有心理学家认为，情绪决定大脑的结构。一些医学研究证明，音乐是特殊的“维生素”：不同速度、节拍和旋律的音乐，通过听觉神经传递到大脑，可使大脑皮层产生新的兴奋点，使原有兴奋区得以休息，让儿童会感到轻松愉快。各种适宜的教育活动，如游戏、美工、故事乃至科学活动都能产生相似的效果，促进儿童的生理发展。①

针对儿童发展整体性的特点，教师必须树立“全面教育儿童”的理念，在教育实践中将德育、智育、体育、美育、劳动教育五育有机结合、互相渗透，实施全面发展教育。体育是儿童生长发展之本，体育锻炼不仅能增强儿童的免疫力，而且能促进儿童的心理健康发展，有助于儿童良好性格的形成。德育、智育、美育、劳动教育和体育同样密不可分。犹如“木桶理论”，儿童五育的任何一面出现问题，都会影响整体发展。所以要满足儿童的各种发展需要，不能孤立强调一方面而忽视另一方面。

课证融通

1. 单选题(2019年保教知识与能力真题)：“养儿防老”“光宗耀祖”“传宗接代”等所体现的观念属于(　　)。

A. 工具主义儿童观　　B. 科学主义儿童观

C. 自然主义儿童观　　D. 人文主义儿童观

答案：A。

① 周青云：《学前教育学》，26页，西安，陕西师范大学出版总社，2020。

2. 材料分析题(2018 年综合素质真题)：阅读材料，并回答问题。

班上的一些小朋友不喜欢洗手。有些小朋友虽然洗手，也只是简单地冲冲水就算了。户外活动后，韩老师把小朋友分成两组：一组念着儿歌认真地洗手，另一组暂时不洗手。韩老师拿出两块柚子皮，给一组分一块，让小朋友分别摸柚子皮内层。红红突然叫起来："黑了，黑了！"

果然，没洗手那组小朋友摸过的柚子皮内层已经黑乎乎了。韩老师趁机提问："柚子皮为什么会变黑啊?"小朋友抢着说："他们没洗手，手很脏。""手上有土，把柚子皮弄脏了。"韩老师连忙引导："这是我们能看见的，还有我们看不见的呢?"小朋友大声说："细菌、病毒。"韩老师趁热打铁，说道："如果我们不洗手就拿东西吃，手上的脏东西会沾到食物上。脏东西进入我们的肚子，身体会怎么样？我们应该怎样做呢?"小朋友叽叽喳喳地讨论开来，最后得出"一定要认真洗手，做健康的小主人"的结论。活动结束后，没洗手的小朋友立刻跑到洗手池边洗手，洗得格外认真；洗了手的小朋友中，有人感觉自己没洗干净，就认真地又洗了一遍。自此，小朋友大都能自觉地去洗手。如果某个小朋友忘记洗手，其他的小朋友也会提醒他。

问题：请结合材料，从儿童观的角度评析韩老师的教育行为。

答案：略。

第二课　学前教育与儿童发展的关系

一、儿童发展的含义

儿童发展是指儿童的生理、心理有规律地由量变到质变的发展过程。儿童发展包括生理发展和心理发展。生理发展是指身体形态、结构、功能的生长和发育。例如，身高、体重的增长，骨骼与骨肉的生长，神经系统的发育，运动机能的发展等都属于生理发展。心理发展包括两个方面：一是感知觉、记忆、想象和思维等认知因素的发展；二是情感、意志、兴趣、需要和个性等非认知因素的发展。

儿童发展是生理发展和心理发展相互作用的过程。儿童的生理发展与心理发展密切联系、相互影响。身体各器官、各系统的发育为儿童的心理发展奠定了物质基础，心理的发展保证和促进了儿童身体的正常发育。

二、儿童发展的特点

(一)阶段性

儿童的身心发展是一个复杂的矛盾斗争的过程，既是一个连续的、渐进的量变过程，也是到一定时期或程度而发生质变的过程。在量变与质变的交替变换中，儿童的身心发展形成了相对稳定的时期。一般而言，从出生到成熟经历着如下几个时期：婴儿期、幼儿期、学龄期。不同时期之间不仅有量的差异，也有质的差异。每一时期儿童的身心发展都有不同的水平，有其主要的活动形式，体现着该时期的特征。这些时期又按一定的顺序相互联系：前一时期是后一时期的必要准备，并为后一时期所取代；后一时期是前一时期的必然的发展趋势。发展时期并非阶梯式的，而是有一定程度的交叉和重叠。

课证融通

1. 单选题(2018 年综合素质真题)：某幼儿园在上学期为大班开设了小学一年级语文、数学课程。该幼儿园的做法(　　)。

A. 正确，幼儿园有权安排教学活动

B. 不正确，这些内容应安排在大班下学期

C. 正确，有利于实现幼小衔接

D. 不正确，不利于幼儿的身心发展

答案：D。

2. 单选题(2017 年保教知识与能力真题)：一般条件下，(　　)年龄段的幼儿能结合情境理解一些表示因果、假设等关系的相对复杂的句子。

A. 托班　　B. 小班　　C. 中班　　D. 大班

答案：D。

(二)顺序性

儿童的身心大致是按由大到小、由简到繁、由具体到抽象这样的顺序来发展的。例如，儿童动作的发展一般是粗大动作(蹬腿、抬手等)发展在先，精细动作(自主够物和手的操控技能)发展在后；而儿童手指的精细动作发展则更晚。因此，让一个 1 岁的儿童准确地敲击键盘几乎是不可能的；或者让 2 岁的儿童就使用铅笔写字，这不仅不符合儿童生理发展的规律，而且容易对儿童造成伤害。又如，儿童 0～3 岁时发展的主要是直觉行动思维。这种思维离不开儿童自身对物体的直接感知，也离不开儿童自身的实际操作。儿童依靠动作进行这种思维活动，只能反映自己所能触及的具体事物。他们不能计划自己的动作，预见动作的效果。比如，在幼儿园小班，儿童一边搭积木一边自言自语：“这是小白兔的房子，大灰狼要来了，关门。”这时候，儿童会给房子搭一扇门。3～7 岁的儿童逐渐发展了具体形象思维，能够凭借事物的具体形象或表象以及对表象的联想进行思考。

典型案例

儿童在一般情况下能对“3＋2＝5”进行计算，但他们在实际计算时并非对抽象数字进行分析综合，而是依靠头脑中再现的实物表象(3 个苹果加上 2 个

苹果或 3 个手指加 2 个手指)进行计算。①

儿童在每一个时期都有该时期的年龄特征和发展需求，教师不能逾越这些时期的特点和需求凭空进行教育。为了进一步理解和运用儿童身心发展的规律，教师必须了解各年龄阶段儿童身心发展的水平和特征。在一定教育和社会条件下，一定年龄阶段儿童身心的一般的、典型的、本质的特征及发展趋向被称为年龄特征。年龄特征可作为确定学前教育任务、内容和方法的依据。

课证融通

单选题(2018 年综合素质真题)：某幼儿园组织幼儿进行军训活动。该幼儿园的做法(　　)。

A. 正确，有利于强化幼儿纪律教育

B. 正确，有利于增强幼儿的责任感

C. 不正确，阻碍了幼儿学习成绩的提升

D. 不正确，未遵循幼儿身心发展的规律

答案：D。

(三)不平衡性

儿童身心发展的不平衡性主要表现在两个方面：一是指儿童同一方面的发展在不同的阶段具有不平衡性；二是指儿童的不同方面发展具有不平衡性。为了进一步了解不平衡性，我们要明确如下几个概念。

1. 敏感期

敏感期是指儿童由于在智力、秩序感、节奏感、行走、观察力等方面的发育特征而产生的对环境、秩序、感官、动作、社会规范等一系列的敏感情况的时期。蒙台梭利认为儿童在早期发展时期有几个所谓“敏感期”或称“关键期”。在敏感期，儿童接受某种刺激的能力是异乎寻常的。儿童对某种事物的特殊感受性一直持续到这种感受需求完全得到满足为止。敏感期在儿童学习说话和走路时体现得较为明显。如果父母意识到这种敏感期的存在，他们就能适时地从各方面促进儿童的成长。

儿童发展的敏感期

2. 转折期

转折期是指在心理发展的两个时期之间，儿童有时出现心理发展在短时期内急剧变化的时期。比如，3 岁儿童常常表现出反抗行为或执拗现象，常常对成人的任何指令都说“不”“偏不”以示反对。

儿童的心理发展过程与其他物质发展过程一样，都具有规律性，遵循从量变到质变的过程。量变的过程表现为儿童心理发展阶段的稳定性；质变的

---

① 黄人颂：《学前教育学》第二版，80 页，北京，人民教育出版社，2010。

过程表现为儿童心理发展的转折与飞跃。

3. 危机期

危机期是指在发展的某些年龄时期，儿童心理常常发生紊乱，表现出各种否定和抗拒行为的时期。比如，经常与他人发生冲突、违抗成人的要求等。例如，儿童满周岁时虽然走路还很不稳，摇摇晃晃，但坚持要自己到处走，不再像以前那样顺从成人的指挥。转折期是儿童心理发展过程中必然出现的，但危机期却不是必然出现的。如果成人在掌握儿童心理发展规律的情况下，正确引导他们心理的发展，及时化解产生的尖锐矛盾，便可以使危机不出现。

4. 最近发展区

维果茨基提出的“最近发展区”是指儿童在有指导的情况下，借助成人的帮助所能达到的解决问题的水平与独自解决问题所达到的水平之间的差异，实际上是两个邻近发展阶段间的过渡状态。最近发展区的提出说明了儿童发展的可能性，其意义在于要求教师不应只看到儿童已达到的发展水平，还应看到他们仍处于正在发展的过程中。

（四）个别差异性

儿童由于先天素质、内在机能、环境及其自身主观能动性的不同，在身心发展中存在个别差异。例如，有的儿童观察能力强，有的记性好；有的爱动，有的喜静；有的善于理性思维活动，有的长于形象思维活动；有的发育早、心理成熟早，有的发育比较晚等。儿童身心发展的个别差异性要求教师因材施教、有的放矢。

典型案例

黄人颂曾对幼儿园6个班的儿童进行了调查，发现在一个年龄班里，虽然儿童的年龄差别不大，但儿童在性格、智力以及语言、数概念、动作的发展甚至搭积木能力上个别差异是很大的。以3岁儿童的数学概念发展为例，有的儿童只会点数到2，有的儿童却能点数到10以上。①

课证融通

1. 单选题(2017年综合素质真题)：兵兵动作比较迟缓，小朋友们都不喜欢跟他一起玩，因此兵兵变得越来越孤僻。对此，兵兵的老师应该(　　)。

A. 尊重其他幼儿的交往选择

B. 引导其他幼儿多与兵兵交往

C. 责怪其他幼儿不应该冷落兵兵

D. 责令家长对兵兵进行动作训练

答案：B。

① 黄人颂：《学前教育学》第二版，83页，北京，人民教育出版社，2010。

2. 单选题(2016 年保教知识与能力真题)：教师要根据幼儿的个体差异进行教育。以下现象不属于幼儿个体差异的是(　　)。

A. 某幼儿往常吃饭很慢，今天为了得到教师的表扬，吃得很快

B. 有的幼儿吃饭快，有的幼儿吃饭慢

C. 某幼儿动手能力很强，但语言能力弱于同龄幼儿

D. 男孩通常比女孩表现出更多的身体攻击行为

答案：A。

因此，在实际的教育工作中，针对班级人数较多的情况，教师可以组织一些集体活动，但还应根据儿童的不同情况，从实际出发，进行小组活动和个别辅导，使不同水平的儿童在各自原有的基础上有所进步，并为今后的发展打下良好的基础。反之，如果忽视儿童实际存在的个别差异，在教育的要求和内容上都是机械划一的，那么就会使教育工作成为盲目的或徒具形式的活动，不能很好地促进儿童的身心发展，甚至损害儿童的学习兴趣和积极性，影响儿童的发展。

课证融通

1. 单选题(2019 年保教知识与能力真题)：教师通常在班级设置许多活动区，提供多层次的活动材料让幼儿自选。这遵循的心理发展原则是(　　)。

A. 阶段性原则　　B. 社会性原则　　C. 操作性原则　　D. 差异性原则

答案：D。

2. 单选题(2018 年保教知识与能力真题)：下列针对幼儿个体差异的教育观点，哪种不妥(　　)。

A. 应关注和尊重幼儿不同的学习方式和认知风格

B. 应支持幼儿富有个性和创造性的学习和探索

C. 应确保同园幼儿在同一时刻达成同样的目标

D. 应对有特殊需要的幼儿给予特别关注

答案：C。

三、影响儿童发展的因素

(一)生物因素

影响儿童发展的因素

生物因素是指儿童的全部先天特点及儿童所有的生命现象，如遗传、制约儿童生长发育的成熟机制、儿童的先天特点和健康状况。儿童的发展受到生物学规律的制约，生物因素是影响儿童发展的重要因素。

1. 遗传

遗传是指亲代性状传给后代的现象。个体通过遗传获得了父母的生物特征，这些生物特征称为遗传素质。遗传素质是儿童身心发展的前提条件，它

对儿童发展的具体作用主要表现在以下两个方面。

(1)遗传素质为儿童的发展提供物质条件

儿童通过遗传获得父母的遗传素质，出生后就有了人的特点，而不是其他生物的特点。例如，一个生来就是色盲的孩子，无法辨别颜色，可能就无法成为画家。由此可见，遗传素质是儿童身心发展的生理基础，为儿童的发展提供物质条件。

(2)遗传素质的差异是导致儿童发展差异的重要原因

遗传素质的差异会导致儿童在体貌、生理机能等方面的差异，进而导致儿童的心理出现一定的差异。儿童出生后，有的比较安静、容易入睡，有的则手脚乱动、大哭大闹。这与儿童神经活动的特点有密切关系。

遗传素质为儿童的身心发展提供物质前提，但是遗传素质提供的可能性要成为现实性，关键还在于后天的环境和教育。“狼孩”的例子证明，人虽有优于动物的遗传素质，但若离开了人类的社会生活和教育影响，人依然会同动物一样，没有人的语言和思维，只能消极地适应环境。由此可见，遗传素质并不能从根本上决定一个人的发展。

2. 机体的成熟程度

成熟是指一个人身体的成长过程。一个人在出生时的身体结构和机能是极不完备的，它的发展是一个缓慢的过程。随着年龄的增长、神经系统的逐渐成熟，身体的结构和机能才逐渐有规律地成熟。美国心理学家格塞尔认为，支配儿童心理发展的因素有两个：一个是成熟，另一个是学习。其中，成熟起决定性作用。

典型案例

双生子爬梯实验

格塞尔的双生子爬梯实验中有同卵双生子 T 和 C。T 从出生 48 周起每天进行 10 分钟的爬梯训练，而 C 不进行这种训练。在 T 进行 6 周训练之后，C 从 53 周开始每天也进行 10 分钟的爬梯训练。研究结果表明，C 的爬梯能力在 2 周以后就达到了 T 经过 6 周训练后的爬梯水平。虽然 C 开始爬梯训练的年龄大于 T，但获得同样能力所需的时间却远远少于 T。由此，格塞尔得出结论：不成熟就无从产生学习，学习只是对成熟起一种促进作用。由于儿童的成长受生理和心理成熟机制的制约，在儿童的机体器官与机能没有成熟以前，对儿童进行任何提前开始的学习训练都是收效甚微的。

格塞尔的研究表明，教育应循序渐进，切不可拔苗助长。当儿童的发展为某一种学习做好一定准备时，进行这种学习的效果较好。可见，儿童教育应当适时。

课证融通

单选题(2017 年保教知识与能力真题)：生活在不同环境中的同卵双胞胎的智商测试分数很接近，这说明(　　)。

A. 遗传和后天环境对儿童的影响是平行的

B. 后天环境对智商的影响较大

C. 遗传对智商的影响较大

D. 遗传和后天环境对智商的影响相当

答案：C。

(二)环境

环境是指影响儿童发展的外在因素，包括胎儿的母体环境、儿童出生后的自然环境和社会环境等。

母亲的健康、营养、情绪、疾病等构成一种环境，对胎儿的发育有着重要的影响。胎儿通过胎盘从母体中获取营养；母亲营养不良可能会导致胎儿发育迟缓，影响胎儿出生后智力的发展。母亲如果遭受了直接的、严重的精神刺激，会影响胎儿大脑的发育，并使新生儿身体瘦小、体质差，心理上易表现为神经过敏与偏执。此外，疾病、药物、酒精、放射线等不良因素也会对胎儿的成长造成不良影响。

出生后的儿童会受到自然环境和社会环境的影响。自然环境是指影响人类生存与发展的自然因素，包括空气、水、土壤、岩石等。社会环境是指人类在自然环境基础上创造的物质文化、精神文化和社会关系的总和，包括生产方式、生活方式、民族文化、家庭环境、社区机构、公共场所、社会风气和教育等。

环境既包括有利于儿童成长的积极因素，也包括不利于儿童成长的消极因素。它对儿童发展的影响是广泛的、潜移默化的，同时又带有自发性和偶然性。儿童只有认识、适应环境，才能生存并获得自身的发展。环境对儿童的发展具有重要影响，但儿童不是消极被动地接受环境的影响，而是通过自身的积极活动与环境发生相互作用。

(三)教育

从广义上说，教育是社会环境的一部分，但它是社会环境中的特殊部分。教育特别是教育机构的教育，具有明确的目的性和方向性，是专门培养人的活动，具有较强的计划性和系统性，具有高度的组织性，可控制和利用各种环境因素对人的自发影响。因此，与遗传因素和自发的环境影响相比，教育的影响力量更强，教育在儿童的身心发展中起着主导作用。

教育的主导作用并不是万能的，教育既不能超越它所依存的社会条件，也不能违背儿童身心发展的客观规律。总之，教育的主导作用不是无条件产生的，它受到儿童的主观能动性、教育者的自身状况、家庭环境、社会发展状况等因素的制约。教育如能得到社会各方面的积极配合，它就能充分促进儿童的发展和社会的进步。

(四)儿童的主观能动性

主观能动性又称自觉能动性、意识的能动性，是指儿童在认识世界和改造世界中积极主动的、有意识的活动能力。

儿童的发展除了受到遗传、成熟、环境和教育的影响外，还受到自身主观能动性的影响。儿童是独立的生命实体，有自己的身体结构和心理结构，有自己的需要和兴趣，会接受自己所需要的东西与拒绝不需要的东西。儿童是主动的学习者，儿童的发展必须有儿童的主动参与，儿童的发展蕴含于儿童主体的活动中，儿童的发展是儿童运用自我调节机制活动的结果。儿童主体的活动是儿童发展的源泉，儿童的主观能动性是儿童发展的决定性因素。

课证融通

材料分析题(2019 年保教知识与能力真题)：小班张老师观察发现，上楼时，小明和甘甘都没有借助扶手，而是用双脚交替上楼梯。下楼时，小明扶着扶手用双脚交替下楼梯；甘甘没有借助扶手，在每段台阶上都是一只脚先下，另一只脚跟上慢慢挪下楼梯。

问题：分析两名幼儿表现出的差异及出现差异的原因。

答案：略。

四、学前教育与儿童发展相互影响

学前教育与儿童发展是手段与目的的关系。儿童发展是学前教育要实现的目的，学前教育是实现儿童发展的手段。学前教育要以儿童的身心发展特点为基础，要顺应儿童发展的规律。

(一)学前教育影响儿童的发展

学前教育在儿童的发展中起着主导作用，科学合理的学前教育能够促进儿童身体、心理的全面发展。

1. 学前教育影响儿童的身体发展

母体环境对胎儿的发育具有重要作用，适当的教育和训练能促进胎儿的正常发育。现代科学证明，胎儿具有视觉、听觉、活动和记忆能力，能感受到母亲的情绪变化。在母亲妊娠期间，采取适当的方法和手段，有规律地对胎儿的听觉和触觉实施良性刺激，通过神经系统传递到胎儿的大脑，可促进胎儿大脑皮质的发育，不断开发其潜在能力。

儿童出生后，身体的正常生长发育也离不开教育的影响。世界各地相继发现了一些兽孩，这些兽孩在身体发育方面具有以下特征：四肢着地爬行，不会直立行走和直立奔跑。他们重回人类社会后，经过长期教育也很难学会直立行走和奔跑。这说明教育对儿童的身体发育具有重要影响。同时这也说明儿童的身体发育存在关键期，一旦错过，以后的教育和学习是难以补救的。另外，儿童生长迅速，可塑性强；身体各器官未成熟，身体形态结构没有定型，身体娇弱，自我保护意识差，易受伤害。学前教育要注重保教结合，重视儿童的身体锻炼，注重培养儿童自我保护的意识和能力。这些都有助于儿童的健康成长。

2. 学前教育影响儿童的认知发展

学前期是人的认知发展较为迅速的重要时期，在人一生的认知能力发展中具有十分重要的奠基性作用。研究表明，婴幼儿具有巨大的学习潜力；3个月的婴儿能进行多种学习活动；1岁的婴儿能学会辨认物体的数量、大小、形状、颜色和方位；幼儿具有很强的模仿力、想象力和创造力。

学前期还是个体认知发展的关键期。在关键期内，个体对于某些知识经验的学习或行为的形成比较容易。如果错过了这一时期，在较晚的时期再来弥补则是很困难的，有时甚至是不可能的。

知识链接

研究发现，2～3岁是儿童口头语言发展的关键期；4～6岁是儿童对图像的视觉辨认、形状知觉形成的最佳时期；5～5.5岁是掌握数概念的最佳时期；5～6岁是儿童词汇能力发展最快的时期。此外，学前期还是人的好奇心、求知欲、想象力、创造性等非智力品质形成的关键期。①

处于学前期的儿童虽然发展迅速，具有巨大的学习潜力，但是这种发展特点只是说明了儿童具有很大的发展可能性。要将这种发展的可能性变为现实性，成人需要提供适宜儿童发展的良好环境，尤其是良好的教育影响。研究证明，早期教育对于儿童的认知发展具有重要影响。单调、贫乏的环境刺激和缺乏适宜的教育，会造成儿童的认知方面的落后；而为儿童提供丰富的感性经验并给予积极的引导、帮助和教育则能够促进儿童的认知发展。此外，学前教育的质量还直接关系儿童的学习态度、学习习惯和学习动机的形成，从而对儿童认知发展和终身学习产生重大影响。不适宜的学前教育，如单纯对儿童进行机械的知识和技能的训练，不但会损害儿童的学习兴趣、学习积极性和内在的学习动机，降低其自我效能感，而且会使儿童逐渐丧失独立思考的能力和创新精神，从而对儿童的认知发展产生长远的消极影响。

知识链接

美国儿童健康与人类发展组织1999年的研究指出，早期教育状况在很大程度上可以预测儿童将来的认知、语言和智力发展水平；成人对儿童恰当的

① 赵光伟：《学前教育概论》，88页，成都，西南财经大学出版社，2013。

关爱、支持、鼓励和引导等能够在很大程度上促进儿童日后认知与智力的发展。①

3. 学前教育影响儿童的社会性发展

社会性发展是个体素质的核心组成部分。研究表明，6 岁前是人的行为习惯、情感、态度、性格等基本形成的时期，是儿童养成礼貌、友爱、互助、谦让合作、慷慨大方、活泼开朗等良好品质的重要时期。这一时期儿童的发展状况影响并决定着其日后社会性的发展方向、性质和水平。同时儿童在学前期形成的良好的社会性有助于其积极地适应环境，顺利地适应社会生活。相反，如果儿童在学前期没有形成良好的社会性，后继社会性发展就会出现困难。

知识链接

一些研究表明，早期行为、性格发展不良的儿童，在学龄期更难适应学校生活，出现交往困难、厌学、逃学、纪律问题，犯罪的概率更高；成年时期更容易出现情绪不稳、交往障碍和行为问题，有的甚至出现人格障碍，走上犯罪的歧途。②

儿童社会性的健康发展需要成人提供良好、适宜的教育环境。高质量的学前教育对于儿童社会性的发展具有积极的促进作用。学前期适宜的社会性教育能够有力地促进儿童社会交往能力、爱心、责任感、自控力、自信心和合作精神等社会性的发展，接受过适宜社会性教育的儿童以上各方面的发展水平都要显著高于没有接受过这一教育的儿童。对在早期教育环境中缺乏成人的关爱与发展支持、缺乏情感互动与交往引导的儿童的研究表明，这些儿童容易出现孤僻、冷淡、退缩、依赖、攻击性及破坏性强等问题，严重的还会产生情感、人格障碍。学前期是儿童形成各种行为、习惯和性格的重要时期。这一时期所受到的环境和教育影响是其行为、性格形成的基础。

总之，学前期是儿童发展的重要时期。高水平的学前教育将对儿童产生积极深远的影响，使儿童终身受益。

(二)学前教育受儿童发展的制约

学前教育是儿童发展的外部条件，它必须符合儿童发展的特点。只有调动儿童活动的积极性并通过儿童的内部转化，才能有效地促进儿童的发展。

1. 学前教育要以儿童为主体

学前教育的目的是促进儿童的发展，儿童发展的核心是主体性的发展。儿童是自身发展的主人，儿童的发展必须有儿童自身的积极参与。因此，学

① 赵光伟:《学前教育概论》，88 页，成都，西南财经大学出版社，2013。
② 赵光伟:《学前教育概论》，87 页，成都，西南财经大学出版社，2013。

前教育必须以儿童为主体。

(1)要引导儿童充分发挥自身的主体性

教师要理解、尊重儿童，了解他们的兴趣和需要，在教育内容的确定、环境的创设等教育和生活的各个环节都应使儿童成为活动的主人，让儿童去操作、实践或体验。正如陈鹤琴先生所说，凡是儿童自己能做的，应让他们自己做；凡是儿童自己能想的，应让他们自己想。

课证融通

单选题(2018年综合素质真题)：刚进园时，小朋友们试图用旋转的方法打开水龙头，不出水时就大声叫老师。这时蒋老师没有急于出手帮助，而是鼓励他们自己去试。很快小朋友们发现，提起开关，水就流出来；按下去，水就关上了。小朋友们高兴得不得了。这体现了蒋老师注重(　　)。

A. 教师的主体作用　　　　B. 游戏的促进作用

C. 幼儿的亲身体验　　　　D. 环境的积极影响

答案：C。

(2)要充分发挥教师自身的主导作用

教育要以儿童为主体，并不意味着放任儿童自由地发展。教师要明确学前教育的目标和要求，真正成为儿童学习活动的支持者、引导者和合作者，对儿童科学地施加教育影响；要关注儿童的个别差异，平等地对待他们，促进每一个儿童的全面发展。

课证融通

单选题(2018年保教知识与能力真题)：教师应该是(　　)。

A. 幼儿学习的引导者、决策者和管理者

B. 幼儿学习的支持者、合作者和引导者

C. 幼儿学习的引导者、传授者和控制者

D. 幼儿学习的管理者、决策者和传授者

答案：B。

2. 学前教育要符合儿童的年龄特征和发展规律

儿童的发展具有自身的规律，这些规律影响和制约学前教育。学前教育要有效地促进儿童的发展，必须遵循儿童身心发展的规律。

在学前期，儿童的活动范围扩大，活动能力和自主性不断增强，独立精神和能力逐步展现。教师要鼓励儿童多参加游戏和户外活动，加强各种动作的练习和认知能力的培养，加强活动积极性和良好习惯的培养。

3～4岁儿童的身心发展较快，个性开始发展。教师要通过游戏等多种方式提高儿童的注意力、观察力、记忆力、想象力和思维能力，促进其认知能力的发展；要鼓励儿童与他人交往，学习交往的方法和技能；引导儿童做力所能及的事情，培养其生活自理的能力和习惯。

4～5 岁儿童的心理出现较多的变化和发展，在认知方面由直觉行动思维发展到具体形象思维，在个性方面出现活泼好动的特点。此时，教师要引导儿童运用正确的方法观察周围事物，以增长见识、发展认知能力；要保护儿童的学习兴趣，尊重他们的需要和情感。由于 4 岁儿童的表现力和创造力正在发展，教师要淡化表现与创造的成果，注重激发儿童创造的兴趣和积极性，培养儿童认真、专注、坚持和自信等精神。

5～6 岁儿童以具体形象思维为主要形式，但抽象逻辑思维已经开始出现，表现出强烈的求知欲和好学心理；个性特征有了明显发展，出现了较稳定的兴趣；独立性、自我意识、有意性行为等有较大发展，但还没有定型。此时的儿童处于学前晚期，开始为进入小学做准备。这一时期的教育重点是培养儿童的生活自理能力、合作交往能力、语言能力、思维能力和运动能力等。

思考与练习

一、基础练习

谈谈对儿童观的理解。

二、实践训练

1. 结合对幼儿园一个班级的观察，评述该班级教师的儿童观。

2. 思考学前教育工作为什么必须考虑班级儿童的实际和个别儿童的特点，试以实例说明。

学习评价与反思

单元四综合检测题　　单元四综合检测题答案

单元五　我国学前教育的目标、内容和原则

学习目标

1. 正确理解学前教育目标的内涵以及层次结构。
2. 掌握我国学前教育的任务和内容。
3. 尝试运用学前教育原则分析实践中的热点问题。

思维导图

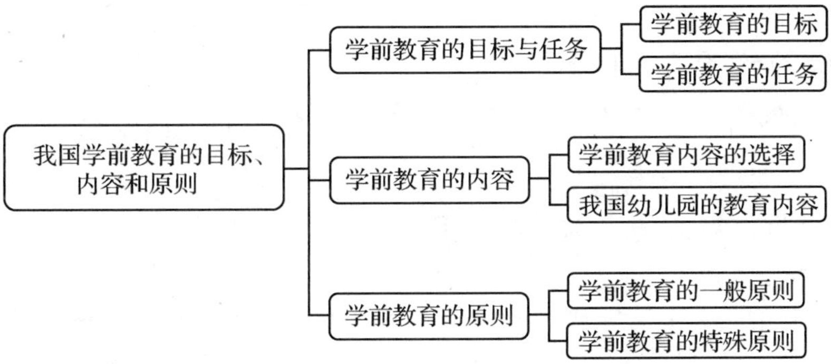

单元导入

教育首先要解决的是培养人的质量规格问题，亦即教育目的问题。我国的学前教育目标是以马克思主义关于人的全面发展学说为基础，以促进儿童的身心和谐发展为首要目的，并力图通过健康教育、社会教育、科学教育、语言教育和艺术教育来实现的。为实现学前教育的目标，我们在实施保育与教育时应遵循学前教育的原则。这样才能使学前教育的质量不断提高，为儿童的一生发展奠定坚实的基础。

单元案例

近年来，社会上出现了幼儿接受瑜伽训练、学习打高尔夫等现象。

幼儿的领导潜质、风度及专注力是否是幼儿发展的真正基础？培养人才一定要用如此特别的方式吗？面对家长望子成龙的期望，作为教育者的我们需要冷静地思考，我们到底要将幼儿培养成什么样的人？学前教育的根本目标是什么？只有确定适宜的培养目标，才能给予幼儿恰当的引导与帮助。带

着这些问题，我们来了解我国学前教育的目标、内容和原则。这将有助于未来的教师形成科学的学前教育观。

第一课　学前教育的目标与任务

马克思说，蜜蜂建筑蜂房的本领使人间的许多建筑师感到惭愧。但是，最蹩脚的建筑师从一开始就比最灵巧的蜜蜂高明的地方，是他在用蜂蜡建筑蜂房以前，已经在自己的头脑中把它建成了。可见，目的性是人类实践活动的特性，是人的活动与动物的本能活动的区别之一。教育是人类特有的实践活动，从一开始就包含着某种主观要求。这种要求存在于人们的观念之中，这就是教育目的。学前教育是基础教育的基础，是启蒙教育，和其他教育阶段有着不同的教育对象，承担着不同的教育任务。学前教育目标是学前教育活动的出发点和归宿。

一、学前教育的目标

教育目标是教育目的的下位概念。要想理解我国学前教育的目标，首先要理解教育目的这一重要概念。

(一)教育目的与学前教育的目标

1. 教育目的

教育目的是一个国家或民族对培养人才的质量和规格的总体要求，它是根据不同政治、经济、文化、科学技术发展的要求和受教育者的身心发展状况确定的。教育目的具有导向功能和定向功能，指引着教育过程的方向，使教育行为成为有意义、有秩序的活动。因此，教育目的是教育活动的出发点和归宿。

(1)教育目的的价值取向

教育目的的意义是教育的根本问题，是一切教育活动的理想意图。教育对人的地位和价值的提升，是客观存在的事实。在实际的教育活动中，人们往往通过选择不同的教育目的来实现自己对教育价值的追求。教育目的的提出者或从事教育活动的主体依据自身需要对教育价值做出选择时会持有的不同的倾向。具有代表性的两种价值取向是个人本位论与社会本位论。

个人本位论者认为，教育目的的提出应当从受教育者的本性出发；教育目的在于把受教育者培养成人，充分发展受教育者的个性，增进受教育者的个人价值。他们认为个人价值高于社会价值；教育价值要通过教育对个人发展所起的作用来衡量。

社会本位论者认为，教育目的要依据社会需要确定，个体的发展必须服从于社会需要；教育目的在于把受教育培养成符合社会准则的公民。他们认为社会价值高于个人价值，个人的存在与发展依赖并从属于社会，教育价值只能通过教育对社会的效益来衡量。

正确理解教育目的的价值取向，我们就必须坚持以马克思主义关于人的全面发展学说为指导，认识到个人发展与社会发展是相辅相成的。在历史发展过程中，作为一种培养人的专门活动的教育，既要满足社会发展需要，又要满足个人发展需要。

(2)我国教育目的的历史演变

教育目的是一个发展着的概念。教育目的受一定社会的生产力发展水平、政治经济制度的制约，同时也要考虑受教育者的身心发展特点。不同国家的教育目的的内容会有所不同。新中国成立以来我国不同历史时期的教育目的如下。

1957 年，毛泽东同志在《关于正确处理人民内部矛盾的问题》中提出，我们的教育方针，应该使受教育者在德育、智育、体育几方面都得到发展，成为有社会主义觉悟的有文化的劳动者。

1958 年，《中共中央 国务院关于教育工作的指示》提出，党的教育工作方针，是教育为无产阶级的政治服务，教育与生产劳动相结合。教育的目的，是培养有社会主义觉悟的有文化的劳动者。这是全国统一的，违反这个统一性，就破坏了社会主义教育的根本原则。

1985 年，《中共中央关于教育体制改革的决定》提出，教育必须为社会主义建设服务，社会主义建设必须依靠教育。所有这些人才，都应该有理想、有道德、有文化、有纪律，热爱社会主义祖国和社会主义事业，具有为国家富强和人民富裕而艰苦奋斗的献身精神，都应该不断追求新知，具有实事求是、独立思考、勇于创造的科学精神。

1999 年，《中共中央 国务院关于深化教育改革，全面推进素质教育的决定》指出，实施素质教育，就是全面贯彻党的教育方针，以提高民族素质为根本宗旨，以培养学生的创新精神和实践能力为重点，造就有理想、有道德、有文化、有纪律的德智体美等全面发展的社会主义事业建设者和接班人。

2021 年修正后的《中华人民共和国教育法》规定，教育必须为社会主义现代化建设服务、为人民服务，必须与生产劳动和社会实践相结合，培养德智体美劳全面发展的社会主义建设者和接班人。

2014 年，《教育部关于全面深化课程改革落实立德树人根本任务的意见》提出："教育部将组织研究提出各学段学生发展核心素养体系，明确学生应具备的适应终身发展和社会发展需要的必备品格和关键能力。"核心素养是党的教育方针的具体化，是联结宏观教育理念、培养目标与具体教育教学实践的中间环节。中国学生发展核心素养以培养全面发展的人为核心，分为文化基础、自主发展、社会参与 3 个方面，综合表现为人文底蕴、科学精神、学会学习、健康生活、责任担当、实践创新 6 大素养，具体细化为国家认同等 18 个基本要点。各素养之间相互联系、相互补充、相互促进，在不同情境中整体发挥作用。

教育目的具有历史继承性。虽然我国的教育目的在不同时期的表述不完全一致，但是这些不同的表述在总体上又是统一的。我国以马克思主义关于人的全面发展学说为指导思想，始终坚持德、智、体、美、劳全面发展的方向，始终强调教育与生产劳动相结合的方针，坚持全面发展与个性发展的统一。这反映了新时期社会发展的特点和我国对教育目的的新的思考和探索。

2. 学前教育的目标

人的发展是一个连续的、渐进的过程，同时呈现出一定的阶段性。各个阶段具有自身的特点。学前教育目标是教育目的在学前教育这一阶段的具体化，是一定社会根据自身的政治、经济、文化发展的要求及儿童的身心发展特点制定的有关儿童保育和教育质量规格的总要求，也是对学前教育最终结果的预期。我国学前教育包括0～3岁婴幼儿教育和3～6岁幼儿教育两个阶段；0～3岁婴幼儿的保育工作主要由社会托育机构和家庭共同完成；3～6岁的幼儿教育主要由幼儿园承担。

(1)托育机构保育的目标

3岁以下婴幼儿照护服务是生命全周期服务管理的重要内容，事关婴幼儿的健康成长，事关千家万户。托育机构保育是婴幼儿照护服务的重要组成部分。2019年，《国务院办公厅关于促进3岁以下婴幼儿照护服务发展的指导意见》指出，要建立完善促进婴幼儿照护服务发展的政策法规体系、标准规范体系和服务供给体系，充分调动社会力量的积极性，开展多种形式的婴幼儿照护服务，逐步满足人民群众对婴幼儿照护服务的需求，促进婴幼儿健康成长、广大家庭和谐幸福、经济社会持续发展。2021年1月出台的《托育机构保育指导大纲(试行)》从营养与喂养、睡眠、生活与卫生习惯、动作、语言、认知、情感与社会性7个方面，分别对照护7～12个月、13～24个月、25～36个月三个年龄段的婴幼儿，提出了目标、保育要点和指导建议，对提高婴幼儿照护服务的规范化水平，促进婴幼儿的健康成长具有重要意义。表5-1为《托育机构保育指导大纲(试行)》中的领域目标。

表5-1 《托育机构保育指导大纲(试行)》中的领域目标

目标	具体内容
营养与喂养目标	1. 获取安全、营养的食物，达到正常生长发育水平 2. 养成良好的饮食行为习惯
睡眠目标	1. 获得充足睡眠 2. 养成独自入睡和作息规律的良好睡眠习惯
生活与卫生习惯目标	1. 学习盥洗、如厕、穿脱衣服等生活技能 2. 逐步养成良好的生活卫生习惯
动作目标	1. 掌握基本的大运动技能 2. 达到良好的精细动作发育水平

续表

目标	具体内容
语言目标	1. 对声音和语言感兴趣，学会正确发音 2. 学会倾听和理解语言，逐步掌握词汇和简单的句子 3. 学会运用语言进行交流，表达自己的需求 4. 愿意听故事、看图书，初步发展早期阅读的兴趣和习惯
认知目标	1. 充分运用各种感官探索周围环境，有好奇心和探索欲 2. 逐步发展注意、观察、记忆、思维等认知能力 3. 学会想办法解决问题，有初步的想象力和创造力
情感与社会性目标	1. 有安全感，能够理解和表达情绪 2. 有初步的自我意识，逐步发展情绪和行为的自我控制 3. 与成人和同伴积极互动，发展初步的社会交往能力

(2)幼儿园教育的目标

幼儿园教育的目标是依据教育目的并结合幼儿园教育的性质和特点与儿童身心发展的特点与需要提出来的。2016 年，《幼儿园工作规程》提出了幼儿园保育和教育的主要目标。

①促进幼儿身体正常发育和机能的协调发展，增强体质，促进心理健康，培养良好的生活习惯、卫生习惯和参加体育活动的兴趣。

②发展幼儿智力，培养正确运用感官和运用语言交往的基本能力，增进对环境的认识，培养有益的兴趣和求知欲望，培养初步的动手探究能力。

③萌发幼儿爱祖国、爱家乡、爱集体、爱劳动、爱科学的情感，培养诚实、自信、友爱、勇敢、勤学、好问、爱护公物、克服困难、讲礼貌、守纪律等良好的品德行为和习惯，以及活泼开朗的性格。

④培养幼儿初步感受美和表现美的情趣和能力。

课证融通

单选题(2020 年保教知识与能力真题)：与幼儿园保育和教育目标表述不符的是(　　)。

A. 培养幼儿正确运用感官和运用语言交往的基本能力

B. 培养幼儿初步感受美和表现美的情趣和能力

C. 训练幼儿的体育运动技能

D. 促进幼儿身体正常发育和机能的协调发展

答案：C。

(二)我国幼儿园教育目标的结构体系

我国幼儿园教育目标的结构体系是在国家学前教育总目标的宏观指导下层层分解，逐步转化为低一层次的、可操作的具体目标的完整体系。它是教师制订活动计划的有效依据，并最终通过各种活动落实到幼儿的发展上。幼儿园教育目标的结构体系可分为如下五个层次。

1. 幼儿园教育总目标

依据我国的教育目的,《幼儿园工作规程》提出的幼儿园保育和教育目标就是幼儿园教育总目标。

2. 幼儿园课程目标

幼儿园课程目标是幼儿园教育总目标在相关领域中的落实,即领域教育目标。《幼儿园教育指导纲要(试行)》将幼儿园的教育内容划分为健康、语言、社会、科学、艺术五个领域。各领域的教育目标如下。

(1)健康领域的教育目标

①身体健康,在集体生活中情绪安定、愉快。

②生活、卫生习惯良好,有基本的生活自理能力。

③知道必要的安全保健常识,学习保护自己。

④喜欢参加体育活动,动作协调、灵活。

(2)语言领域的教育目标

①乐意与人交谈,讲话礼貌。

②注意倾听对方讲话,能理解日常用语。

③能清楚地说出自己想说的事。

④喜欢听故事、看图书。

⑤能听懂和会说普通话。

(3)社会领域的教育目标

①能主动地参与各项活动,有自信心。

②乐意与人交往,学习互助、合作和分享,有同情心。

③理解并遵守日常生活中基本的社会行为规则。

④能努力做好力所能及的事,不怕困难,有初步的责任感。

⑤爱父母长辈、老师和同伴,爱集体、爱家乡、爱祖国。

(4)科学领域的教育目标

①对周围的事物、现象感兴趣,有好奇心和求知欲。

②能运用各种感官,动手动脑,探究问题。

③能用适当的方式表达、交流探索的过程和结果。

④能从生活和游戏中感受事物的数量关系并体验到数学的重要和有趣。

⑤爱护动植物,关心周围环境,亲近大自然,珍惜自然资源,有初步的环保意识。

(5)艺术领域的教育目标

①能初步感受并喜爱环境、生活和艺术中的美。

②喜欢参加艺术活动,并能大胆地表现自己的情感和体验。

③能用自己喜欢的方式进行艺术表现活动。

3. 幼儿园年龄阶段教育目标

儿童的发展是有一定的年龄特征和规律的,是按照一定的顺序不断从低到高发展的过程。幼儿园年龄阶段教育目标包括幼儿发展的学年或者学期目标。依据《3—6岁儿童学习与发展指南》，不同年龄阶段幼儿在健康领域的身心发展状况不同，小班、中班、大班幼儿的发展目标又各不相同。表5-2为《3—6岁儿童学习与发展指南》健康领域中不同年龄班的目标。

表5-2　《3—6岁儿童学习与发展指南》健康领域中不同年龄班的目标

目标1　具有健康的体态		
3～4岁	4～5岁	5～6岁
1. 身高和体重适宜。 参考标准： 男孩： 身高：94.9～111.7厘米 体重：12.7～21.2公斤 女孩： 身高：94.1～111.3厘米 体重：12.3～21.5公斤 2. 在提醒下能自然坐直、站直。	1. 身高和体重适宜。 参考标准： 男孩： 身高：100.7～119.2厘米 体重：14.1～24.2公斤 女孩： 身高：99.9～118.9厘米 体重：13.7～24.9公斤 2. 在提醒下能保持正确的站、坐和行走姿势。	1. 身高和体重适宜。 参考标准： 男孩： 身高：106.1～125.8厘米 体重：15.9～27.1公斤 女孩： 身高：104.9～125.4厘米 体重：15.3～27.8公斤 2. 经常保持正确的站、坐和行走姿势。
目标2　情绪安定愉快		
3～4岁	4～5岁	5～6岁
1. 情绪比较稳定，很少因一点小事哭闹不止。 2. 有比较强烈情绪反应时，能在成人的安抚下逐渐平静下来。	1. 经常保持愉快的情绪，不高兴时能较快缓解。 2. 有比较强烈的情绪反应时，能在成人的提醒下逐渐平静下来。 3. 愿意把自己的情绪告诉亲近的人，一起分享快乐或求得安慰。	1. 经常保持愉快的情绪。知道引起自己某种情绪的原因，并努力缓解。 2. 表达情绪的方式比较适度，不乱发脾气。 3. 能随着活动的需要转换情绪和注意。
目标3　具有一定的适应能力		
3～4岁	4～5岁	5～6岁
1. 能在较热或较冷的户外环境中活动。 2. 换新环境时情绪能较快稳定，睡眠、饮食基本正常。 3. 在帮助下能较快适应集体生活。	1. 能在较热或较冷的户外环境中连续活动半小时左右。 2. 换新环境时较少出现身体不适。 3. 能较快适应人际环境中发生的变化。如换了新老师能较快适应。	1. 能在较热或较冷的户外环境中连续活动半小时以上。 2. 天气变化时较少感冒，能适应车、船等交通工具造成的轻微颠簸。 3. 能较快融入新的人际关系环境。如换了新的幼儿园或班级能较快适应。

4. 单元教育目标

单元教育目标是把各个教育领域的内容以一定的方式确定的一个个主题的排列组合，形成循序渐进、有机结合的系列单元教育活动，并相应地制定的教育目标。单元教育目标具有鲜明的综合性和有机性，幼儿获得的知识经验、技能、个性、社会性品质等要求都体现在单元教育目标中。

例如，以可爱的动物为主题的单元教育目标细分为如下 3 个。

①目标 1：观察、感知动物的特征，了解动物与人类密切的关系以及与动物有关的活动。

②目标 2：能够认真细致地观察并大胆表现对动物的认识。

③目标 3：激发爱护动物的情感以及探索有关动物的知识的兴趣。

5. 教育活动目标

学前教育目标都要通过一个个的具体教育活动来实现。教育活动目标指比较具体的目标，包括各年龄段每日活动计划、每个具体活动的方案等。教育活动目标具有针对性、活动性和可操作性，往往以儿童的外显行为来描述。

例如，小班“鸡的一家”教育活动目标细分如下 3 个。

①目标 1：能联系已有生活经验，知道鸡的一家有公鸡、母鸡和小鸡。

②目标 2：能按照要求有顺序地观察鸡的一家的明显特征，简单了解它们的生活习性。

③目标 3：能用游戏和绘画方式表现鸡的一家。

在幼儿园教育目标的结构体系中，幼儿园教育总目标主导其他目标，其他目标在纵向或横向上层层落实幼儿园教育总目标。各层次目标从抽象到具体，从统一到多样，组成了幼儿园教育目标的金字塔系统。幼儿园教育总目标不断具体化，转化为可操作的目标要求，以保证落实到每个幼儿身上。每个层次目标之间互相衔接，体现幼儿身心发展的渐进性和连续性。每一层次目标都是上一层次目标的具体化，又受上一层次目标的制约，由此共同构成实现总目标的阶梯。

课证融通

单选题(2019 年保教知识与能力真题)：幼儿园的双重任务是(　　)。

A. 保教幼儿和服务家长　　B. 看护幼儿和服务家长

C. 培养习惯和传递知识　　D. 保育和教育幼儿

答案：D。

二、学前教育的任务

幼儿园的任务

我国幼儿园是学制系统的基础，与其他各级各类学校一样，应该使受教育者在德、智、体、美、劳方面得到全面发展，为社会主义现代化建设培养建设者和接班人。但是，幼儿园又是一种社会公共育儿机构，具有福利性，因此它还担负着为家长服务的特殊任务。依据《幼儿园工作规程》，幼儿园的任务是贯彻国家的教育方针，按照保育与教育相结合的原则，遵循幼儿身心发展特点和规律，实施德、智、体、美、劳方面全面发展的教育，促进幼儿身心和谐发展。幼儿园同时面向幼儿家长提供科学的育儿指导。

(一)承担保育和教育的任务

以幼儿园为代表的幼儿教育机构是我国对幼儿实施保育和教育的组织。提供高质量的学前教育，是每一个幼儿园的最终目的。因此幼儿园应坚持保教结合的原则，通过对幼儿实施德、智、体、美、劳方面的全面发展教育，促进其身心和谐发展。

(二)为幼儿家长提供科学的育儿指导

幼儿园不仅是一个教育机构，也是一个社会福利机构，负有为在园幼儿家长服务的任务。幼儿园肩负着提升家长的育儿理念、帮助家长正确进行家庭教育的任务。《幼儿园教育指导纲要(试行)》指出，家庭是幼儿园重要的合作伙伴。幼儿园应本着尊重、平等、合作的原则，争取家长的理解、支持和主动参与，并积极支持、帮助家长提高教育能力。因此，无论是从儿童发展的角度还是从社会发展角度来看，幼儿园都显示出其他教育机构所不可替代的功能，充分体现出其特殊价值。

第二课　学前教育的内容

知识链接

知识是智育的一个主要目标，但知识的价值中还有另一个更模糊却更伟大、更居支配地位的成分，古人把它称为“智慧”。

——[英]怀特海

学前教育内容直接指向幼儿园应该教什么的问题。在古代学校，哲学家们渴望传授的是智慧；而在现代学校，我们教授的是学科知识。从神圣的智慧——这是古人向往的目标，到学科知识——这是现代人追求的目标，这种价值问题是教育工作者争论不休的议题。现代学前教育的基本思想受终身教育思潮、脑科学、人本主义教育思潮等的影响，旗帜鲜明地倡导以幼儿的发展为本、以幼儿为本的立场。那么学前教育究竟应该教什么？什么是对儿童最有价值的知识？学前教育的内容值得我们深入研究。

一、学前教育内容的选择

学前教育内容是教师对儿童施加教育影响、实现教学目标的中介。教师所选择的教学内容直接影响到教育目标的实现程度。

(一)学前教育内容的特点

《幼儿园教育指导纲要(试行)》指出：“幼儿园的教育内容是全面的、启蒙性的。”因此，幼儿园教什么不像中小学那样规定得非常明确和规范，教育内容非常宽泛。

1. 全面性

全面性指的是幼儿园教育的内容要广博，不能偏于某些方面。来自生活中的素材是多方面的，涉及的范围十分广泛。教师在选择教育内容时应根据幼儿园教育目标，综合考虑德、智、体、美、劳各育的具体内容与要求。总之，教师要依据幼儿的已有经验和学习兴趣与特点，灵活、综合地组织和安排各方面的教育内容，以促进幼儿的全面发展。

2. 启蒙性

幼儿园教育是启蒙教育，这决定了教育内容的基础性。启蒙性是指要教给幼儿基础的、入门的、浅显的知识，而不是内容深刻且幼儿难以理解的知识，主要体现为具体、直观、可见、可闻、可操作、可触摸的事物和现象。启蒙性也意味着不是给幼儿传授的知识越多就越具有启蒙性，因为将一些相关知识教给幼儿而不管是否符合幼儿的特点，幼儿是没法理解和接受的。例如，我们可以鼓励幼儿在各种不同的地面(如木地板、草地、斜坡、铺满石子的地面、水泥地等)上和同伴玩玩具小汽车，使他们体验玩的乐趣，引导他们在比赛中注意到在不同路面上车速有变化的现象，却不必告诉他们摩擦力的概念和高深的科学原理。从本质上说，“幼儿园教育的启蒙性是指幼儿园教育要与幼儿的现实发展需要联系起来，要启于未发，适时而教，循序而育，以免损伤‘幼嫩的芽’，而促进其茁壮成长”①。

3. 生活性

学前教育内容要贴近幼儿的生活、选择幼儿感兴趣的事物和问题，侧重幼儿丰富的体验。教师应根据幼儿园教育目标，并结合幼儿发展的实际需要，选择与现实生活密切联系的、对幼儿的健康发展有益的教育内容。苏霍姆林斯基曾说：“通过童话、幻想和游戏，通过儿童独特的创作——这才是通向孩子心灵的正确道路。我要那样去引导孩子们进入周围世界，使他们每天都能从中发现一点什么新东西，使我们所走的每一步都成为走向思维和语言的源泉，即走向大自然绝妙美景的旅程。我要关注的是，让我培养的每个孩子都成长为会思考、会探索的有智慧的人。让认识过程的每一步都使心灵变得更高尚，使意志炼得更坚强。”②可见，他带着儿童到蓝天下的学校，在儿童全神贯注地观赏景色时，便给儿童讲起太阳的故事，一边讲故事一边把它画出来；鼓励儿童观察和想象、绘画、倾听大自然的音乐等，以促进儿童精神方面的发展。

---

① 刘凤英：《何谓幼儿园教育的启蒙性》，载《教育导刊》，2005(12)。

② [苏联]B. A. 苏霍姆林斯基：《育人三部曲》，毕淑芝等译，32页，北京，人民教育出版社，1998。

课证融通

单选题(2018年保教知识与能力真题)：教师在重阳节组织幼儿到敬老院探访老人，这反映了学前教育内容选择的(　　)。

A. 兴趣性　　B. 时代性　　C. 生活性　　D. 发展性

答案：C。

(二)学前教育内容选择的标准

1. 学前教育的内容要为幼儿一生的发展打好基础

学前教育是基础教育的重要组成部分，是我国学校教育和终身教育的奠基阶段。学前教育要为幼儿一生的发展打好基础，不仅应提供机会，还应注意质量及幼儿发展的可持续性。学前教育要把每个幼儿潜能的开发、健康个性的发展、为适应未来社会发展变化所需的自我教育、终身学习的愿望和探索能力的初步形成作为重要的任务。这与传统教育中侧重基础知识、基本技能和技巧的训练有很大的区别。因此，学前教育应该侧重最有价值的内容，培养幼儿终身受益的品质，奠定幼儿人生的根基。

(1)培养幼儿积极的情感和态度

积极的情感和态度包括独立性、专注性、好奇心、积极参与热情等，这是幼儿持续发展的内在动力。

(2)培养幼儿自我发展和学习的能力

自我发展和学习的能力包括健康领域中的自我保护能力和坚强、勇敢、不怕困难的意志品质；语言领域中的表达能力；社会领域中的交往能力；科学领域中的思维能力；艺术领域中的创意能力等。

(3)注重幼儿主动获取知识的过程体验

正如苏霍姆林斯基所言："我建议他们切莫让过量的知识潮水般地涌向孩子，不应希冀在课堂上把自己所知道的关于所学事物的一切都讲出来，潮涌般的知识可能淹没求知欲和好学精神。"①这是他对教师提出的要求。

2. 学前教育的内容要以幼儿为本

现代学前教育不再强调让儿童适应教育，而主张让教育适应儿童。现代学前教育承认儿童是独立的人，是有着不同于成人的生存状态、生命特征和生活方式的人，重视儿童的兴趣和需要，不再把儿童的游戏、兴趣、需要等作为达成某种知识目标的手段，而肯定其独立的价值。相对于具体的知识，我们更应该保护和促进儿童积极探索世界的天性，满足他们的兴趣和能力的倾向性需要。只有这样，儿童才能健康成长，才能为日后的进一步发展奠定基础。

---

① ［苏联］B. A. 苏霍姆林斯基：《育人三部曲》，毕淑芝等译，43页，北京，人民教育出版社，1998。

二、我国幼儿园的教育内容

幼儿园健康、语言、社会、科学、艺术五个领域的教育内容相互渗透，从不同的角度促进幼儿情感、态度、能力、知识、技能等方面的发展。

(一)健康领域的教育内容与要求

健康领域的教育主要是培养幼儿健康的行为方式和习惯。

①建立良好的师生、同伴关系，让幼儿在集体生活中感到温暖，心情愉快，形成安全感、信赖感。

②与家长配合，根据幼儿的需要建立科学的生活常规。培养幼儿良好的饮食、睡眠、盥洗、排泄等生活习惯和生活自理能力。

③教育幼儿爱清洁、讲卫生，注意保持个人和生活场所的整洁和卫生。

④密切结合幼儿的生活进行安全、营养和保健教育，提高幼儿的自我保护意识和能力。

⑤开展丰富多彩的户外游戏和体育活动，培养幼儿参加体育活动的兴趣和习惯，增强体质，提高对环境的适应能力。

⑥用幼儿感兴趣的方式发展基本动作，提高动作的协调性、灵活性。

⑦在体育活动中，培养幼儿坚强、勇敢、不怕困难的意志品质和主动、乐观、合作的态度。

(二)语言领域的教育内容与要求

语言领域的教育主要培养幼儿与他人沟通和交往的能力，满足幼儿欣赏语言美的需要。

①创造一个自由、宽松的语言交往环境，支持、鼓励、吸引幼儿与教师、同伴或其他人交谈，体验语言交流的乐趣，学习使用适当的、礼貌的语言交往。

②养成幼儿倾听的习惯，发展语言理解能力。

③鼓励幼儿大胆、清楚地表达自己的想法和感受，尝试说明、描述简单的事物或过程，发展语言表达能力和思维能力。

④引导幼儿接触优秀的儿童文学作品，使之感受语言的丰富和优美，并通过多种活动帮助幼儿加深对作品的体验和理解。

⑤培养幼儿对生活中常见的简单标记和文字符号的兴趣。

⑥利用图书、绘画和其他多种方式，引发幼儿对书籍、阅读和书写的兴趣，培养前阅读和前书写技能。

⑦提供普通话的语言环境，帮助幼儿熟悉、听懂并学说普通话。少数民族地区还应帮助幼儿学习本民族语言。

(三)社会领域的教育内容与要求

社会领域的教育主要是培养幼儿与他人交往合作的能力，增进对世界、对社会的理解。

①引导幼儿参加各种集体活动，体验与教师、同伴等共同生活的乐趣，帮助他们正确认识自己和他人，养成对他人、社会亲近、合作的态度，学习初步的人际交往技能。

②为每个幼儿提供表现自己长处和获得成功的机会，增强其自尊心和自信心。

③提供自由活动的机会，支持幼儿自主地选择、计划活动，鼓励他们通过多方面的努力解决问题，不轻易放弃克服困难的尝试。

④在共同的生活和活动中，以多种方式引导幼儿认识、体验并理解基本的社会行为规则，学习自律和尊重他人。

⑤教育幼儿爱护玩具和其他物品，爱护公物和公共环境。

⑥与家庭、社区合作，引导幼儿了解自己的亲人以及与自己生活有关的各行各业人们的劳动，培养其对劳动者的热爱和对劳动成果的尊重。

⑦充分利用社会资源，引导幼儿实际感受祖国文化的丰富与优秀，感受家乡的变化和发展，激发幼儿爱家乡、爱祖国的情感。

⑧适当向幼儿介绍我国各民族和世界其他国家、民族的文化，使其感知人类文化的多样性和差异性，培养理解、尊重、平等的态度。

(四)科学领域的教育内容与要求

科学领域的教育主要培养幼儿对周围事物的兴趣，提高幼儿探索事物的欲望，从而获得有益的经验，为以后学习打基础。

①引导幼儿对身边常见事物和现象的特点、变化规律产生兴趣和探究的欲望。

②为幼儿的探究活动创造宽松的环境，让每个幼儿都有机会参与尝试，支持、鼓励他们大胆提出问题，发表不同意见，学会尊重别人的观点和经验。

③提供丰富的可操作的材料，为每个幼儿都能运用多种感官、多种方式进行探索提供活动的条件。

④通过引导幼儿积极参加小组讨论、探索等方式，培养幼儿合作学习的意识和能力，学习用多种方式表现、交流、分享探索的过程和结果。

⑤引导幼儿对周围环境中的数、量、形、时间和空间等现象产生兴趣，建构初步的数概念，并学习用简单的数学方法解决生活和游戏中某些简单的问题。

⑥从生活或媒体中幼儿熟悉的科技成果入手，引导幼儿感受科学技术对生活的影响，培养他们对科学的兴趣和对科学家的崇敬。

⑦在幼儿生活经验的基础上，帮助幼儿了解自然、环境与人类生活的关系。从身边的小事入手，培养幼儿初步的环保意识和行为。

(五)艺术领域的教育内容与要求

艺术领域的教育主要培养幼儿表现美、欣赏美的能力，满足幼儿表现、表达和创造的需要。

①引导幼儿接触周围环境和生活中美好的人、事、物，丰富他们的感性经验和审美情趣，激发他们表现美、创造美的情趣。

②在艺术活动中面向全体幼儿，要针对他们的不同特点和需要，让每个幼儿都得到美的熏陶和培养。对有艺术天赋的幼儿要注意发展他们的艺术潜能。

③提供自由表现的机会，鼓励幼儿用不同艺术形式大胆地表达自己的情感、理解和想象，尊重每个幼儿的想法和创造，肯定和接纳他们独特的审美感受和表现方式，分享他们创造的快乐。

④在支持、鼓励幼儿积极参加各种艺术活动并大胆表现的同时，帮助他们提高表现的技能和能力。

⑤指导幼儿利用身边的物品或废旧材料制作玩具、手工艺品等来美化自己的生活或开展其他活动。

⑥为幼儿创设展示自己作品的条件，引导幼儿相互交流、相互欣赏、共同提高。

总体来说，幼儿园教育内容的选择既要适合幼儿的现有水平，又要有一定的挑战性；既要符合幼儿的现实需要，又要有利于幼儿的长远发展；既要贴近幼儿的生活，又要有助于拓展幼儿的经验和视野。幼儿园教育内容的组织应充分考虑幼儿的学习特点和认识规律；各领域的教育内容应有机渗透，注重综合性、趣味性、活动性，寓教育于生活、游戏中。

第三课　学前教育的原则

学前教育的原则是教师在向幼儿进行教育时必须遵循的基本要求。这些要求是根据学前教育目标、任务和幼儿身心发展的特点，并在总结学前教育实践经验的基础上提出来的。

知识链接

《幼儿园工作规程》第二十五条提出幼儿园教育应当贯彻以下原则和要求。

(一)德、智、体、美等方面的教育应当互相渗透，有机结合。

(二)遵循幼儿身心发展规律，符合幼儿年龄特点，注重个体差异，因人施教，引导幼儿个性健康发展。

(三)面向全体幼儿，热爱幼儿，坚持积极鼓励、启发引导的正面教育。

(四)综合组织健康、语言、社会、科学、艺术各领域的教育内容，渗透于幼儿一日生活的各项活动中，充分发挥各种教育手段的交互作用。

(五)以游戏为基本活动，寓教育于各项活动之中。

(六)创设与教育相适应的良好环境，为幼儿提供活动和表现能力的机会与条件。

依据《幼儿园工作规程》的精神，学前教育的原则可分为学前教育的一般原则和学前教育的特殊原则。前者是教师应遵守的基本要求；后者是根据学前教育特点提出来的，是对教师的特殊要求。

一、学前教育的一般原则

(一)尊重儿童的人格尊严和保障合法权益的原则

尊重是教育的第一原则。儿童作为一个独立的社会个体存在于社会中，有着自己的尊严与权利，应该受到应有的尊重。

1. 尊重儿童的人格尊严

典型案例

起床了，孩子们各自做着自己的事情。这时，龙龙走到我身边，很不好意思地对我说："宋老师，我出汗了。"看到他紧张的样子，我马上意识到，他可能尿床了，但又不好意思对老师说。我随他来到床前，看到被子确实湿了。我安慰他说："出汗了没关系，一会儿我帮你把被子晾干就行了。你先去上厕所吧。"然后，我帮他换上了干净的裤子。他腼腆地笑着对我说："谢谢宋老师！"

儿童与教师之间是平等的关系。教师要将儿童作为具有独立人格的人来对待，尊重他们的思想感情、兴趣、爱好、要求和愿望等。教师要在言行中处处体现对儿童的尊重，注意倾听儿童的想法，尊重他们的意愿，使他们意识到自己是有价值、有能力、不可缺少的，从而让他们建立起自信心，为更好地发展奠定基础。

课证融通

单选题(2019年综合素质真题)：某幼儿园教师陈某在教育幼儿时，经常敲打、拖拽幼儿，造成幼儿身体多处瘀伤。陈某侵犯的幼儿权利是(　　)。

A. 受教育权　　B. 人格尊严权　　C. 人身自由权　　D. 生命健康权

答案：D。

2. 保障儿童的合法权益

联合国的《儿童权利公约》确立了儿童的权利。《中华人民共和国未成年人保护法》和《中华人民共和国教育法》也对儿童的权利以及尊重儿童方面做了相应的规定。由于幼儿的年龄所限，他们这些权利的行使特别需要得到成人的保障，包括得到教师、家长和更大范围的社会成员的支持。家庭、幼儿园、社会都应当保障幼儿的合法权益不受侵害。

《儿童权利公约》中儿童的基本权利

(二)全面培养、和谐发展的原则

知识链接

智育是要发展好奇心和思考能力，而非灌输知识。

德育是要鼓励崇高的精神追求，而非灌输规范。

美育是要培育丰富的灵魂，而非灌输技艺。

大脑不是一个要被填满的容器，而是一支需要被点燃的火把。①

> **课证融通**
>
> 单选题(2019年综合素质真题)：某幼儿园为打造以艺术为特色的园本课程，决定将70%的课程安排为音乐、美术、舞蹈等内容。该幼儿园的做法(　　)。
>
> A. 正确，有利于凸显幼儿园特色
>
> B. 不正确，不利于幼儿知识学习
>
> C. 正确，有利于培养幼儿的艺术特长
>
> D. 不正确，不利于促进幼儿的全面发展
>
> 答案：D。

1. 整体发展，各育并重

全面发展是相对于片面发展而言的。在我国的教育目的中，德、智、体、美、劳是全面发展教育的基本内容。儿童的发展是整体的发展，而不是片面的发展。教育必须坚持各育并重，促进儿童全面发展，不能偏废任何一个方面，才能完成社会交给的任务。如果培养出来的人只有聪明的头脑但身体虚弱，或者有强壮的身体却智力低或道德品质不好，都会给个人的生活和社会生活造成困扰，不利于社会的进步与发展。

2. 全面发展是协调的发展

全面发展以儿童身心发展的现实和可能为前提，要求以适合儿童身心发展特点的方式、方法、手段实施教育，其着眼点在于儿童基本素质的提高和发展。儿童具有无限发展的可能性与潜能，他们可以在艺术、自然科学、体育运动等各方面取得更大发展。因此，全面发展应该是儿童协调的发展，包括身心协调、知识和能力的协调、道德和知识的协调等。

3. 全面发展是富有个性的发展

就儿童的个体差异性而言，全面发展的教育并不要求儿童在德、智、体、美、劳诸方面齐头并进、平均地发展。全面发展不意味着全体儿童都达到同样的规格。一方面，儿童的发展会受到各种主客观条件的限制；另一方面，多元智能理论及“人的优势”学说证明儿童有自己的优势领域和先天的倾向性，

---

① 王海澜：《学前教育学》，137页，上海，上海交通大学出版社，2013。

有自己的特点和发展的潜能。因此，全面发展应该是基本标准达成后的个性的充分发展，而不是各个领域的平均发展。这是全面发展的根本所在，体现着教育对每个儿童的关注。

知识链接

实施《3—6 岁儿童学习与发展指南》应把握以下几个方面。

一是关注幼儿学习与发展的整体性。幼儿的发展是一个整体。要注重领域之间、目标之间的相互渗透和整合，促进幼儿身心全面协调发展，而不应片面追求某一方面或几方面的发展。

二是尊重幼儿发展的个体差异。幼儿的发展是一个持续、渐进的过程，同时也表现出一定的阶段性特征。每个幼儿在沿着相似进程发展的过程中，各自的发展速度和到达某一水平的时间不完全相同。要充分理解和尊重幼儿发展进程中的个别差异，支持和引导他们从原有水平向更高水平发展，按照自身的速度和方式到达指南所呈现的发展“阶梯”，切忌用一把“尺子”衡量所有幼儿。

(三)面向全体、重视个别差异的原则

世界上没有两片完全相同的树叶，自然世界上也没有两个完全相同的儿童。每个儿童都是独一无二的。因此，《幼儿园工作规程》强调遵循幼儿身心发展规律，符合幼儿年龄特点，注重个体差异，因人施教，引导幼儿个性健康发展。

在教育过程中，教师在关注全体儿童的同时，还应重视儿童的个别差异，有针对性地采取有效、合理的方式促进每个儿童的发展。“因人施教”源于“因材施教”，其渊源可以追溯到孔子时期。子路和冉有都问了孔子同样的问题：“是否闻义就该勇为”，而孔子给出的答案却截然不同。孔子智慧地针对学生个体的差异进行有差别的教学。朱熹将其概括为“孔子施教，各因其材”，这就是因材施教的来源。

因材施教

可见，“面向全体”是强调共性要求，让每个儿童都得到发展；“重视个别差异”则是强调关注个性特点，让每个儿童在各自不同的水平上发展。在共性的基础上追求个性，在个性的发展中涵养共性，这才是教育的真谛。

1. 教育要促进每个儿童的发展

面向全体儿童，是实现教育目标的立足点。教育要面向每个儿童，教师要使每个儿童都能达到教育目标的要求。教师要保证每个儿童享有同等的受教育机会，平等地、一视同仁地对待所有儿童。

2. 教育要注重儿童的个别差异

儿童的学习与发展根本就无法整齐划一，差异性是儿童发展规律之一。这种个体差异分为两类。一类是通过后天习得的学习结果上的差异，表现为儿童在知识储备、学习策略、态度与技能等方面的差异。这类差异是可变的。

另一类为个性特征方面的差异，包括儿童的智力类型、气质性格、焦虑程度、认知方式等方面的差异。这类差异往往不是通过后天习得的，因此相对稳定、不易改变。学前教育要在充分参考和利用儿童发展研究成果的基础上，为每个儿童提供适合其年龄特点、适合其个性差异的课程，使每个儿童都能发挥优点和特长，在原有的水平上得到应有的发展。

3. 合理组织活动，促进儿童发展

集体活动是教师进行教育时采用的主要组织形式，而小组活动、个别活动采用得相对较少。这样不利于充分满足不同儿童的不同需要。教师应注意在教育中灵活地使用集体活动、小组活动、个别活动的组织形式，使每个儿童在现有基础上得到发展。

(四)教育影响协调一致的原则

《3—6 岁儿童学习与发展指南》指出，家庭、幼儿园和社会应共同努力，为幼儿创造温暖、关爱、平等的家庭和集体生活氛围。《幼儿园工作规程》指出，创设与教育相适应的良好环境，为幼儿提供活动和表现能力的机会与条件。

教育影响协调一致原则是指来自家庭、幼儿园、社区、大众传播媒介等的教育影响都应当按照教育目的的要求，互相配合，向儿童施加正面的、积极的教育影响；努力消除或减弱不利于儿童身心健康发展的环境因素的负面影响，共同养育身心健康的儿童。只有当各种环境因素协调一致，形成促进儿童身心发展的合力，才能为儿童的身心发展创造良好的外部条件。贯彻这一原则，应当注意以下几方面。

1. 加强幼儿园、家庭和社区的联系

幼儿园要与家庭、社区加强联系，相互配合和支持，并充分挖掘家长和社区中有教育价值的教育资源，共同做好儿童的保育和教育工作。不同的儿童来自不同的家庭，他们有不同的文化背景和经济背景，有不同的知识经验、性格、兴趣爱好、价值观。这些差异都是幼儿园教育的重要资源。教师可以利用这些差异资源来促进儿童的发展。比如，在开展主题活动“警察叔叔本领大”时，请警察爸爸介绍警察的工作；在开展主题活动“我的祖国真美丽”时，让出去旅游过的儿童带来照片，介绍自己的见闻等。

典型案例

能干的英英①

英英是一个生活能力很强的孩子，经常帮助老师和小朋友做一些事情。但是在晨间接待时，我发现她总爱垂着小手，让姥姥帮她穿脱衣服、拿椅子、放书包。一天来园，当英英准备擦椅子时，她的姥姥很自然地走过来，帮她

---

① 朱小娟：《幼儿教师适宜行为研究》，46～47 页，北京，教育科学出版社，2008。

解扣子、脱外套。而英英很习惯地将两只小手垂了下来。我走过去，对英英说："英英可棒了，小椅子擦得干净，小扣子自己来解好不好?"英英听到我的话后，高兴地"嗯"了一声，不一会儿就脱下了自己的外套。姥姥惊叹道："还是老师有办法!"

随后，我和英英的姥姥进行了短暂的交流："英英在班级中是非常能干的孩子，什么事情都能自己来做。您也应该让她自己做一些力所能及的事，为孩子提供一些锻炼的机会，相信英英会做得更棒!"姥姥连连点头，承认自己因为疼爱孩子平时包办过多，今后会多给孩子锻炼的机会。

现在来园时候英英总是自己脱衣服、放书包，有一天还高兴地拿着自己的小手绢对我说："老师，这是我自己在家里洗的，姥姥让我拿过来给您看。"

2. 营造良好的社会环境

与学前教育有关的各种机构、团体需要共同遵守有关儿童保护的各种法律，多做对儿童健康成长有利的事情，不做对儿童身心发展造成不良影响的事情，为儿童的健康成长营造良好的社会环境。

二、学前教育的特殊原则

(一)保教结合的原则

所谓"保育"是指对幼儿身体的照顾、保护、养育和促进幼儿身心的健康发展。所谓"教育"就是遵循幼儿身心发展的规律，把握幼儿的年龄特点和我国的教育目标，有目的、有计划地对幼儿初步进行德、智、体、美、劳诸方面全面发展的教育。保教结合的原则也称"保教合一"或"保教并重"，是指从幼儿身心发展的特点出发，在全面、有效地对幼儿进行教育的同时，重视对幼儿生活上的照顾和保护，保教合一，确保幼儿真正能健康、全面地发展。

1. 保育和教育是幼儿园工作的两大任务

保育主要是为幼儿的生存、发展创设有利的环境和提供物质条件，给予幼儿精心的照顾和养育，帮助其身体和机能良好地发育，促进其身心健康地发展。教育则重在培养幼儿良好的行为习惯、态度，发展幼儿的认知、情感、能力，引导幼儿学习必要的知识技能等。这两方面构成了幼儿园教育的全部内容。

2. 保育和教育相互联系、相互渗透

幼儿园保育和教育不可分割的关系是由学前教育工作的特殊性和幼儿身心发展的特点决定的。虽然保育和教育有各自的主要职能，但并不是截然分离的。教育中包含了保育的成分，保育中也渗透着教育的内容。但既不能以牺牲幼儿的健康为代价来实施教育，也不能因为健康而忽视教育，两者应相互渗透、协调统一。

3. 保育和教育是在同一活动过程中实现的

保育和教育不是分别孤立地进行的，而是在统一的教育目标指引下，在同一活动过程中实现的。保教过程的运行程序包括保教计划的制订、保教计划的执行、保教工作的检查和保教工作的总结等环节。贯彻保教结合的原则是我国全面发展教育方针在幼儿园教育中的具体体现。

因此，保育和教育两者是相辅相成、密不可分的。幼儿园应该在各项活动中做到“保”“教”结合，做到“保中有教”“教中有保”。

(二)以游戏为基本活动的原则

典型案例

有一天，当我带着大班的孩子们兴致勃勃地参观完邮局，回到幼儿园准备进行下一个美工活动“设计邮票”时，孩子们似乎还没有从刚才的兴奋中回过神来。怎么写信？怎么寄信？邮递员怎么送信？……一系列的问题成了孩子们议论的焦点，他们根本无法让思路回到课堂上。于是，我调整了原先的活动安排，与孩子们一起把课堂“变”成了刚才的邮局，玩起了写信、寄信、邮递员送信的区角游戏活动。孩子们全都兴趣盎然地参与到游戏中，在愉悦的氛围中尝试了写信、寄信、送信的全过程，进一步建立了对邮寄的感性经验。①

《幼儿园工作规程》明确提出，幼儿园教育要以游戏为基本活动，寓教育于各项活动之中。克鲁普斯卡娅认为，游戏对于儿童有着特殊的意义，游戏对于他们是学习，游戏对于他们是劳动，游戏对于他们是严肃的教育形式。基本活动是指在人生的某个阶段出现频率最高、对人的生存发展最有价值、最适合那个年龄阶段参与的活动。游戏是儿童的天性，是儿童生命的重要表现形式，符合儿童身心发展的特点。游戏能促进儿童身体、认知、情感、情绪等方面的发展，具有其他活动所不能替代的教育价值。儿童在游戏中生活、成长。因此，教师必须保障幼儿游戏的权利，使游戏真正成为幼儿的基本活动。贯彻这一原则，教师应当注意如下几方面。

1. 满足幼儿对多种游戏的需要

幼儿园应创设丰富的游戏环境，应从一日生活中的不同时间、场地、玩具材料及教师指导等方面保证幼儿开展各种游戏，让幼儿能愉快地游戏。幼儿虽然普遍喜爱游戏，但是对各类游戏的需要不尽相同。教师应注意幼儿的个体差异，提供多种游戏材料，满足幼儿的游戏需要，让幼儿自行选择自己喜爱的游戏。幼儿对游戏的需要又是发展变化的。随着年龄的增长、知识面的扩大，幼儿对游戏的种类、主题、内容、情节等的需要也在不断变化。教师应观察幼儿对游戏的需要，灵活变换游戏环境，支持幼儿游戏。

2. 充分利用游戏手段组织各种活动

游戏对幼儿有很大的吸引力。为了使幼儿园教育教学活动更适合幼儿的

---

① 刘敏玲：《教师如何有效地指导幼儿区角活动》，载《课程教材教学研究》，2008(31、32)。

需要，更能发挥教育的作用，教师需要把游戏的因素渗透到这些活动中去。比如，教师在教育教学中利用游戏的形式巩固幼儿所学的知识、技能；将游戏形式贯穿于一个活动的全过程，赋予活动一定的情节；让幼儿扮演一个角色，给幼儿一定的自主性，以激发幼儿的学习兴趣，使其产生愉快的情绪体验，增强教育效果的。

典型案例

画向日葵的目的是让孩子在认识基本结构的基础上，学会画各种高低、大小、颜色不同的向日葵。老师以故事形式请孩子给向日葵找朋友，而且要找不同的朋友。比如，可以把茎叶朝下弯，画弯腰的向日葵；画歪歪扭扭的茎叶，变成跳舞的向日葵；画大大的O形嘴，变成唱歌的向日葵；画墨镜，变成帅气的向日葵；画红红脸蛋儿，变成娃娃向日葵；还可以加深皱纹，变成爷爷奶奶向日葵。这样一来，孩子们觉得很枯燥的绘画变成了游戏。本来没有耐心的孩子们，一个个兴致勃勃地给向日葵找好朋友。孩子们边画边聊，还不时地向同伴介绍自己的作品。①

分析：教师通过游戏的形式达到让幼儿认识高低、大小、颜色等绘画要素的目的，使幼儿完全沉浸游戏氛围中。教师淡化了教育的目的，强化了游戏的手段，使游戏成为教学的催化剂。于是，画画就变成幼儿的游戏了。

(三)教育的活动性和直观性原则

幼儿认知的直觉行动性与形象性决定了他们不可能像小学生那样通过书本知识的学习来获得发展，而必须通过活动去接触各种事物和现象，与他人交往，借助实际操作逐步积累经验、获得真知。皮亚杰的儿童认知发展理论也认为，儿童是在活动中建构认知结构、发展智力和达成社会行为的。因此，学前教育机构不能只让幼儿静坐着看和听。想让幼儿认识雪就要利用真实的下雪天，让幼儿在户外看漫天的雪花飞舞，鼓励幼儿用手接住雪花，摸一摸、闻一闻、比一比、想一想：雪花是棉花吗？雪花是糖吗？雪花是盐吗？为什么不是？鼓励幼儿在雪地上跑步、打雪仗等。这种生动的活动会让幼儿兴奋不已，也令他们对雪留下深刻的印象。所以，幼儿的发展离不开活动，幼儿园应以活动为基础展开教育。

1. 教育的活动性

活动是儿童发展的基础和源泉。杜威强调儿童是在做中学。儿童是通过自己的积极活动进行学习，获得自身知识的建构和经验的积累，从而得到更好的发展的。离开了活动，就没有儿童的发展。教师首先要为儿童提供充足的活动时间和空间，为儿童提供和创造主动活动和充分活动的机会，激发儿

① 姚伟：《幼儿游戏与玩具》，73页，北京，中央广播电视大学出版社，2011。

童活动的兴趣。

此外，教师还要注意教育活动的多样性。幼儿园的活动不应当是单一的，其内容、形式不同，在儿童发展中的作用也不同。比如，看图书和栽培植物时，儿童通过前者获得的是间接经验，是符号认知能力的发展；而通过后者获得的是直接知识，是操作经验及其实践能力的发展。因此，教师只有注意教育活动的多样性，才能有效地促进儿童发展。

2. 教育的直观性

儿童主要是通过感官来认识周围世界的，通过直接感知认识事物、形成表象并发展为初级的概念。由于儿童思维的具体形象性和第一信号系统占优势的特点，他们只有在获得丰富的感性经验的基础上才能理解事物。对于幼儿来说，告诉他们关于水果的知识，不如和他们一起去市场观察并购买一些水果，和他们一起清洗并品尝这些水果的味道，等等。同样，幼儿更愿意通过闻一闻小草的清香，和伙伴一起在草地上打滚玩游戏，躺在草地上看天空和云彩、听风声和小鸟的歌唱，寻找草中的小动物等活动来认识世界。

因此，对儿童的教育应该考虑体现直观性。首先，教师可以根据儿童不同年龄阶段的身心发展水平，运用各种形式的直观教学手段，从具体的、有情节的事物向无情节的事物过渡，从实物类型的直观向图片、模型、语言的直观等过渡。其次，教师可以通过演示、示范、运用范例等直观教学方法，变抽象为形象，化枯燥为生动；还可以辅以形象生动的、声情并茂的教学语言，帮助儿童理解教学内容。最后，教师可以通过具体可见或可操作的活动，使儿童直观形象地理解所学的内容，更快地获得各种知识经验。

典型案例

听雨

一个炎热夏天的午后，天空忽然出现了乌云。不一会儿，黑云翻滚，天色很快暗了下来。孩子们看到了这一切，跑来告诉老师："老师，天空中有很多黑云！"老师说："是啊，你们说接下来会发生什么呢？"孩子们七嘴八舌地议论开来。教师让孩子们安静地倾听外边发生了什么。有孩子说："外面好像下雨了，有雨滴的声音。""雨点很大，但不急。""听，现在雨好像下大了，滴滴答答，声音听起来很快！""现在雨更大了，声音连成一片，好像千军万马奔过来了！"孩子们热烈地猜测着，好奇地向外张望着。

观雨

教师领着孩子们来到走廊上，让孩子们看雨。孩子们说道："好大的雨啊，雨丝都连成一片，好像天上在倒水！""看地面上的旋涡，好像数不清的女孩在旋转着她们的裙子呢。""看小草更绿了，因为它喝饱了！""小蚂蚁慌慌张张爬到走廊里来了！"这时，有的孩子把手伸到雨中，说道："雨水真凉啊！"

雨点开始慢慢变小了，教师带着孩子们去雨中感受雨。有的孩子拿了伞；

有的什么也没拿；有的卷起了裤腿，光着脚丫。大家兴奋不已，都拼命地在雨中跑，身上湿漉漉的，仿佛他们渴望这一刻已经很久了。①

教师引导幼儿通过不同的活动直观深入地感知和理解“雨”，及时把自然环境和现象作为幼儿学习和探索的对象，利用生活中幼儿熟悉的事物，让幼儿获得全面发展。

(四)发挥一日生活整体教育功能的原则

《幼儿园工作规程》提出应该综合组织健康、语言、社会、科学、艺术各领域的教育内容，渗透于幼儿一日生活的各项活动中，充分发挥各种教育手段的交互作用。幼儿园一日生活是指幼儿园每天进行的所有保育、教育活动。它包括由教师组织的活动和儿童的自主自由活动(如自由游戏、区角自由活动等)。幼儿园应充分认识和利用一日生活中各种活动的教育价值，通过合理组织、科学安排，让一日生活发挥一致的、连贯的、整体的教育功能，寓教育于一日生活之中。贯彻这一原则，教师应当注意如下几方面。

1. 一日生活中的各种活动不可偏废

儿童一日生活中的各种活动是完成全面发展教育的需要，都具有保育和教育的意义。无论是生活活动、游戏活动还是教学活动，无论是有组织的活动还是儿童自主自由的活动，都各具重要的教育作用。因此不能顾此失彼，随意削弱或取消任何一种活动。

在进餐环节中，教师可以随机地渗透身心健康教育的观念，还可以向幼儿介绍菜品的名字及营养价值，指导幼儿对食物进行分类，认识蔬菜的根、茎、叶等。可见，日常生活活动中处处存在科学常识。艺术源于生活，教师可以有意识地引导幼儿感受和欣赏周围的美和艺术。干净整洁的幼儿园环境、色香味俱全的美食甚至游戏时看到的花开花谢等都可以被灵活地融入日常生活活动中，促进显性课程和隐性课程相互补充、共同发挥作用，真正促进幼儿的整体发展。

课证融通

单选题(2011 年保教知识与能力真题)：在幼儿园实践中，某些教师认为幼儿进餐、睡眠等环节是保育，只有上课才是传授知识、发展智力的唯一途径，不注意利用各环节的教育价值。这种做法违反了(　　)。

A. 发挥一日生活整体教育功能的原则

B. 实践性原则

C. 活动性原则

D. 尊重儿童的人格尊严和保障合法权益原则

答案：A。

---

① 陈晓芳：《幼儿园教育活动设计及优秀案例评析》，19～20 页，北京，北京师范大学出版社，2007。

2. 各种活动有机统一为一个整体

每种活动不是分离地、孤立地对幼儿产生影响的。一日生活只有统一在共同的教育目标下，形成合力，才能发挥整体教育功能。一日生活的组织应以活动目标来指导各种活动的联结、协调、沟通，发挥一日生活的整体教育效应。因此，如何把教育目标渗透到各种活动中，或者说每个活动怎样围绕目标来展开，就成为实践中应当需要特别关注的问题。

典型案例

陈老师是一位非常细心的幼儿教师，她很注重在一日生活的各个环节渗透对幼儿的教育。有段时间，她发现幼儿不太爱惜小椅子。有些幼儿喜欢在椅子上写写画画，有些幼儿搬椅子时喜欢拖着走，还有个别幼儿发脾气时会摔椅子。于是，陈老师特意编了一个故事“一把小椅子痛苦的一天”讲给幼儿听。陈老师发现，自从幼儿听了这个故事以后，绝大多数的幼儿开始爱惜东西了。

总之，上述原则是彼此密切联系、相互渗透、不可分割的整体。教师在教育教学实践中应当综合运用，并贯穿于学前教育的全过程。

思考与练习

一、基础练习

论述选择学前教育内容应注意的问题。

二、实践训练

目前，一些家长和学前教育机构中出现了重知识灌输、轻能力培养和重智力培养、轻人格因素培养等错误倾向。一些幼儿园迫于家长压力或经济利益的驱动，办起了各式各样的兴趣班、特长班。

请结合学前教育目标的相关理论，分析评价上述的教育现象。

学习评价与反思

单元五综合检测题　　单元五综合检测题答案

单元六　幼儿园全面发展教育

学习目标

1. 理解幼儿园全面发展教育的含义及其相互关系。
2. 掌握幼儿园德、智、体、美、劳教育的目标、内容和实施途径。
3. 运用幼儿园全面发展教育理论分析、评价幼儿园教育工作。
4. 树立幼儿园全面发展教育观，促进幼儿身心全面发展。

思维导图

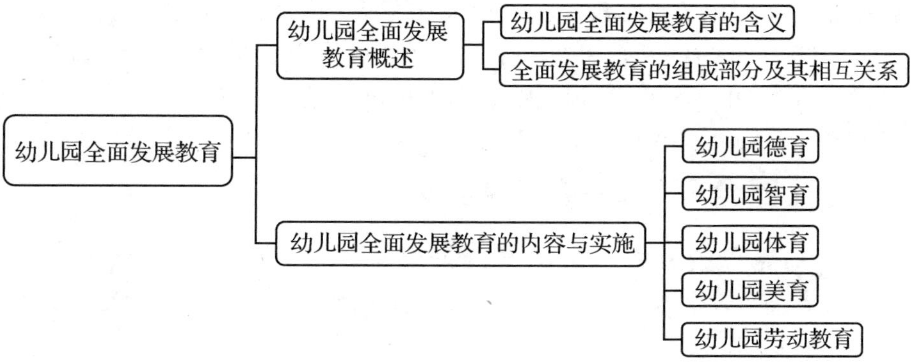

单元导入

《幼儿园工作规程》指出，幼儿园的任务是贯彻国家的教育方针，按照保育与教育相结合的原则，遵循幼儿身心发展特点和规律，实施德、智、体、美等方面全面发展的教育，促进幼儿身心和谐发展。《3—6岁儿童学习与发展指南》提出："关注幼儿学习与发展的整体性。儿童的发展是一个整体，要注重领域之间、目标之间的相互渗透和整合，促进幼儿身心全面协调发展，而不应片面追求某一方面或几方面的发展。"可见，对幼儿实施全面发展教育是我国学前教育的基本出发点。

单元案例

社会上曾经报道过某"神童"的成长经历。由于生活中的事情完全由母亲包办，孩子不懂得如何跟周围的人交往，生活长期不能自理。可见母亲只重视孩子学习能力的提高，却忽略了孩子其他能力的发展，属于片面教育。那么，全面发展教育是什么样的教育？我国幼儿园德育、智育、体育、美育、劳动教育的目标、内容、途径是什么？带着这些问题，我们一起来学习本单元。

第一课　幼儿园全面发展教育概述

1958年，《中共中央　国务院关于教育工作的指示》，第一次把全面发展教育作为教育目的列入正式文件。之后，很多专家、学者对全面发展教育进行了多方面的探索，提出了“三育说”(德、智、体)，“四育说”(德、智、体、美)，“五育说”(德、智、体、美、劳)等。1999年，《中共中央　国务院关于深化教育改革，全面推进素质教育的决定》指出：“实施素质教育，必须把德育、智育、体育、美育等有机地统一在教育活动的各个环节中。学校教育不仅要抓好智育，更要重视德育，还要加强体育、美育、劳动技术教育和社会实践，使诸方面教育相互渗透、协调发展，促进学生的全面发展和健康成长。”2018年，《中华人民共和国宪法》明确规定：“国家培养青年、少年、儿童在品德、智力、体质等方面全面发展。”

一、幼儿园全面发展教育的含义

(一)马克思主义关于人的全面发展学说

马克思主义关于人的全面发展学说是我国确立教育目的的理论依据和基础，主要内容如下。

1. 人的全面发展

马克思在研究经济问题时提出了人的全面发展理论。所谓人的全面发展是指人的劳动能力，即人的体力和智力全面、和谐、充分的发展以及人的道德的发展。

2. 机器大工业生产为人的全面发展提供了基础和可能

资本主义机器大工业的出现与发展为人的全面发展开辟了道路。机器大工业生产对人的全面发展提出了客观要求。机器大工业生产也为人的全面发展提供了可能和条件。

3. 社会主义制度是实现人的全面发展的社会条件

生产资料的公有制性质决定了每个人都必须参加生产劳动，而生产劳动又为每个人提供了全面发展的机会。同时，生产资料公有制的实现为每个人提供了物质和精神条件，从而进一步促进了人的全面发展。

4. 教育与生产劳动相结合是实现人的全面发展的唯一途径

马克思指出，教育与生产劳动相结合，不仅是提高社会生产的方法，而且是造就全面发展的人的唯一方法。教育与生产劳动相结合是培养全面发展的人的根本途径，也是唯一途径。

(二)幼儿园全面发展教育的概念

幼儿园全面发展教育是指以幼儿身心发展的现实与可能为前提，以促进幼儿在德、智、体、美、劳诸方面全面和谐发展为宗旨，通过适合幼儿身心发展特点的方式、方法、手段加以实施的、着眼于培养幼儿基本素质的教育。

二、全面发展教育的组成部分及其相互关系

(一)全面发展教育的组成部分

为了使幼儿在德、智、体、美、劳诸方面得到发展，幼儿园就有必要对幼儿进行相应的各个方面的教育。德育、智育、体育、美育、劳动教育是幼儿全面发展教育的有机组成部分，在幼儿全面发展教育中承担着相对独立的任务，对于幼儿的身心全面发展发挥着不同的作用。

(二)实施全面发展教育的注意事项

在全面发展教育中，虽然各育的任务与功能具有相对的独立性，但是它们是一个紧密联系、相互作用、相互促进的统一的整体。

1. 各育统一的基础在于幼儿的发展是一个整体

全面发展教育是一个有机的整体或系统。德、智、体、美、劳各育作为促进和影响幼儿身心发展的外部力量与影响因素，最后都要落实到幼儿身上，使幼儿在诸方面得到发展。

2. 各育相互渗透、相互促进、相互制约

各育虽然在幼儿的全面发展教育中起着相对不同的作用，但它们作为幼儿的发展的各个方面，是统一于幼儿身上的。所以，任何一方面的发展都与其他方面的发展相互渗透、相互促进、相互制约，不可分割。任何一方面的发展都会促进其他方面的发展，而忽视或偏废任何一方面都将影响其他方面的发展。

3. 全面发展不等于平均发展、均衡发展

全面发展是针对片面发展而言的，偏重或忽视某方面的发展都不是全面发展。全面发展并不意味着幼儿在诸方面齐头并进、平均地发展，也不意味着幼儿的各个发展侧面可以各自孤立地发展。因此，幼儿园的全面发展教育在保证幼儿诸方面全面发展的基础上，可以允许幼儿在某个方面具有优势。

4. 全面发展与个性发展并不冲突

个性发展是幼儿在认知、品德、性格、意志、情感、态度等方面不同于他人的特质的形成和发展。因此，全面发展和个性发展不是对立的，是辩证的统一体。全面发展在本质上反映的是幼儿的发展在德、智、体、美、劳基本面上的相对完整性、和谐性，其对立面是片面发展。而个性发展是幼儿在需求、习惯、性格、能力、爱好、兴趣等方面形成的不同于他人的稳定的特殊性，其对立面是共性。全面发展是个性发展的前提和基础。个性发展是在

全面发展基础上的选择性发展，是通过教育促进每一个幼儿在原有水平上富有个性地发展。

典型案例

达·芬奇是画家，也是科学家和生物学家。他的画中可以体现出完美的人体科学比例。他还一直试图制作永动机。我国古代的墨子既是战国时期的思想家、文学家，又被誉为科圣，是科学家和物理学家。近代才女林徽因既是一名建筑家，又是诗人和美术家。诸多杰出人物都是全面发展的典范，不仅擅长于自己的专业领域，而且在其他方面也有所建树。

第二课　幼儿园全面发展教育的内容与实施

一、幼儿园德育

德育即道德教育。道德是在一定社会条件下形成与发展起来的人们共同生活的行为准则的总和，也是评价人们行为的标准。社会道德在个体身上再现为道德品质，德育实质上就是社会道德个体化的过程。

幼儿园德育就是按照社会的要求，以引导和促进幼儿社会性发展、培养和形成幼儿的道德品质为目的所进行的教育活动。

幼儿期是人的社会性、道德品质和个性形成与发展的重要时期。德育帮助幼儿了解和体验社会生活的基本行为准则，学习和掌握社会性交往技能，适应社会生活，促进个性健康发展。幼儿的思想品德和道德素养将在很大程度上代表未来社会的文明程度，将对未来的社会风貌、民族精神产生不可估量的影响。

典型案例

苏霍姆林斯基认为，人的所有的各个方面和特征的和谐都是由某种主要的东西决定的，其中起决定作用的、主导的成分就是道德。

德育起着塑造人的“灵魂”的作用，它不仅培养人的品德，还培养人的个性品质，因而影响到个人能力和才干的形成与发挥。德育通过培养幼儿良好的个性品质，有力地保证智育、体育、美育、劳动教育各育任务的完成。

(一)幼儿园德育的目标

《幼儿园工作规程》指出，幼儿园德育的目标是萌发幼儿爱祖国、爱家乡、爱集体、爱劳动、爱科学的情感，培养诚实、自信、友爱、勇敢、勤学、好问、爱护公物、克服困难、讲礼貌、守纪律等良好的品德行为和习惯以及活泼开朗的性格。

(二)幼儿园德育的内容

幼儿园德育的内容主要包括文明礼貌教育，友爱教育，集体生活教育，道德品质教育，爱祖国、爱家乡、爱集体、爱劳动、爱科学的教育以及良好的个性品质的培养。

1. 萌发幼儿爱的情感

幼儿是社会主义事业的接班人和建设者。萌发幼儿爱祖国、爱家乡、爱集体、爱劳动的情感，可以为爱国主义的思想品德的形成奠定良好的基础。人的每一种品德都由道德认识、道德情感、道德意志、道德行为四要素构成。在幼儿品德形成的过程中，四要素的发展不是同步的，道德认识、道德意志等发展较慢。因此幼儿园德育须从情感入手，重点放在幼儿道德行为的养成上。萌发幼儿爱的情感时要由近及远、从具体到抽象；直观、形象，切忌说教，切忌空谈；注意个别差异。

2. 培养幼儿良好的品德行为和习惯

诚实、自信、友爱、勇敢、勤学、好问、爱护公物、克服困难、讲礼貌、守纪律等良好的品德行为和习惯的形成，对幼儿成长为一个真正的人有重大意义。它能推动幼儿积极地与周围环境中的人与物交往，有利于幼儿与周围的人建立良好的关系，从而健康、快乐地成长。

3. 培养幼儿自信、活泼开朗的性格

自信、活泼开朗的性格都是积极的个性品质。它们能促进幼儿积极主动地与周围环境中的人与物、相互作用，有利于幼儿适应环境，愉快、健康地生活。幼儿自信、活泼开朗的性格的形成，与成人对待他们的态度有关。对幼儿过多的限制和过多的消极批评甚至滥用惩罚，会影响幼儿对自身的认识与评价，造成幼儿产生畏首畏尾、消极懦弱甚至恐惧的心理状态。成人对待幼儿时应以积极的鼓励与肯定为主，发现并欣赏每个幼儿的优点与潜能，帮助幼儿认识自己的优点与潜能，支持、鼓励幼儿大胆地表现自己的意愿、想法与感受，使幼儿有机会体验与展现自己的能力，增强他们的自我价值感与自信心。

(三)幼儿园德育的实施途径

1. 日常生活是幼儿园德育的基本途径

日常生活对幼儿品德的形成有多方面的影响，并且为幼儿提供了行为练习和实践的机会。幼儿在日常生活中，在与同伴、成人交往的实践活动中，了解人与人之间、人与社会之间、人与物之间的关系以及一定的行为准则，并且进行各种练习，逐步形成某些良好的行为品质。一日生活常规和生活制度中渗透着道德教育的内容。常规训练和严格执行生活制度，可以培养幼儿有礼貌、守纪律、诚实、勇敢、自信、关心他人、爱护公物、不怕困难等品德和行为习惯。教师要高度重视一日生活的教育价值，挖掘生活常规中的教育因素，让幼儿在日常生活活动中逐步形成良好的品质。

2. 专门性的德育活动是幼儿园德育的有效手段

专门性的德育活动是指教师根据幼儿的年龄特征与年龄班德育的内容与要求，结合本班幼儿的实际情况、行为表现，有目的、有计划地组织的德育活动，也是为实现某项德育内容而组织的教育活动。专门性的德育活动可以集体开展，也可以分组、个别开展；活动时间可视内容而定，可以在一日生活的任何时间段开展；活动内容应以幼儿周围熟悉的现象或他们生活中的事例为主。

3. 寓德育于游戏中是幼儿喜闻乐见的活动方式

游戏是幼儿园的基本活动，也是德育的基本形式。由于游戏伴随着愉悦的情绪，游戏反映了幼儿的现实生活，反映了人们在生活中遵守的道德行为、准则和人际关系等，因此教师利用游戏进行道德品质的教育，很容易被幼儿接受。在游戏中，幼儿自发地扮演一定的社会角色，实践一定的社会行为，体验一定的社会情感。这对幼儿的社会性发展很有意义。

4. 各种实施因素协调统一，保障教育影响的一致性

幼儿的年龄虽然小，但他们生活在社会中，受到来自社会生活各方面的影响。同时，家庭中父母的观念和行为都会影响幼儿的社会性发展。这些因素可以增强或抵消幼儿园德育工作的效果与影响。要使德育工作取得好的效果，削弱不利因素的影响，发挥与增强有利因素的影响，就必须注意协调与统一各种可控因素的影响，贯彻教育的一致性与一贯性原则，注意正面教育与成人的榜样作用，使幼儿园教育与家庭教育影响协调一致，为幼儿创设良好的成长环境。

知识链接

《幼儿园教育指导纲要(试行)》提出："社会领域的教育具有潜移默化的特点。幼儿社会态度和社会情感的培养尤应渗透在多种活动和一日生活的各个环节之中，要创设一个能使幼儿感受到接纳、关爱和支持的良好环境，避免单一呆板的言语说教。""幼儿与成人、同伴之间的共同生活、交往、探索、游戏等，是其社会学习的重要途径。应为幼儿提供人际间相互交往和共同活动的机会和条件，并加以指导。""社会学习是一个漫长的积累过程，需要幼儿园、家庭和社会密切合作，协调一致，共同促进幼儿良好社会性品质的形成。"

《3—6岁儿童学习与发展指南》指出："幼儿的社会性主要是在日常生活和游戏中通过观察和模仿潜移默化地发展起来的。成人应注重自己言行的榜样作用，避免简单生硬的说教。"

二、幼儿园智育

智育是指有目的、有计划地使受教育者掌握系统的科学基础知识和基本

技能，促进受教育者智力发展的教育过程。

幼儿园智育是按照幼儿认识活动的特点与认知发展规律，有目的、有计划地让幼儿获得粗浅的知识技能，发展智力，增进对周围事物的求知兴趣，培养良好学习习惯的教育过程。幼儿园智育应当根据幼儿发展的特点来进行。婴幼儿时期的智力活动往往带有明显的行动性、直观形象性，这些特点贯穿于幼儿智力活动的各个方面。

幼儿园智育可以为幼儿的终身发展和未来的学习与工作奠定良好的智力发展基础，准备良好的动机系统与必要的知识基础。它不仅关系每个幼儿今后的发展，而且也关系社会的进步与发展。另外，幼儿园智育通过对处境不利的幼儿或智力发展有缺陷的幼儿的早期干预，可以预防幼儿智力缺陷的形成，减缓与纠正幼儿智力发展缺陷的程度，对于家庭和社会具有重要意义。

(一)幼儿园智育的目标

《幼儿园工作规程》指出，幼儿园智育的目标是发展幼儿智力，培养正确运用感官和运用语言交往的基本能力，增进对环境的认识，培养有益的兴趣和求知欲望，培养初步的动手探究能力。

(二)幼儿园智育的内容

1. 发展幼儿的智力

一是促进幼儿认识能力的发展，如发展幼儿的感知觉、观察能力、语言能力、思维能力、想象力和创造力等。二是培养幼儿良好的智力品质，如培养思维活动的速度、灵活性，观察事物的准确性、敏锐性等。三是帮助幼儿尝试使用智力活动的方法和技能，如尝试使用观察事物或现象的方法、分析解决问题的方法、操作的方法和技能等。

知识链接

智力是人认识事物的能力，它包括感知观察力、注意力、记忆力、思维能力、想象力和创造力等要素。其中思维能力的培养是智育的核心。知识与智力是不同的概念，获得了知识不等于就发展了智力，但智力的发展离不开知识。

2. 引导幼儿增进对环境的认识

幼儿学习的知识包括与他们生活密切相关的生活常识(如衣食住行的知识)，社会常识(如周围的环境、人们的劳动)，自然常识(如天气、四季的知识)，以及幼儿能理解的科技知识(如常见的科技产品、科学发现)，与国家政治生活有关的初步知识(如国家的名字、国徽、国旗等)。

3. 培养幼儿求知的兴趣和欲望以及良好的学习习惯

好奇心是幼儿求知兴趣和欲望的最初表现。保护幼儿的好奇心，将其进一步发展为学习的兴趣和欲望是幼儿园智育的重要内容。

学习习惯是幼儿获得知识、发展智力以及今后继续学习的重要条件，它包括幼儿学习时能否集中注意力、能否积极克服困难、能否爱护文具、能否完成学习任务等。学习习惯的培养必须从幼儿期开始。

知识链接

让学生体验到一种自己在亲身参与掌握知识的情感，乃是唤起少年特有的对知识的兴趣的重要条件。当一个人不仅在认识世界，而且在认识自我的时候，就能形成兴趣。没有这种自我肯定的体验，就不可能有对知识的真正的兴趣。

——[苏联]苏霍姆林斯基

我听见就忘记了，我看见了就记住了，我做了就理解了。

——[意]蒙台梭利

要解放孩子的头脑、双手、脚、空间、时间，使他们充分得到自由的生活，从自由的生活中得到真正的教育。

——陶行知

做中教，做中学，做中求进步。

——陈鹤琴

4. 培养幼儿初步的动手探究能力

在人的智力结构中，动手能力是一种基本的且十分重要的学习能力。动手能力与人的智力发展有着密切的关系。在婴幼儿时期，智力与动作的关系尤为密切，甚至可以说动作是智慧大厦的砖瓦。多动手能促进大脑的发育，幼儿的许多知识技能是在操作活动中学到的，幼儿的思维是在操作活动中发展的。因此，为幼儿提供各种动手操作的机会，不仅给幼儿提供了一个合适的学习方式，满足了他们的动手兴趣，也为他们智力的发展创造了条件。

课证融通

单选题(2019 年保教知识与能力真题)：下列不宜作为幼儿科学领域学习方式的是(　　)。

A. 直接感知　　B. 实际操作　　C. 亲身体验　　D. 概念解释

答案：D。

(三)幼儿园智育的实施途径

1. 创设适宜的教育环境，提供多种多样的材料

《幼儿园教育指导纲要(试行)》指出："环境是重要的教育资源。"幼儿智力的发展与环境密切相关。只有在一个宽松、自由、内容丰富的环境里，幼儿才能够自由思考、自由活动、自由表达自己的见解和要求，自由想象和创造，才能自己选择、自己探索，智力才能得到发展。除此之外，教师还应该为幼儿提供多种多样的学习材料，以满足不同幼儿的需求，激发他们活动的兴趣，

激发他们学习和探究的兴趣与愿望。

2. 组织多种形式的教育活动，注重生活实际

幼儿园的教育活动是发展幼儿智力的有效途径。幼儿是在活动中成长与发展起来的，幼儿的智力发展更是如此。比如，幼儿的实物操作活动是幼儿认识能力，特别是思维能力产生和发展的基础与源泉，也是幼儿不断获得关于周围世界知识的桥梁。日常生活活动也是对幼儿实施智育的重要途径。智育应当渗透在一日生活之中，应当引导幼儿去解决生活中的问题，增进幼儿对周围环境的认识等。比如，教师可以利用幼儿就餐时摆碗筷这一活动来发展幼儿的数概念和计数能力，或通过食物让幼儿学习有关蔬菜、水果的知识，了解季节变化和农作物的关系等。

课证融通

单选题(2015 年保教知识与能力真题)：下列不属于《3—6 岁儿童学习与发展指南》倡导的幼儿学习方式的是(　　)。

A. 强化学习　　B. 直接感知　　C. 实际操作　　D. 亲身体验

答案：A。

3. 重视非智力因素的培养，发展幼儿的非智力品质

非智力因素是指不直接参与认识过程的心理因素，包括情感、意志、性格、兴趣等方面。研究表明，利用幼儿的非智力因素的作用，可以改善与提高幼儿的学习成绩。对超常儿童的研究也发现，超常儿童与普通儿童不同的一个共同特点，是这些幼儿具有良好的意志品质，坚持性、注意力发展得较好。因此，在智育实施的过程中，教师要重视幼儿非智力因素的培养 。教师可以从培养幼儿广泛的兴趣和强烈的求知欲入手，发展幼儿的非智力品质。

三、幼儿园体育

幼儿园体育是指在幼儿园进行的，遵循幼儿身体生长发育规律，运用科学的方法，以增强幼儿体质、保护和增进幼儿健康为目的的一系列教育活动。

幼儿正处于生长发育的重要时期与特殊阶段。科学合理的体育可以保障幼儿健康成长，为幼儿身心全面发展提供良好的条件与基础。体育还可以为幼儿全面发展提供基础。幼儿身体的发展是其他方面发展的物质基础。幼儿园通过科学合理地照顾、安排与组织幼儿的生活，可以保障幼儿的生命与安全，提高他们的健康水平，预防和减少不必要的身体伤害与精神损害。体育关系国家的未来和民族的兴旺发达。幼儿园体育不仅可以为幼儿一生的健康成长打下良好基础，还可以促进民族体质的改善和提高。

(一)幼儿园体育的目标

《幼儿园工作规程》指出，幼儿园体育的目标是促进幼儿身体正常发育和机能的协调发展，增强体质，促进心理健康，培养良好的生活习惯、卫生习

惯和参加体育活动的兴趣。

(二)幼儿园体育的内容

1. 发展幼儿的基本动作

幼儿的基本动作主要包括走、跑、跳、平衡、投掷、钻爬、攀登等。发展幼儿的基本动作是使幼儿的动作灵敏、协调，姿势正确。幼儿园体育活动的组织形式有早操、体育课、户外游戏活动等。户外游戏活动(包括集体的或小组形式的体育游戏和利用各种运动器械来进行的体育游戏)应当是幼儿园体育活动的主要组织形式。在组织幼儿开展体育活动时，教师要尽量减少幼儿等待、排队的时间。教师要注意幼儿的安全，但不要因噎废食，限制太多；要注意活动量的适宜性，避免活动不充分或过度疲劳现象的发生。幼儿户外活动时间每天不得少于 2 小时，寄宿制幼儿园不得少于 3 小时，高温、高寒地区可酌情减少。

2. 培养幼儿良好的生活、卫生习惯

幼儿良好的生活、卫生习惯主要是通过日常生活中的反复训练、培养形成的。在培养教育时，严格合理的生活作息制度、成人要求的一致性和一贯性、环境因素的良好影响和示范等，都是基本的重要的条件。比如，幼儿园应制定合理的饮食制度，定时定点组织幼儿进餐，保证合理的进餐间隔时间；在进餐中培养幼儿良好的饮食习惯与卫生习惯。家庭与幼儿园都应当保证幼儿有充足的睡眠时间，创设安静舒适的睡眠环境，培养幼儿良好的睡眠卫生习惯。家长与教师还应当注意幼儿着装的卫生和服装是否合身等，以便于幼儿活动与穿脱，要随气温变化及时给幼儿增减衣服。

3. 增强幼儿的自我保护意识

由于幼儿年幼，知识经验贫乏，身心各方面发展尚不完善，而且缺乏独立生活的能力和自我保护的能力，缺乏对危险事物的预知能力，因此成人应当对幼儿进行必要的安全教育。目前家庭和幼儿园存在保护过度的现象。教师因为怕出安全事故，不敢放手让幼儿在户外自由活动。这种过度保护会妨碍幼儿身心的健康成长。教师应当在生活活动、游戏活动、体育活动、作业教学活动等各种活动中锻炼幼儿独立行动、做事的能力，培养幼儿的责任感以及自我保护的意识与能力，从小培养幼儿的不依赖性，逐步引导他们走向独立。这才是对他们根本的保护。

(三)幼儿园体育的实施途径

1. 建立安全卫生的生活环境，合理安排与照顾幼儿的生活

安全卫生的生活环境是保证幼儿生命安全与心理健康的基本条件。安全卫生的生活环境首先是指安全卫生的物质生活环境。幼儿园应当根据勤俭办园、因地制宜的原则，为幼儿创设一个符合安全卫生要求的物质生活环境。安全卫生的生活环境其次是指使幼儿感到安全的、符合心理健康要求的心理

环境。符合心理健康要求的心理环境主要是通过教师与幼儿之间建立和谐的人际关系来创造的。教师要尊重与关心每一个幼儿，帮助幼儿适应幼儿园的集体生活，重视幼儿的心理卫生，尤其是要关心和了解情绪不安的幼儿，帮助幼儿缓解紧张的情绪与压力。

2. 专门的体育活动与日常生活相结合，注重幼儿身体素质的提高

专门的体育活动是增强幼儿体质的有效途径，但并不是唯一的途径。幼儿园体育的某些目标，如培养幼儿良好的生活卫生习惯，仅仅靠体育锻炼是不能达成的，还必须通过日常生活中的培养和训练来达成。因此，要实现体育的目标，必须重视日常生活中的体育。幼儿园体育应以增强幼儿的体质为核心。提高幼儿的身体素质是幼儿园体育的重中之重。在幼儿园体育中，教师不能把目光盯在技能技巧的训练上；更不能允许为比赛、表演、争名次、争荣誉等目的而进行有损幼儿身体的任何活动；要充分考虑幼儿的身体特点，避免小学化，要以游戏为基本活动形式，用丰富多彩、轻松活泼的各种体育活动促进幼儿体质的增强。

3. 精心组织各项活动，重视培养幼儿对体育活动的兴趣和态度

体育活动的功能必须通过幼儿积极参加才可能实现，幼儿对体育活动是否喜欢、是否投入是体育活动成败的关键。因此，教师在组织体育活动时必须重视培养幼儿的兴趣和积极态度，不能为了达成计划的目标，生硬地强迫幼儿训练或完成某项运动，或因为幼儿不能达到要求而进行责备。

四、幼儿园美育

幼儿园美育是美育的一部分，是按照幼儿美感的发展特点，利用美的事物和丰富的审美活动，以培养幼儿感受美、表现美的情趣和能力为目的的教育活动。

美育能培养人的审美能力。美育通过艺术形象的魅力，潜移默化地感染和熏陶幼儿的心灵，使幼儿在感受美的同时，发展积极向上的精神和活泼开朗的性格，产生美好的情感和情绪体验；美育还能帮助幼儿发展认识能力。美育可以促进幼儿感知觉、形象思维、想象力、创造力的发展；美育可以促进幼儿体质和身体机能的发展。美育会使幼儿处于快乐的情绪之中，这种情绪有助于幼儿的身心健康。幼儿园美育是社会精神文明建设的组成部分。它能促进幼儿形成健全的人格，为提高全民族的素质打下基础。

课证融通

简答题（2018年保教知识与能力真题）：简述幼儿园美育的意义。

答案：略。

（一）幼儿园美育的目标

《幼儿园工作规程》指出，幼儿园美育的目标是培养幼儿初步感受美和表

现美的情趣和能力。

(二)幼儿园美育的内容

1. 培养幼儿的审美情感

美育是能深入人的灵魂、触动人的情感的教育。培养幼儿对美的事物的兴趣和爱好是幼儿园美育的重要内容。幼儿期的情绪、情感极易被感染、激发，幼儿的好奇心使他们对美的事物有积极的探索兴趣。因此，只要给幼儿提供美的事物，让他们能够理解美的形式所包含的美的意义，就能激发他们的情感体验，就能让他们从直觉开始，产生最初的审美情感。

2. 培养幼儿的审美感知能力

幼儿审美感知能力的发展是与其一般感知觉和认知能力的发展相伴随的：从无意识地对美的东西的注意到模仿周围成人对美的感受，直到自觉地认识美、欣赏美、表现美。幼儿在审美感知上具有表面性。比如，他们容易接受表面的简单的形式美，喜爱鲜明、艳丽的颜色，不注重色彩的协调，喜欢听欢快、变化明显的曲调等。幼儿在审美感知上还带有行动性，常常直接以动作、表情、语言和活动等方式表现对美的感受、理解、态度。比如，幼儿对美的东西总喜欢摸一摸、看一看、听一听、闻一闻等。因此，教师应当多组织各种活动，让幼儿有机会发展感觉器官和基本的认识能力，同时充分利用自己的各种感官去感知美，发展对美的丰富感受性。

3. 培养幼儿初步的表现美、创造美的能力

在培养幼儿审美情感和审美感知能力的基础上，教师可以进一步培养幼儿初步的表现美和创造美的能力。首先，教师要使幼儿学会在日常生活中通过自己的言行举止来表现美。比如，以美观大方的衣着、文明礼貌的语言行为以及优美的身体姿势、动作和表情等来表现美。其次，教师要教幼儿学习初步的绘画、音乐、舞蹈、手工、唱歌、表演等方面的知识技能，使他们能利用艺术手段来表现美和创造美。幼儿表现美的核心是幼儿的想象和创造，即幼儿以自己的方式、带着自己的特点，表现自己对美的独特体验和理解，创造出新的形象、新的想法。幼儿的这种想象和创造需要积累多种经验，需要自由的学习环境，需要通过绘画、唱歌、舞蹈、语言等丰富多彩的活动发展一定的能力和技能才能实现。因此，营造宽松的气氛让幼儿能自由地想象、创造，提供开放的环境让幼儿能开阔眼界、获得丰富的刺激，创设能让幼儿充分显示自己创造力的机会和条件等，都是美育的重要内容。

课证融通

单选题(2016 年保教知识与能力真题)：在“秋天的树”美术活动中，教师不适宜的做法是(　　)。

A. 让幼儿按照教师的范画绘画

B. 组织幼儿观察幼儿园的树

C. 提供各种树的照片，组织幼儿讨论
D. 引导幼儿观察有关树的名画
答案：A。

(三)幼儿园美育的实施途径

1. 艺术教育是幼儿园美育的主要途径

艺术是幼儿园进行美育的途径。艺术能够更深刻地反映生活的本质，艺术美能够更集中、更典型、更理想地表现自然美和社会美。适合幼儿特点的艺术作品能够强烈地吸引和感染幼儿，能够调动幼儿多种感官参与审美活动。教师可以利用各种形式的艺术手段进行美育，使幼儿学习各种有关的知识和技能，使他们的艺术感知、艺术欣赏、艺术表现、艺术创造等能力都得到提高。

幼儿园艺术教育主要通过音乐活动、绘画活动、手工制作、文学作品欣赏、表演活动等来实施。在这些活动中，教师要发展幼儿的听觉、视觉、触觉、身体感觉等的综合审美感知能力，让幼儿被歌曲、旋律、舞蹈、绘画、工艺品、诗歌、童话、故事等感染，产生情感体验，并激起幼儿用节奏、色彩、线条、形体等来表达美、创造美的欲望和行动。

典型案例

王老师开展了中班美术绘画活动，绘画的内容是美丽的春天。王老师首先示范，先用铅笔画大树、花、小草的轮廓，然后上颜色。王老师示范完后发给每个孩子一张纸、一盒水彩笔，要求孩子模仿老师画画。然后王老师巡视、指导、帮助。接着王老师讲评，表扬按老师要求画的孩子，批评不按老师要求画的孩子。最后王老师把按要求画的画展示在活动室里。

分析：幼儿园美育应当着眼于引导幼儿的人格向积极方面发展，特别是促进幼儿情感的发展。案例中的艺术活动没有丰富幼儿的情感世界，偏重于追求技能技巧的训练，仅仅关心幼儿的作品是否达标，不重视发展幼儿的想象力、创造力，不重视幼儿活动中的情感体验和态度。

2. 幼儿的日常生活是幼儿园美育的重要途径

美育的实施不应仅仅局限在艺术活动方面，日常生活也是向幼儿进行美育的极好机会。幼儿最初的美感是从日常生活开始发展的，因为日常生活中的美是幼儿最接近、最熟悉、最容易感知的。因此，幼儿园美育应当贯穿在幼儿的整个生活中，与幼儿的生活密切结合在一起，应注意引导幼儿发现、认识周围生活中平凡的人和事物的美。比如，与教师、同伴交往过程中的言语美、行为美、仪表美；散步中观赏幼儿园及其周围的环境美；就餐时菜肴的色、香、味以及炊事员的劳动美等。总之，生活中处处有美，幼儿的生活是幼儿园美育取之不尽、用之不竭的源泉。

典型案例

倩倩是一个4岁的女孩，非常健康可爱。可最近她总想着要减肥，饭也不好好吃，甚至要求妈妈给买减肥茶。在幼儿园里，老师发现倩倩只吃很少的饭，水也不敢多喝。因此倩倩变得很没有精神，参加各种活动都不积极。老师把情况反映给家长。家长虽然担心倩倩会因此生病，但她的妈妈竟然对她的行为表示理解。

分析：只有拥有健康的审美观念、科学的审美情趣才能充分发挥美育的功能。幼儿园美育的任务就是培养幼儿感受美、表现美的健康情趣和初步能力。案例中幼儿家长对幼儿行为的认识是不正确的。教师应及时纠正幼儿家长的错误认识。

3. 大自然、大社会是幼儿园美育的广阔天地

引导幼儿观察和感受大自然的美是幼儿园美育的重要途径。大自然中丰富多彩、千变万化的景物和景象都可以成为幼儿的审美对象。教师应尽可能将幼儿带到大自然中去感受自然的美，在引导他们欣赏自然的美时，要启发他们调动多种感官去感知美的对象，并辅以恰当的、能被他们理解的描述性语言，使他们能较充分地感受自然美，并引起美好的联想和想象。社会生活中到处都有美好的事物和现象。教师要尽可能带领幼儿走出幼儿园，去接触和感受现实生活中的美。对社会生活中美好事物的观赏和感受，可以帮助幼儿分辨社会生活中的美和丑，激发幼儿热爱生活的情感。

4. 游戏是幼儿表现美、创造美的特殊的审美活动形式

游戏不仅是幼儿喜爱的活动形式，同时也是他们表现美、创造美的特殊的审美活动形式。在游戏中，幼儿可以按照美的要求来使用玩具与物品，布置游戏的环境与场面。幼儿进行建造活动，需要运用对称、均衡等形式美的法则来构造物体。这样建造的成果既是美的创造，又是审美的对象。幼儿进行角色扮演活动时，需要表现出角色的语言美、心灵美和行为美。游戏可以为幼儿主动自由地感受美、欣赏美、表现美和创造美提供各种条件和机会，使幼儿的审美能力得到巩固和提高。

课证融通

材料分析题(2018年保教知识与能力真题)：主题活动中，中班幼儿对画汽车产生了兴趣。为了提升幼儿的绘画能力，郭老师提供了“面包车”的绘画步骤图，鼓励每个幼儿根据步骤图画出汽车。

问题：(1)郭老师是否应该投放“绘画步骤图”？为什么？

(2)如果你是郭老师，你会怎么做？

答案：略。

五、幼儿园劳动教育

幼儿园劳动教育

（一）幼儿园劳动教育的意义

劳动是幼儿园教育的内容和手段之一，日常所有的劳动或活动都需要动手去做。《中共中央　国务院关于全面加强新时代大中小学劳动教育的意见》提出要把劳动教育纳入人才培养全过程。劳动教育在教育体系中的地位越来越受到关注。

1. 促进幼儿锻炼身体，增强体质

劳动教育能使幼儿动作协调、体质增强，促进幼儿身体的良好发育，为幼儿能劳动、常劳动提供条件。在劳动的过程中，幼儿想达成目标必须身体力行。搬、抬、扛等大肌肉动作会让他们付出大量体力，在劳动中体会到劳动的艰辛，使身体得到锻炼。

2. 培养幼儿的独立性，提高自理能力

劳动教育让幼儿在劳动中产生问题、思考办法、学习技能、解决问题，促进幼儿智力的发展。在劳动中，幼儿不仅要独立思考，还要与他人沟通；不仅要动手，还要动脑。为了解决问题，他们会主动使用多领域学科知识。比如，擦桌子需要幼儿使用水桶和清洗抹布；给植物浇水需要幼儿使用浇水容器；打扫落叶需要幼儿使用夹子或扫把、垃圾铲；整理托盘材料则需要幼儿将整理好的托盘用标签进行标记后放置。

3. 使幼儿形成正确的劳动观，养成良好的劳动习惯

卢梭认为，劳动教育对于学生的道德观和价值观具有重要的塑造作用。幼儿期正是进行劳动教育的好时机。教师要鼓励幼儿参与劳动，热爱劳动，在日常生活中主动加入劳动，从小树立正确的劳动意识，塑造优秀人格与品德，培养劳动能力和劳动习惯，增强义务感和责任感，懂得尊敬各行各业的劳动者，形成良好的劳动习惯。

（二）幼儿园劳动教育的内容

1. 自我服务劳动

自我服务劳动是指幼儿独立照料自己生活的简单劳动。它包括独立进餐，穿脱衣服、鞋袜，洗脸，洗手，刷牙，梳头，大小便，整理自己的衣物和玩具等。自我服务劳动是幼儿劳动的主要内容。

幼儿劳动是从自我服务开始的。自我服务劳动是培养幼儿的独立生活能力、劳动习惯的重要方式，对幼儿有着特殊意义。自我服务劳动能力是幼儿由依赖成人照顾进入独立生活必须掌握的劳动能力。因此，教师要结合幼儿的日常生活，采用生动、多样的形式，培养幼儿的自我服务劳动能力。

2. 为他人服务的劳动

为他人服务的劳动是指幼儿在教师的指导下，学习为他人做事。具体包括上课、进餐、睡眠前后的准备和整理工作；活动室的清洁工作；修补图书、

洗晒玩具等。为他人服务的劳动能让幼儿体验到助人的愉快，培养对他人的关心和对集体的责任感，能让幼儿学会分享、学会合作。

3. 学习性劳动

学习性劳动是利用主题学习的方式，使幼儿在精心设计的环境中通过持续的劳动，探究事物，开展观察记录活动，体验“劳动—观察—反思—再劳动—再认识”的整个学习过程。在学习性劳动过程中，幼儿通过劳动进行学习，提出探究问题，给出假定和解释，并在探索中产生新的理解、习得新知识。

(三)幼儿园劳动教育的实施途径

1. 形成一日生活常规是培养劳动习惯的主要途径

幼儿园应立足幼儿的一日生活，将劳动教育渗透到幼儿生活的各个方面，引导幼儿从自身做起，从日常生活的点滴小事做起。比如，教师指导幼儿每天早上来到班级就要自己插好牌子、签名，挂好自己的衣物；在吃点心的时候自己取水、洗杯子；吃午饭的时候自己端取自己的饭菜；在午睡时自己穿脱衣服、鞋子，起床后自己整理床铺、叠被子。除此之外，教师每天安排几个幼儿当值日生，指导他们在做好自己的事情后，还要帮其他幼儿排椅子、挂毛巾、摆杯子、整理衣帽柜等。每周一次的集体劳动(擦小椅子、玩具柜等)以及值日生轮岗整理图书、拖鞋、书包和为植物浇水等，让幼儿产生光荣感，不断强化值日活动的责任心，让幼儿在增强劳动技能的基础上不断树立为集体服务的意识。

知识链接

小班幼儿以自我服务劳动为主，也可以参加力所能及的为他人服务的劳动和简单的种植、饲养劳动。由于他们年幼体弱，动作不够灵活，因此劳动要求简单，时间短、分量轻。组织小班幼儿劳动的重点在于培养他们对劳动的兴趣和习惯。

中班幼儿可以参加所有的劳动。

大班幼儿以值日生劳动为主。在做值日生工作时，教师要提醒幼儿学会分工、协作，要让幼儿养成对任何劳动认真、负责的态度。组织大班幼儿劳动的重点应放在培养他们劳动的自觉性、计划性和目的性上。

2. 开展游戏活动是幼儿园劳动教育的有效途径

游戏能够使劳动教育过程更加有趣、生动、愉悦，让幼儿在游戏中体验到劳动的成就感与胜任感。因此，游戏是劳动教育的有效途径。游戏对于幼儿就像是一种“工作”，“工作”也就是劳动；幼儿在游戏中可以体验到劳动的乐趣。尤其是角色游戏，它是幼儿对现实生活积极主动地再现的活动。游戏的内容、情节、环境布置以及材料的投放、使用多源于生活，它能让幼儿轻松自如地获得知识经验，同时能培养他们良好的劳动习惯。比如，在角色游戏中，幼儿扮演美发师，帮助其他幼儿梳头发；扮演育婴师，学习照顾婴儿等。在混龄游戏中，大班幼儿轮流担任餐厅服务生、公交车司机、理发店理发师等工作人员，为弟弟妹妹们提供服务。幼儿通过角色游戏体验不同职业的劳动过程，树立为他人服务的劳动意识。

3. 充分利用节庆日活动是幼儿园劳动教育的特殊途径

节庆日是幼儿日常生活的“特殊时间”。幼儿园根据不同主题产生有别于日常生活的特殊劳动教育内容，在丰富幼儿劳动经验和技能的同时，还能通过劳动过程让幼儿了解节庆日文化知识和中华民族优秀传统等。比如，劳动节是对幼儿进行劳动教育、培养幼儿劳动习惯的重要契机。比如，教师可以开展“劳动最光荣”主题系列活动，让幼儿了解“五一”劳动节的由来；通过故事、歌曲等活动引导幼儿从了解自己家人、亲人以及与自己生活有关的各行各业人们的劳动，到了解他们的工作性质和劳动强度以及所产生的劳动成果。教师要引导幼儿从小事做起，做力所能及的事；培养幼儿从小热爱劳动、热爱劳动者、珍惜劳动成果的意识。通过亲自动手，幼儿在体会劳动过程的同时，感受到服务他人的喜悦。

4. 建立家园合作模式，打通幼儿园劳动教育的途径

家长是幼儿园重要的合作伙伴，要充分利用自然环境和社区的教育资源，扩展幼儿的生活和学习空间。正确的劳动态度和良好的劳动习惯需要在长期的劳动实践中养成。教师要注意保持幼儿劳动的连续性和系统性，要持之以恒、有始有终，不能有头无尾、半途而废，要取得家长的支持和配合，使家园一致，将劳动教育进行到底。比如，超市买东西回来，教师可以让幼儿帮忙提东西，分类收拾东西；教师可以让幼儿帮家长浇花、择菜、洗菜；教师可以让幼儿吃饭前准备桌椅、摆碗筷；教师可以让幼儿饭后收拾碗筷、擦洗桌子等。休息日让幼儿跟家长一起扫地、擦洗桌椅和地板、收拾整理玩具等。

由于幼儿身心发展水平的限制，他们缺乏自我保护的知识经验，缺乏对危险的预知能力，因此组织幼儿劳动时，教师必须注意劳动的卫生和安全。教师要慎重选择劳动环境，让幼儿在空气新鲜、光线明亮的条件下劳动，不能让幼儿在严寒、酷暑、有噪音、污染的环境或危险地域进行劳动；要注意幼儿劳动的姿势，不能对幼儿有所伤害；要选择适合幼儿使用的工具，特别要告诫幼儿不能用工具嬉戏打闹；要确保劳动的时间不宜过长，在劳动时要观察幼儿的反应，发现幼儿有脸红、气喘的现象出现，应立即让幼儿休息，防止幼儿过于疲劳。

思考与练习

一、基础练习

谈谈幼儿园全面发展教育的组成部分及相互关系。

二、实践训练

1. 在幼儿园教育实践中，讨论如何正确处理好全面发展教育与因材施教之间的关系，举行主题辩论会。

2. 某幼儿园大班以识字、珠心算为特色，该班每周的教学计划大致如表 6-1。

表 6-1　某幼儿园大班每周的教学计划

时间	周一	周二	周三	周四	周五
9：00—9：30	识字	珠心算	识字	珠心算	识字
10：00—10：30	珠心算	识字	美术	识字	珠心算
3：00—3：30	识字	美术	珠心算	美术	识字
4：00—4：30	阅读	阅读	阅读	阅读	阅读

你赞同这样的活动安排吗？为什么？请依据幼儿园全面发展教育的理论进行分析。

3.“重阳节”快到了，请选择任意年龄班，围绕节日主题设计一个专门的幼儿园德育活动。

(1)要求写出活动名称和具体活动环节。

(2)说明该活动所涉及的德育内容和所渗透的德育价值。

学习评价与反思

单元六综合检测题　　单元六综合检测题答案

单元七　幼儿园教师

学习目标

1. 熟悉幼儿园教师的发展变化、多元化角色以及工作职责。

2. 理解幼儿园教师必备的专业素质，把握幼儿园教师专业发展的路径。

3. 理解良好师幼关系的特点，掌握建构良好师幼关系的策略，树立科学的教师观。

思维导图

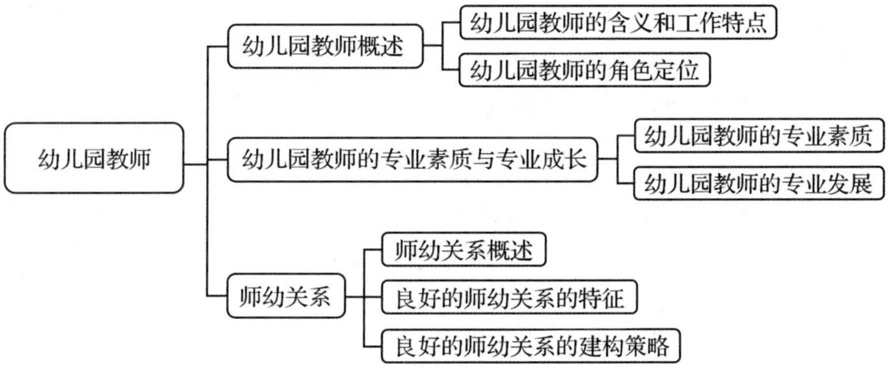

单元导入

百年大计，教育为本。教育大计，教师为本。学前教育是在教师与儿童之间展开的一种社会实践活动。学前教育质量提升的关键与核心是教师队伍质量的提升。2010 年，《国务院关于当前发展学前教育的若干意见》提出，要加快建设一支师德高尚、热爱儿童、业务精良、结构合理的幼儿教师队伍。全面理解幼儿园教师的角色内涵，有利于实现幼儿园教师权利与义务的和谐统一，有利于建立良好的师幼关系，有利于促进幼儿园教师成为有理想信念、有道德情操、有扎实学识、有仁爱之心的好老师。

单元案例

在一次异地公开教学中，当孩子们刚坐定，应彩云教师发现一个男孩不时地回望着观摩席，像是在寻找什么。应老师问他："嗨，你找什么啊?"男孩怯怯地说："找妈妈。"应老师帮着找，问道："他妈妈在哪里啊？请您举一下手好吗？"于是，大家都看见了母亲高高举起的手。应老师用热情的声音对男孩说："我知道，你想让妈妈为你骄傲。加油！我们开始上课。"第一个互动回合，应老师便毫不犹豫地请男孩发言。他话音刚落，应老师欢喜地说："瞧！你真的让妈妈为你骄傲了。"同时，应教师竖起拇指示意他继续"加油"。之后，男孩的头再也没有回望过，神采奕奕、兴致勃勃地专注于课堂。就这样，应老师把男孩的羞怯和依恋转化为自信、勇气等良好的情感。

案例中这位幼儿园教师具备了哪些专业素质和能力？怎样才能成为合格的幼儿园教师？如何才能建立良好的师幼关系？

第一课　幼儿园教师概述

教师是人类社会中古老的职业之一。幼儿园教师是以幼儿园教育为职业的专业工作者。幼儿园教师肩负国家和社会的委托，在托幼机构向幼儿进行专门的教育工作，在教育过程中担负着重要的任务。

一、幼儿园教师的含义和工作特点

(一)幼儿园教师的含义

《中华人民共和国教师法》明确指出："教师是履行教育教学职责的专业人员，承担教书育人，培养社会主义事业建设者和接班人、提高民族素质的使命。"幼儿园教师是指在学前教育机构中履行教育教学职责，受社会委托对幼儿身心全面和谐发展施加特定影响的专业工作者。①

依据《幼儿园工作规程》，幼儿园教师对本班工作全面负责，其主要职责如下。

①观察了解幼儿，依据国家有关规定，结合本班幼儿的发展水平和兴趣需要，制订和执行教育工作计划，合理安排幼儿一日生活。

②创设良好的教育环境，合理组织教育内容，提供丰富的玩具和游戏材料，开展适宜的教育活动。

③严格执行幼儿园安全、卫生保健制度，指导并配合保育员管理本班幼儿生活，做好卫生保健工作。

④与家长保持经常联系，了解幼儿家庭的教育环境，商讨符合幼儿特点的教育措施，相互配合共同完成教育任务。

⑤参加业务学习和保育教育研究活动。

⑥定期总结评估保教工作实效，接受园长的指导和检查。

---

① 朱宗顺、陈文华：《学前教育学》，52页，北京，北京师范大学出版社，2012。

课证融通

单选题(2017 年保教知识与能力真题)：下列不属于幼儿园教师工作职责的内容是(　　)。

A. 观察了解幼儿，制订教育工作计划

B. 指导调配幼儿膳食，检查食品安全

C. 创设良好的教育环境，合理组织教育内容

D. 与家长保持经常联系，共同完成教育任务

答案：B。

(二)幼儿园教师的工作特点

教师职业具有和其他职业截然不同的工作特点。幼儿园教师的工作特点尤为特殊，具体体现在如下方面。

1. 工作任务的复杂性

(1)教育目的和教育任务的全面性

《中华人民共和国教育法》明确了我国的教育目的：培养德、智、体、美、劳全面发展的社会主义建设者和接班人。《幼儿园工作规程》规定幼儿园不仅担负对幼儿的保育和教育任务，同时也面向幼儿家长提供科学育儿指导。由此可见，幼儿园教师工作的目的、任务、内容等都是多方面的，在劳动的过程中需要统筹兼顾。

(2)教育对象的灵活多变

幼儿园教师的教育对象是 3～6 岁的儿童。他们是主动的、活泼的、发展的主体，有自己的需要、兴趣和主观能动性，能够通过自身的内部作用对外界刺激进行选择，并内化为自身的经验和知识结构。同时，他们来自不同的家庭，有不同的素质，存在个体差异。幼儿园教师要促进儿童的发展，必须根据儿童的个体特点因材施教。这决定了幼儿园教师的劳动不是简单的劳动。

(3)影响因素的综合多样

影响儿童发展的因素是多方面的，有遗传、环境和教育、个体的主观能动性等。幼儿园教师在教育活动中要有效地促进幼儿的发展，就必须综合分析评价影响每个幼儿发展的因素，然后运用不同的教育手段和方法，因材施教。

可见，幼儿园教师的劳动不是简单的、机械的重复劳动，而是一种复杂的、综合性的教育活动。

2. 工作方式的示范性

幼儿园教师工作方式的示范性是由教师劳动的主体性决定的。幼儿园教育是一个以心育心、以智育智、以德育德的过程，幼儿园教育所需要的品德、智慧、知识、才能等都蕴藏在教师身上，必须通过教师自身的言传身教才能体现出来。另外，幼儿园教师劳动的过程与教育结果的一致性要

求幼儿园教师必须做幼儿的楷模，以身作则，严于律己，言传身教。幼儿模仿性强，易受暗示，具有很强的向师性。在他们眼中，幼儿园教师就是知识、智慧的化身，是高尚人格的体现，是他们的模仿对象，是他们直接的榜样。因此，幼儿园教师要求幼儿做到的，首先自己必须做到，做幼儿永远的榜样。

典型案例

孩子时刻关注着你①

这学期我刚接手一个小班，孩子们亲切地称呼我为“姐姐老师”。我和孩子们的关系十分融洽。

开学不久，我发现我的“包包头”发型成了班里女孩子们的标准发型。头发够长的就直接剪成我这样的发型，不够长的则蓄发再剪成我这样的。不久，我把头发扎起来了，班里的女孩子也都随之变了发型。家长说：“孩子说姐姐老师把头发扎起来了，我也要这样。”起初，这种现象并没有引起我太多的反思，我只是一笑了之。

一天早晨，我正在接待孩子入园，老远就听见我班一个孩子撕心裂肺的哭声。我便走过去，蹲下来向她询问情况。她支吾了半天，哭得更加伤心了。我起身问家长，才知道在我们排练体操时我穿了一件夏季上衣，这个孩子就非要妈妈买一件和我一样的上衣。听完后我陷入深思……

分析：“学高为师，身正为范”是对教师的基本要求。由于幼儿具有向师性和模仿性，幼儿园教师往往成为他们模仿的对象，因此幼儿园教师的一言一行、着装打扮、理想信念等时刻影响着幼儿。“身教胜于言传”这一点在学前教育中体现得更为明显。所以，幼儿园教师必须时刻反省，严守教师职业道德规范，给幼儿树立榜样。

3. 工作过程的创造性

幼儿园教师的劳动对象是人，是一个个活生生、有思想、有情感、有个性的生命个体，同时也是一个个不断发展变化着的人。这就决定了教育必须因材施教、因人而异。

教育对象的特点决定了幼儿园教师的劳动具有创造性。由于每一个幼儿都具有不同的家庭背景、教养经历、兴趣、爱好和发展水平，幼儿园教师要面向全体，促进每一个幼儿的全面和谐发展，就必须进行创造性劳动。

教育的随机性决定了幼儿园教师的劳动具有创造性。幼儿园教师面对的教育对象和教育环境并非一成不变的。这就要求幼儿园教师灵活机智、因势利导地进行创造性劳动。

---

① 何晓婷：《孩子时刻关注着你》，载《幼儿教育》，2009(6)。

教育内容的呈现方式决定了幼儿园教师的劳动具有创造性。幼儿园教师并不是简单地将品德、情感、知识、技能、能力再现给幼儿，必须对其加以改造，以自己特有的方式展现给幼儿。这就是创造的过程。

4. 工作成效的长期性

从教育过程来看，幼儿园教师的育人过程不是一朝一夕、一蹴而就的，而是一个漫长的过程。“十年树木，百年树人”，个体的成长是一个日积月累的过程。这就要求幼儿园教师从点滴做起，坚持不懈。

从教育影响的延续性来看，幼儿园教师对幼儿的教育影响不会随着学业的结束而消失，而会在今后相当长的时间里发挥作用，甚至会影响幼儿的一生。这就是幼儿园教师劳动效果的长期性，又称长效性或后效性。这要求幼儿园教师在从事教育活动时不能只看眼前，要着眼于幼儿的长远发展，为幼儿的长远发展奠基。

二、幼儿园教师的角色定位

课证融通

单选题(2016 年综合素质真题)：教师在给孩子们讲故事。在讲到“大象用鼻子把球卷起来”时，教师用手做出卷的动作；说到“大象把球扔到河里去了”时又用手做出扔的动作。孩子们跟着做，脸上洋溢着笑容。这体现出教师工作特点的(　　)。

A. 复杂性　　B. 示范性　　C. 长期性　　D. 创造性

答案：B。

角色是社会学研究中引入的戏剧术语，用以表示人在一定的社会关系中所处的地位和所起的作用。社会学将这种具有一定地位或身份的人所应有的行为模式称为社会角色。幼儿园教师的角色是幼儿园教师在学前教育机构中各种行为模式的总和。伴随着不同的历史时代的变迁，幼儿园教师的角色也经历了不同的定位。

(一)幼儿园教师角色的发展变化

幼儿园教师职业产生于 19 世纪中叶。在这之前，幼儿在家庭中接受教育，家长是家庭学前教育的老师。到 19 世纪，随着专门化的学前教育机构的建立和发展，社会上才有了专门从事学前教育的教师和保教人员。福禄培尔创办幼儿园以后，开始了幼儿园教师的培训工作。随着世界各国学前教育机构的建立与发展，幼儿园教师逐渐成为一支专业的教师队伍。

我国自 1903 年湖北幼稚园创办开始有了第一批幼儿园教师，当时被称为“保姆”。20 世纪 50 年代，我国幼儿园教师开始被称为“教养员”“保教员”，但社会上习惯称呼为“阿姨”。到 1995 年《教师资格条例》颁布后，“幼儿园教师”这个名词就开始被广泛、正式地使用。

1. 充当保姆的阶段

清朝末年，政府颁布的《奏定学堂章程》规定将幼儿教育纳入国家发展规划中，并设立了专门的幼儿教育机构——蒙养院。在这一时期，幼儿园教师仍被称为“保姆”。这标志着我国学前教育的发展进入了新阶段。

在抗日战争时期，中国共产党领导的陕甘宁边区创办了一种新型的幼儿教育机构——保育院。它以保育为主，强调儿童的安全、健康成长，幼儿园教师被称为“保育员”。新中国成立之初，幼儿园教师并没有被当作专门职业来对待，有生活经验的成人都可以带孩子。虽然托儿所和幼儿园中有保育员和幼儿园教师之分，但与学校中的教师相比仍被称为“阿姨”。这在社会大众的看法里仍只不过是保姆的代名词而已。

2. 充当教师的阶段

随着大工业和科技的发展，人们对幼儿的期望越来越大，社会对学前教育工作者的要求越来越高。学前教育工作者的主要职责开始由保育转为教育，或以教育为主。学前教育工作者自身的素质在逐步提高。他们不仅能从事保育工作，而且能启发、引导幼儿，促进幼儿身心的全面发展。这样，学前教育工作者的工作角色就逐渐转变为教育者，人们对学前教育工作人员的称呼逐渐由“保姆”转为“教师”。现在，幼儿园教师逐渐被视为一种专门化的职业，成为专职教育工作者。但是，提高幼儿园教师的专业化水平还有很长的路要走。

3. 角色多样化的阶段

在传统教育中，幼儿园教师是教育活动的中心，被认为是知识的灌输者、权威者等。随着时代的进步，人们对幼儿园教师角色的期望已出现了多样化的趋势。比如，皮亚杰认为，幼儿园教师应是孩子的游戏伙伴；蒙台梭利认为，幼儿园教师应是幼儿学习的指导者和引导者；还有人认为，幼儿园教师应做幼儿父母的替代者、幼儿的知心朋友等。总之，人们普遍认为，幼儿园教师的社会角色应丰富多样，以有利于幼儿的社会化，有利于幼儿身心的健康发展。

(二)现代幼儿园教师的角色分析

课证融通

单选题(2019 年保教知识与能力真题)：幼儿园教师要能接住幼儿抛来的“球”，并用恰当的方式把“球”抛回给幼儿，让活动能继续下去。这里所体现的教师角色为(　　)。

A. 幼儿学习活动的指导者　　B. 幼儿学习活动的管理者

C. 幼儿学习活动的设计者　　D. 幼儿学习活动的合作者

答案：A。

伴随信息化时代的来临，社会呼唤着幼儿园教师角色的重塑。目前幼儿园教师角色的转变体现在以下三个方面。

1. 幼儿园教师应成为幼儿成长的养护者

由于幼儿的身体、认知、情感、社会性等各方面都处在从不成熟向初步发展的过程中，因此幼儿园教师首先必须承担起幼儿的养护者的重要角色。《幼儿园教师专业标准(试行)》明确提出要“注重保教结合”，不仅将“一日生活的组织与保育”作为重要的专项领域要求，而且对幼儿园教师提出了多项具体要求：要能合理安排和组织一日生活的各个环节，科学照料幼儿的日常生活，将教育灵活地渗透到一日生活中；能充分利用一日生活中的各种教育契机，对幼儿进行随机教育，以将保教结合原则落到实处等。

幼儿园教师对幼儿的养护不仅指对幼儿生理、生活上的照顾，而且包含对幼儿积极良好的情绪情感状态、健康人格、个性品质、社会性品质与行为等多方面心理发展予以积极的关注与呵护。作为养护者，幼儿园教师需要给予幼儿鼓励、支持、宽容、理解和尊重，其作用体现在以下两个方面。

(1)保障幼儿的权利

幼儿具有主动活动、学习与发展的能力。因而学前教育的首要任务就是激发和促进幼儿内在潜力的表现，并让幼儿按其发展规律获得自然的和自主的发展。因此，自主活动、自主学习、主动发展是幼儿在成长中应该享有的基本权利。幼儿园教师应努力成为幼儿权利实现的保障者。每一位幼儿园教师都应该努力为幼儿提供自由活动、自主探索、自主操作的机会，积极引导幼儿建构对周围世界和生活世界的知识经验，并鼓励幼儿尝试独立解决问题。幼儿园教师过多的干涉、包办代替或不恰当的介入，都会妨碍幼儿的自主活动。

(2)创设适宜幼儿发展的环境

幼儿园教师的职责是给幼儿发展提供适宜的、有准备的环境。这种环境不仅包括物质环境，如创造有规律、有秩序的生活环境，提供有吸引力的、美的、适用的设备和用具等，而且还包括对幼儿心理健康发展而言更为重要的精神环境，如对儿童的理解、关爱、鼓励和支持；允许幼儿独立自由的活动、自然的表现；丰富儿童的生活印象，鼓励同伴间的交往，促进幼儿智力、自我和社会性的发展。幼儿园教师应积极成为这一有准备的环境的创造者、维护者与管理者，使这个环境舒适、温馨、安全和有秩序。

2. 幼儿园教师应成为幼儿学习的支持者

(1)幼儿园教师是沟通幼儿与社会的支持者

幼儿园教师是使幼儿接触、了解社会，并开阔其眼界，使其走向社会生活的重要引路人。幼儿对社会积极的认知、态度与情感体验都是在与幼儿园教师的交往中完成的。幼儿园教师不仅可以在幼儿园组织开展大量与幼儿的社会生活密切相连的教育活动，如“我的幼儿园”“我和小伙伴”“团结合作力量大”等活动，还可以经常带领幼儿走向社会，直接帮助幼儿了解、体验社会生活，如参观商场、到超市购物、参观现代农业园区的无土栽培、了解城市河流的污水治理和环境保护等。在这些活动中，幼儿园教师可以适时地结合幼儿的经验和感受，教给他们大量的社会规则、行为规范，引导他们观察、体会人与人之间适宜的情感态度、相互关系和相处方式，积极创造机会条件帮助他们锻炼、实践并逐步掌握友好恰当的交往行为和技能策略。这正是幼儿园教师不仅帮助幼儿融入班级、幼儿园小群体，而且为幼儿走向社会生活奠基的表现。

(2)幼儿园教师是幼儿学习的支持者

现代信息技术为幼儿提供了获取信息的广泛途径，幼儿园教师应从文化知识的传授者的传统角色转变为幼儿学习的支持者。幼儿园教师对幼儿学习的支持体现在激发与鼓励幼儿学习的兴趣、探究心，帮助他们形成积极的学习态度，掌握有效的学习方法，从中获得学习的乐趣；帮助幼儿学会思考、学会求知、学会探索、学会创新。为此，幼儿园教师要特别注意两方面：一是支持幼儿独立自主地学习，并给予更多的帮助；二是支持幼儿的合作学习。在现代教育中，幼儿园教师应更多鼓励幼儿结成合作小组，围绕某一主题而开展合作、交流、研讨活动。这将激发幼儿的学习兴趣与愿望，也会发展幼儿的团体意识与合作研究的能力。

3. 幼儿园教师应成为幼儿发展的研究者

在终身学习的理念下，幼儿园教师成为研究者既是提高教育教学质量、促进幼儿发展的需要，也是时代与社会发展的要求。知识信息的日新月异以及传播渠道的多样化使幼儿园教师不再是知识的权威，因而幼儿园教师需要不断地学习、更新知识。同时，教育活动的丰富性、复杂性和多样性决定了幼儿园教师必须成为教学研究的反思者或者说反思型的研究者。幼儿园教师的研究更多体现在能对自身的教育教学实践活动进行科学、理性的反思。幼儿园教师可以反思教育教学情境中各种技能与技术的有效性；也可以针对课堂实践中的问题，将教育理论应用于教育实践，以便做出决策；同时反思课堂中的师幼关系、人际交往等方面，反省教育实践中的价值、伦理和道德等问题。

(三)幼儿园教师的地位

依据《中华人民共和国教师法》的精神，幼儿园教师是在幼儿园履行教育职责、对幼儿身心施加特定影响的专业工作者，担负着培养社会主义事业的建设者和接班人、传播精神文明、提高全民族素质的历史使命。《幼儿园教师专业标准(试行)》强调，幼儿园教师是履行幼儿园教育工作职责的专业人员，需要经过严格的培养与培训，具有良好的职业道德，掌握系统的专业知识和专业技能。

1. 幼儿园教师的权利

依据《中华人民共和国教师法》等相关法律，我国幼儿园教师享有的权利如下。

①进行保育教育活动，开展保育教育改革和实验的权利。

②从事科学研究、学术交流，参加专业的学术团体，在学术活动中充分发表意见的权利。

③指导幼儿的学习和发展，评定幼儿成长发展的权利。

④按时获取工资报酬，享受国家规定的福利待遇以及寒暑假带薪休假的权利。

⑤参与幼儿园民主管理的权利。

⑥参加进修或者其他方式的培训的权利。

2. 幼儿园教师的义务

权利和义务是相辅相成的。依据《中华人民共和国教师法》和《幼儿园工作规程》，我国幼儿园教师的义务如下。

①遵守宪法、法律和职业道德，为人师表。

②贯彻国家教育方针，遵守规章制度，执行幼儿园保教计划，履行聘约，完成工作任务。

③按国家规定的保教目标，组织、带领幼儿开展有目的、有计划的教育活动。

④关心、爱护全体幼儿，尊重幼儿人格，促进幼儿的全面发展。

⑤制止有害于幼儿的行为或其他侵犯幼儿合法权益的行为，批评和抵制有害于幼儿健康成长的现象。

⑥不断提高思想政治觉悟和教育教学业务水平。

2023年公布的《中华人民共和国学前教育法(草案)》意味着我国在学前教育领域的法律空白即将被填补。《中华人民共和国学前教育法(草案)》关于幼儿园教师的权利和责任是这样规定的：幼儿园教师应当爱护儿童，具备优良品德和专业能力，为人师表，忠诚于学前教育事业。全社会应当尊重幼儿园教师。由此可见，幼儿园教师的社会地位正在逐步提升。

第二课　幼儿园教师的专业素质与专业成长

《幼儿园教育指导纲要(试行)》明确指出，幼儿园教师应成为幼儿学习活动的支持者、合作者、引导者。幼儿园教师是学前教育的主导要素，是幼儿发展的重要他人。幼儿园教师的专业素质在很大程度上决定着学前教育的质量。幼儿园教师自身素质的全面提高是保证幼儿素质全面发展的基本前提，也是实现优质教育的必要条件。《幼儿园教师专业标准(试行)》是国家对合格幼儿园教师专业素质的基本要求，是幼儿园教师开展保教活动的基本规范，是引领幼儿园教师专业发展的基本准则，是幼儿园教师培养、准入、培训、考核等工作的重要依据。

一、幼儿园教师的专业素质

幼儿园教师的专业素质

幼儿园教师的专业素质是学前教育工作对幼儿园教师提出的专业化要求，是幼儿园教师开展学前教育工作必须具备的素质。《幼儿园工作规程》规定，幼儿园教师应当热爱教育事业，尊重和爱护幼儿，其有专业知识和技能以及相应的文化和专业素养，为人师表，忠于职责，身体健康。《幼儿园教师专业标准(试行)》将专业理念与师德、专业知识和专业能力三方面作为幼儿园教师必备的基本素质与条件，尤其注重专业理念与师德，将其作为幼儿园教师的灵魂与核心。

知识链接

《幼儿园教师专业标准(试行)》的基本理念

(一)师德为先

热爱学前教育事业，具有职业理想，践行社会主义核心价值体系，履行教师职业道德规范，依法执教。关爱幼儿，尊重幼儿人格，富有爱心、责任心、耐心和细心；为人师表，教书育人，自尊自律，做幼儿健康成长的启蒙者和引路人。

(二)幼儿为本

尊重幼儿权益，以幼儿为主体，充分调动和发挥幼儿的主动性；遵循幼儿身心发展特点和保教活动规律，提供适合的教育，保障幼儿快乐健康成长。

(三)能力为重

把学前教育理论与保教实践相结合，突出保教实践能力；研究幼儿，遵循幼儿成长规律，提升保教工作专业化水平；坚持实践、反思、再实践、再反思，不断提高专业能力。

(四)终身学习

学习先进学前教育理论，了解国内外学前教育改革与发展的经验和做法；优化知识结构，提高文化素养；具有终身学习与持续发展的意识和能力，做终身学习的典范。

(一)专业理念与师德

专业理念与师德是教师职业的基准线。专业理念是关于教育教学的观念和信念。幼儿园教师的专业理念是指幼儿园教师在对教育工作本质理解基础上形成的关于教育的观念和理性认识，指引幼儿园教师进行专业思考的方式和行为举止。幼儿园教师所持有的专业理念会直接决定其组织保教活动的目的、内容和方式，影响其保教活动的效果及专业发展的方向。① 师德是指在

① 教育部教育工作司：《幼儿园教师专业标准(试行)解读》，55页，北京，北京师范大学出版社，2013。

教师职业生活中处理各种关系所遵循的基本行为规范以及遵循这些规范中所表现出来的观念意识和行为品质。幼儿园教师的专业理念与师德体现在以下方面。

1. 科学的儿童观、教育观

儿童观是人们对儿童的看法、观念、态度；教育观是指在一定的儿童观的基础上形成的有关为什么要教育儿童、如何教育儿童、要把儿童培养成什么样的人等方面的基本观点。儿童观和教育观将决定幼儿园教师如何理解幼儿的身心发展、如何理解教育目标和教育内容、如何设计与组织教学活动，可以说其在很大程度上影响了幼儿园教师的教育实践。正确、科学的儿童观和教育观主要包括以下内容。

(1)儿童观主要体现为对待幼儿的态度与行为

幼儿园教师要尊重幼儿的权利，建立民主平等的师幼关系；关爱幼儿，重视幼儿的身心健康，将保障幼儿的生命安全放在首位；尊重幼儿的人格，维护幼儿的合法权益，平等对待每一个幼儿；不讽刺、挖苦、歧视幼儿，不体罚或变相体罚幼儿；信任幼儿，尊重个体差异，主动了解和满足有益于幼儿身心发展的不同需求；重视生活对幼儿健康成长的重要价值，积极创造条件，让幼儿拥有快乐的幼儿园生活。

(2)教育观主要体现为对待幼儿保育和教育的态度与行为

幼儿园教师要尊重幼儿自身发展的规律，引导幼儿在自主建构中主动学习，为幼儿提供适宜的教育；注重保教结合，培育幼儿良好的意志品质，帮助幼儿形成良好的行为习惯；注重保护幼儿的好奇心，培养幼儿的想象力，发掘幼儿的兴趣爱好；重视环境和游戏对幼儿发展的独特作用，创设富有教育意义的环境氛围，将游戏作为幼儿的主要活动；重视丰富幼儿多方面的直接经验，将探索、交往等实践活动作为幼儿重要的学习方式；重视自身日常态度、言行对幼儿发展的重要影响与作用；重视幼儿园、家庭和社区的合作，综合利用各种资源。

2. 高尚的师德

(1)热爱幼儿

热爱和尊重幼儿，是幼儿园教师职业道德和信念最实际、最集中的体现。幼儿园教师的教育对象是身心发展迅速、可塑性强、易受伤害的幼儿，需要幼儿园教师师德高尚、具有良好的职业道德修养，富有爱心、责任心、耐心和细心，热爱幼儿，并给予幼儿精心的呵护和教育培养。

苏霍姆林斯基曾说，我生活中最主要的东西是什么？我毫不犹豫地回答：对孩子的爱。对幼儿的热爱，是推动幼儿园教师无私地、鞠躬尽瘁地为幼儿服务，并能有所作为的内在精神动力。可以说，热爱幼儿是从事教育工作的基础。幼儿园教师只有具备对幼儿的爱心，才可能真正地全身心投入对幼儿的教育工作，并在教育过程中尊重、理解幼儿，民主、平等地对待幼儿。此外，幼儿园教师还要特别注意尊重幼儿的人格，保护幼儿的自尊，把每位幼儿看作一个独特、能动、有潜力的发展着的主体。教师不能把幼儿看作“小木偶”可以任意摆布；更不能把幼儿看作“小玩具”，可以任意玩耍。

(2)热爱学前教育事业

首先，幼儿园教师要贯彻党和国家的教育方针政策，遵守教育法律法规；正确理解幼儿保教工作的意义，热爱学前教育事业，具有职业理想和敬业精神。其次，幼儿园教师要认同自身的专业性和独特性，注重自身专业发展；具有良好的职业道德修养，为人师表；还要具有团队合作精神，积极开展协作与交流。

3. 健康的身心素质和良好的个人修养

幼儿园教师是以心育心的职业，幼儿园教师的个人修养与行为本身就是一种重要的教育资源和手段。“身教重于言教”，这是教育工作的重要规律。尤其是对可塑性、模仿性强的幼儿来说，幼儿园教师的言谈举止、行为习惯、仪表服饰更是不可忽视的教育力量。因此，在心理素质方面，幼儿园教师要富有爱心、责任心、耐心和细心；乐观向上、热情开朗，有亲和力；善于自我调节情绪，保持平和心态；勤于学习，不断进取。在个人修养方面，幼儿园教师要衣着整洁得体，语言规范健康，举止文明礼貌；真正践行社会和幼儿对教师“内外兼修”“为人师表”的期盼。

(二)专业知识

苏霍姆林斯基说过：“我之所以需要这在课桌旁学习之前的一年时间，是为了好好了解每个孩子，深入考察每个人的知觉、思维和脑力劳动的个人特点。传授知识之前先要教会思考、感知和观察。还要很好地了解每个孩子身体方面的个人特点，否则就无法正常进行教学。”①了解幼儿、理解幼儿，为每位幼儿提供适合他自身发展的机会，让每位幼儿都获得富有个性的发展，是学前教育的目的，也是幼儿园教师义不容辞的职责。因此，学习专业知识是了解幼儿的前提。

典型案例

周一午休时，小班的晨晨开始边哭边喊：“我要妈妈！妈妈快来接我！”为了不让他影响其他小朋友，小周老师把他带到走廊，安慰他说：“晨晨要听话，下午妈妈就来接你了。”可是晨晨却像没听到一样，哭得更大声了。这时园长经过，她走到孩子身边，蹲下来摸摸晨晨的头，轻轻地说：“晨晨想妈妈了吗？等晨晨睡上一觉，再睁开眼睛妈妈就来接你了。现在园长妈妈陪你去睡觉好吗？”晨晨点点头，拉着园长的手走进了寝室。

---

① ［苏联］B. A. 苏霍姆林斯基：《育人三部曲》，毕淑艺等译，17 页，北京，人民教育出版社，1998。

分析：大多数小班的幼儿对早上、中午、晚上等概念还未完全掌握，对时间的认识只能依靠直接经验。因此，小周老师提到的下午对于晨晨来说。可能是无法理解的。园长对幼儿认知发展规律有较深的了解，并且深谙幼儿教育方法，所以才能有效地安抚哭泣的晨晨。可见，只有掌握丰富的专业知识，把握教育规律和方法，才能更好地进行幼儿教育工作。

(1) 通识性知识

幼儿园教师工作是培养人的教育活动。完成这种工作需要幼儿园教师创造性地整合各种资源。整个过程渗透着人文精神，具有人文性特点。因此，幼儿园教师应掌握宽广的科学文化基础知识，具有一定的自然科学和人文社会科学知识；了解我国教育基本情况；具有相应的艺术欣赏与表现知识；具有一定的现代信息技术知识，并将这些知识内化为个体的人文素质，从而真正有效地促进幼儿身心的全面和谐发展。

(2) 幼儿发展与教育理论知识

幼儿发展知识是幼儿园教师开展保教活动必备的专业知识。幼儿园教师应了解幼儿生存、发展和保护的有关法律法规及政策规定；掌握不同年龄段幼儿的身心发展特点、规律和促进幼儿全面发展的策略与方法；了解幼儿在发展水平、速度与优势领域等方面的个体差异，掌握对应的策略与方法；了解幼儿发展中容易出现的问题与适宜的对策以及了解有特殊需要幼儿的身心发展特点及教育策略与方法。通过学习这些知识，幼儿园教师可以根据幼儿身心发展规律、学前教育发展的规律及原则，科学、适宜、有效地开展保教工作。

(3) 幼儿保育和教育知识

由于幼儿园教师的劳动具有全面性和综合性，幼儿园教育任务和内容也具有全面性和综合性。幼儿园教师不仅要熟悉幼儿园教育的目标、任务、内容、要求和基本原则，还要掌握幼儿保育和卫生保健、幼儿游戏、环境创设与班级管理等知识，通晓健康、语言、社会、科学、艺术五大领域的教育活动策略与方法等；掌握观察、谈话、记录等了解幼儿的基本方法和教育心理学的基本原理和方法；熟知幼儿园的安全应急预案，掌握意外事故和危险情况下幼儿安全防护与救助的基本方法；了解 0～3 岁婴幼儿保教和幼小衔接的有关知识与基本方法。

(三)专业能力

《幼儿园教师专业标准(试行)》强调“能力为重”的理念，认为幼儿园教师要将理论与实践相结合，以专业的能力确保保教工作的科学性，并在实践中通过研究和学习不断提高专业能力。幼儿园教师的专业能力直接影响着幼儿园的保教质量和幼儿的发展。幼儿园教师应具备的专业能力包括如下几方面。

1. 环境的创设与利用能力

环境是指对幼儿产生影响的各种物的因素与人的因素的总和。幼儿园教师要合理利用资源，为幼儿提供和制作适合的玩教具和学习材料，引发和支持幼儿的主动活动，让幼儿参与环境的创设，充分利用已有的空间和材料，创造性地使用废旧材料和自然材料，创设促进幼儿成长、学习、游戏的物质环境。

幼儿园教师还要与幼儿建立良好的师幼关系，创造和谐的班风和气氛，建立班级秩序与规则，让幼儿感受到安全、舒适；帮助幼儿建立良好的同伴关系，让幼儿感到温暖和愉悦，为幼儿的身心发展建立良好的精神环境。

2. 一日生活的组织和保育能力

一日生活皆教育。幼儿园教师要合理安排和组织一日生活的各个环节，将教育灵活地渗透到一日生活中；科学照料幼儿的日常生活，指导和协助保育员做好班级常规保育和卫生工作；充分利用各种教育契机，对幼儿进行随机教育；有效保护幼儿，及时处理幼儿的常见事故，危险情况下优先救护幼儿。

3. 游戏活动的支持与引导能力

游戏是幼儿园的基本活动。幼儿园教师要提供符合幼儿兴趣需要、年龄特点和发展目标的游戏条件；充分利用与合理设计游戏活动空间，提供丰富、适宜的游戏材料，支持、引发和促进幼儿的游戏；鼓励幼儿自主选择游戏内容、伙伴和材料，支持幼儿主动地、创造性地开展游戏，充分体验游戏的快乐和满足，引导幼儿在游戏活动中获得身体、认知、语言和社会性等多方面的发展。

4. 教育活动的计划与实施能力

幼儿园的教育活动是丰富多彩的，既有生活活动，又有学习活动和游戏活动；既有集体活动，又有小组或个人活动；既有室内活动，又有室外活动。幼儿园教师要能够制订阶段性的教育活动计划和具体活动方案，在教育活动的设计和实施中体现趣味性、综合性和生活化，灵活运用各种组织形式和适宜的教育方式；在教育活动中观察幼儿，根据幼儿的表现和需要调整活动，给予适宜的指导；提供更多的操作探索、交流合作、表达表现的机会，支持和促进幼儿主动学习，使幼儿在活动中得到全面发展。

5. 激励与评价能力

幼儿园教师要关注幼儿的日常表现，及时发现和赏识每个幼儿的点滴进步，注重激发和保护幼儿的积极性、自信心；有效运用观察、谈话、家园联系、作品分析等多种方法，客观地、全面地了解和评价幼儿；有效运用评价结果，指导下一步教育活动的开展。

6. 沟通与合作能力

沟通需要一种相互性，这是一种相互理解、彼此接纳对方的观点、行为，在双向交流中彼此互相协调的默契。依据《幼儿园教师专业标准(试行)》的精神，首先，幼儿园教师要善于倾听，和蔼可亲，与幼儿进行有效沟通，要使用符合幼儿年龄特点的语言进行保教工作。其次，幼儿园教师要与同事合作交流，分享经验和资源，共同发展。再次，幼儿园教师要与家长进行有效沟通合作，共同促进幼儿发展。最后，幼儿园教师要协助幼儿园与社区建立合作互助的良好关系。下面我们选择教师与幼儿的沟通和教师与家长的沟通进行详细说明。

(1)教师与幼儿的沟通

教师与幼儿的沟通包括非言语沟通与言语沟通。非言语沟通包括教师通过微笑、点头、蹲下与幼儿交流等。它有利于安定幼儿的情绪，让幼儿消除紧张感，感到温暖、安全。言语沟通是指教师和幼儿直接交谈。个别或小组中的交谈是幼儿分享情感、心灵交汇的重要途径。它需要教师在抓住机会、选择话题、引发和延续谈话、激发与幼儿谈话的兴趣和积极性等环节上，具有灵活机智的策略、丰富的经验技巧。只要教师提供一个安全、温暖、可信赖、无拘无束的交流环境，将沟通建立在爱与尊重的基础上，就一定能达到良好的沟通效果。

师幼有效沟通的技能

师幼沟通需要注意三个方面。首先，注意倾听。教师要用语言和非语言的方式表示关注、接受和鼓励幼儿的谈话。在倾听时，教师要有耐心，还要细心揣摩和理解幼儿语言中潜在的意义。其次，注意身体姿势。一位具有良好沟通技巧的教师在与幼儿谈话时会注意自己的声音、姿态以及运用和强调的词语。最后，语言的表达要简明，易于理解。在教师与幼儿沟通的时候，教师可以表达自己的思想和情绪，幼儿可以了解教师的想法。

(2)教师与家长的沟通

首先，了解家长的需求与希望、家长的性格类型、家长的教育观念和方法以及家长的职业、文化水平、待人接物的习惯等，以确定自己的工作方法和沟通策略。必须注意的是，教师一定要尊重幼儿家庭的隐私。这是教师与家长相互信赖的基础。

其次，应当具备与家长交流的技巧。与家长面对面交谈时聆听的技巧，适合家长的态度、语言、表达方式，考虑家长的观点、心情的谈话技巧，以及向不同类型的家长传达信息(口头的或书面的)，特别是描述孩子的行为、提出建议或意见的技巧等，都是必需的。它能帮助教师获得家长的尊重、理解与支持。

最后，实现与家长的情感沟通。教师与家长的沟通是一种特殊的人与人的交流。其特殊在于交流的双方共同地爱着，关心着同一个孩子，为这个孩子而交流。因此，沟通是充满爱心、关心、诚心和责任心的。

7. 反思与发展能力

学前教育的科学性和教育改革的深入与发展都需要幼儿园教师具有敏锐的发现问题、积极探究的意识和能力。教育反思与探究能力是幼儿园教师智能结构的有机组成部分，是直接影响教育质量的内在因素，可以缩短理论与实践之间的距离。幼儿园教师的反思与发展能力主要表现在：主动收集分析相关信息，不断进行反思，改进保教工作；针对保教工作中的现实需要与问题进行探索和研究；制定专业发展规划，积极参加专业培训，不断提高自身的专业素质。

典型案例

有趣的冰花

在活动“有趣的冬天”中，幼儿对冰花产生了兴趣。大家兴奋地准备容器，装入五彩的皱纹纸，盛好水，拿到户外，充满希望地等待收获冰花。天公不作美，几日过去了，容器里仍旧是不到冰点的水。但幼儿的兴致依然不减，窗户旁总有幼儿围着。他们交流道：“天不够冷呢！”“我的容器里的水不够多吗？”“还是冰箱的威力大。”

幼儿的表现让教师反思：幼儿自发生成主题的情况下，教师要顺应幼儿的活动，给足幼儿自由的时间与空间，提供有效的资料，引导幼儿进行探索。于是，在接下来的几天里，他们一起了解水、冰、水汽的三态变化，进行冰花的设计，展开知识辩论。

一场大雪来得太及时了，幼儿欢呼着：“冻冰花了！”“一定会成功的。”通过前期的学习，他们已经将“冻冰花”这个问题研究到一定的深度，又岂能放过这个验证答案的大好机会。读懂了幼儿的需要，教师没有犹豫，痛快地给出他们一周的时间冻冰花、玩冰花。幼儿太快乐了，他们手捧冰花，又提出了许多新的问题。

分析：活动中教师通过反思顺应幼儿的活动兴趣，一步步引导幼儿发现问题、解决问题。看到幼儿活动中表现出的自由自在和高涨热情，教师也体验到有益的反思实现了课程的动态调整。

幼儿园教师的专业能力重点在于幼儿园教师的教育教学和引导促进幼儿健康成长的实践能力。幼儿园教师要能以专业的意识与行为进行保教工作，具有遵循幼儿成长规律进行教育的能力。

二、幼儿园教师的专业发展

幼儿园教师的成长和幼儿的发展是一个连续体。只有幼儿园教师持续不断地发展，才能不断地为幼儿提供有意义的学习经验，从而促进幼儿的发展。因此，为了幼儿的发展，幼儿园教师必须不断提升自己的专业水平。

幼儿园教师专业发展的内容

(一)幼儿园教师专业发展的阶段

幼儿园教师专业发展是指幼儿园教师在保教工作中，经由参与各种学习活动及反省思考，在专业知识、能力及态度等方面达到幼儿园教师专业标准的过程及结果。① 幼儿园教师专业发展可以从两个角度来理解。首先是指幼儿园教师职业发展，即按照从事学前教育所需的专业知识、综合能力等标准，通过考试、评价等一系列措施和途径，获得学前教育技能的过程成为一种专业的发展过程。其次是指幼儿园教师自身专业成长，即幼儿园教师拥有一系列的专业知识和技能，并能够运用它们对幼儿及其家庭以及幼儿所在的社会系统施加影响的发展过程。

专家型教师是教师专业成长与发展的最高目标。专家型教师也称为专业化的教师，到底何谓专业化的教师呢？美国学者丽莲·凯茨认为，专业化的教师是具有运用专业知识诊断、分析事情的前因后果，思考各种可能的行动方式，并评估行动及确定可能产生的长远后果的判断决策能力。幼儿园教师专业发展一般分为如下五个阶段。

1. 非关注阶段

非关注阶段指接受正式教师教育之前的阶段。这一阶段可以从一个人接受正式的教师教育开始，一直追溯到其孩提时代。

2. 虚拟关注阶段

虚拟关注阶段指进入教师教育的阶段。在这一阶段，准教师被视为师范生。

3. 生存关注阶段

生存关注阶段又称“求生阶段”。这一阶段为教师任职 1～2 年。教师会发现自己原来对教学的设想与实际有很大差距，他们开始关心自己在陌生环境中是否能够生存。

4. 任务关注阶段

这一阶段的教师主要关注他们自身的发展。他们自身的发展直接影响他们的专业态度、工作行为和职业发展。影响这一阶段教师专业发展的因素主要有个人因素和环境因素。

5. 自我更新关注阶段

这一阶段的教师多数拥有了个人实践经验，能保持一种开放的心态，愿意接纳新的教育思想和教育观念；同时，他们有更多的时间和机会对自己的专业发展进行反思。这一阶段教师的教学重点不在关注“教”，而在关注学生的“学”。

(二)幼儿园教师专业发展的途径

幼儿园教师专业发展的途径有两条：外控式的培养培训和内驱式的自主发展。从国际趋势来看，幼儿园教师专业发展由外控式的培养培训转向内驱式的自主发展。因此我国要借助职前、职后的教育与培训，整合综合化发展途径，鼓励幼儿园教师积极主动发展，促进幼儿园教师的自我提升。

---

① 董吉贺：《学前教育学》，74 页，北京，北京大学出版社，2018。

1. 职前培养

我国幼儿园教育职前教师体系的层次较之以前丰富，且向高层次发展。现在，许多中专学校升格为专科，专科升格为本科。招收的学生从初中为起点向高中转移，硕士生、博士生的招生规模也正迅速扩大。

在3～5年的职前培养中，未来的幼儿园教师要学习从教所需的知识、技能，对教师行为规范有一定的了解和认识，知道哪些行为是正确的，哪些行为是错误的，对自己将要承担的教师角色身份有全面而正确的认识。

2. 在职培训

教育主管部门组织的教育培训是幼儿园教师专业发展的重要渠道。《中华人民共和国教师法》规定："各级人民政府应当采取措施，加强教师的思想政治教育和业务培训。"2010年启动的"国培计划"规模宏大，覆盖广泛，基本实现了对中西部幼儿园的全覆盖，很好地促进了幼儿园教师专业发展。

园本培训是以幼儿园为阵地，以幼儿园教师为主体，以满足学前教育工作实际需求为目的的教师专业学习活动，也是幼儿园教师职后专业发展的主要途径。园本培训具有培训学习的经常性、培训目标的针对性、培训内容的实用性和培训方式的灵活性的特点，主要通过教学观摩、课题研讨、专题讲座等方式进行交流。

3. 自我提升

每位幼儿园教师都应该有自己的专业成长规划，从而唤起学习的主动性、积极性和创造性，提高自学能力，积极参与幼儿园的团队教研，学会学习。此外，自我反思是实现教师专业发展的有效途径。美国学者波斯认为，教师的成长＝经验＋反思。教学反思是教师对自己教学行为（包括自己所确定的教学目标、教学理念、教学行为及其对学生学习的影响等）的认识与评价，被看作能够促进教师专业发展、改善教师教学行为、提高教学有效性的重要因素。①《幼儿园教师专业标准（试行）》强调幼儿园教师坚持实践、反思、再实践、再反思，不断提高专业能力。

4. 终身学习

终身学习是伴随终身教育理念而出现的。20世纪60年代，保罗·朗格朗提出"终身教育"概念，指出教育应当贯穿于每个人的一生。一劳永逸获取知识的时代已成为过去，幼儿园教师同样面临终身教育和终身学习理念的渗透和挑战。《幼儿园教师专业标准（试行）》要求幼儿园教师具有终身学习与持续发展的意识和能力。这样幼儿园教师职前与职后、校内与校外等不同路径都将融入终身教育的体系之中。

---

① 叶澜：《让课堂焕发出生命活力——论中小学教学改革的深化》，载《教育研究》，1997(9)。

典型案例

方形的西瓜

一次组织“认识西瓜”活动，在引导幼儿说出“西瓜是圆形的”之后，黄敏老师问：“你们知道西瓜除了圆形还有什么形状吗?”幼儿便你一言我一语地说了起来。有的说有椭圆形的，有的说有长圆形的，还有的说有像宝宝头的形状的……忽然，滔滔大声地说：“有方形的!”黄老师表示很惊奇，问道：“方形的?”滔滔肯定地说：“是的，不信你可以问我爸爸。”黄老师用怀疑的眼神看着他并问其他幼儿：“你们见过方形的西瓜吗?”大家都摇着头说：“没见过。”于是，黄老师当即否定了滔滔的答案。没过多久，家长来接幼儿了。滔滔就拉着黄老师的手去找他爸爸，验证一下是否有方形的西瓜。滔滔的爸爸说为了方便运输西瓜真有方形的。黄老师羞愧极了，连忙夸滔滔是个爱动脑子的好孩子。

分析：教师为自己的孤陋寡闻而感到惭愧。倘若教师不加强学习，不为每次教学活动做好充分准备，类似的错误以后还可能会发生。因此，教师需要不断充电来完善自我，让自己的知识不断丰富、保育教育能力不断提高。

在幼儿园教师专业发展的过程中，需要注意的是，相关教育管理部门应增设提高学习能力的训练课程，以提高幼儿园教师的自学能力，让幼儿园教师学会学习；让幼儿园教师做好专业成长规划，唤起自身学习的主动性和积极性，增强学习动机，积极参与幼儿园的团队专业研究与学习。相关教育管理部门也应该为幼儿园教师提供终身专业学习的制度安排，共同为幼儿园教师的专业发展助力。

第三课　师幼关系

学前教育主要是在教师与幼儿之间展开的一种社会实践活动。学前教育机构是幼儿由家庭走向社会的起点。当幼儿踏进幼儿园之后，他们对成人的依赖性就自然而然地转移到幼儿园教师的身上。幼儿园教师不仅要照顾幼儿的一日生活起居，给予其情感上的支持，还要适当地帮助和引导幼儿学习。幼儿园教师是影响幼儿发展的重要人物，幼儿园教师与幼儿的关系将影响幼儿的学习与成长。

课证融通

论述题(2015 年保教知识与能力真题)：论述积极师幼关系的意义，并联系实际谈谈教师应如何建立积极的师幼关系。

答案：略。

一、师幼关系概述

(一)师幼关系的内涵

教师在教育过程中与幼儿形成的相互影响、相互作用的关系称为师幼关系。师幼关系是学前教育实践中的核心因素，教育过程中任何完美的教育理念、教育方案、教育活动都是在师幼之间的相互作用中转变成现实的，师幼关系遍布于学前教育机构的各个场景之中。教师与幼儿之间的任何一次互动都是学前教育有机总体中的一个组成部分，既影响幼儿的发展，又是学前教育手段、教育结果的外在表现，同时也折射出教师内隐的儿童观和教育观。具体而言，师幼关系包含如下三层含义。

1. 师幼关系在教学上是授受关系

教师与幼儿是教育者与受教育者的关系。教师对幼儿的关怀、热爱、教育和幼儿对教师的尊敬、依恋、信任是师幼间的第一层关系。从教育内容的角度说，教师是传授者，幼儿是接受者。教师对幼儿指导、引导的目的是促进幼儿的自主发展。幼儿主体性的形成既是教育的目的，也是教育成功的条件。

2. 师幼关系在人格上是平等关系

从本质上看，教师与幼儿都是独立的人。幼儿作为一个独立的社会个体，在人格上与教师是平等的，两者是一种朋友式的友好帮助的关系。而且教师也是幼儿权益的实际保护者。同时，两者存在社会道德上的相互促进关系。

3. 师幼关系是主体间的人际交往关系

现代哲学家布伯认为，教育过程中教师和幼儿双方是主体间的“我—你”关系，是一种互相对话、包容和共享的互动关系。教师在教育活动中与幼儿相互作用、相互交流、彼此接纳、彼此认识和理解，在平等互信的基础上，使彼此的精神相通、相映，使彼此的心灵沟通、相互激发。这正是互主体性的体现。所以，师幼关系是一种“互主体”关系即“我—你”关系。

(二)建立良好的师幼关系的意义

良好的师幼关系对于学前教育机构的教育有着深远的意义。对教师而言，良好的师幼关系有助于教师的专业成长和发展；对幼儿而言，良好的师幼关系有助于幼儿获得安全感，积极主动地探索和学习。

1. 有助于幼儿从与教师的互动中得到关爱

关爱幼儿是教师的基本责任。具体表现在要使幼儿感受到来自教师的关注和呵护，使幼儿从教师那里获得温暖、安全、可依赖的情感体验。当然，这种关爱并不意味着要帮助幼儿做任何事，主要是为幼儿创造一个尊重、信任的环境，使其拥有健康的精神世界，要令其有安全感，可以自信从容地参加活动。

2. 有助于教师发挥榜样作用

教师的榜样作用主要是指教师通过明确表达自己对事物的看法，并让幼儿注意，从而对幼儿产生影响。教师应以开放、接纳、关怀的态度与幼儿相处，建立平等的伙伴关系，让幼儿感受到教师的人际交往方式和态度。要求幼儿做到的，教师自己首先要做到；而且教师对自己的要求要高于对幼儿的要求。如果发现自己犯错了，要勇于向幼儿承认自己的过失，真正体现自己的榜样作用。

二、良好的师幼关系的特征

意大利瑞吉欧教育将幼儿园教育比作教师和儿童在进行乒乓球游戏，指出教师必须接住儿童抛过来的球，并以某种方式推挡给他们，使他们想同教师一起继续游戏，或许还能发展出其他游戏。它还强调这种游戏是双方合作进行的，离开任何一方就无法进行下去。这种不断抛球、接球的过程生动形象地反映了教师与幼儿之间积极、良好的师幼关系。良好师幼关系的核心是以尊重、对话为基本特征的关系。良好的师幼关系主要有以下特征。

1. 平等性

师幼关系是相互平等和民主的关系。师幼之间的交往应该是个体之间彼此尊重、彼此倾听、彼此信任、相互理解、相互启迪、共同分享的平等交往。

在良好的师幼关系中，教师与幼儿是“主体”与“主体”的“我—你”的平等关系，而不是把对方看作某种物品的“我—它”关系。教师和幼儿之间的人际交往关系应该是平等的，这种平等不是交往活动中平均地、对等地发挥作用，而是在人格平等的基础上各自发挥自己的作用。只有在这种人际关系中，教师才能充分尊重幼儿的人格和权利。

良好的师幼关系应该在教育过程中使幼儿常常感受到教师的民主作风。民主作风表现在教师与幼儿自由交流、讨论，共同制订活动计划和规则。在民主、平等的氛围中，教师不再以权威自居，幼儿敢于、乐于表达自己的想法。只有在民主的师幼关系中教师才能通过自己的主导作用激发幼儿的主动性，真正发挥师幼关系的互主体作用。

2. 发展性

发展性是师幼关系的重要特征。发展性是指一种动态的学习方式。它主张儿童在动态学习环境下形成动态思维结构，达到情感能力的协调发展。这种发展是在教师的开放性思维条件下促进幼儿全面发展的学习方式。发展性强调师幼互动的过程对双方来说是有效的、积极的，能够促进双方发展，尤其是促进幼儿的学习、认知、社会性的发展。这意味着教师必须关注师幼互动的质量。在没有质量或者低质量的师幼关系中，无论教师是多么平易近人，都不能说是良好的师幼关系。

3. 共享性

共享性指的是教师和幼儿作为独立的主体相遇和理解，并且共同摄取双方创造的经验和智慧。良好的师幼关系能够实现教师和幼儿在经验、信息等方面的共享。教师不是为了互动而虚假地提问，不再做幼儿活动的旁观者；

幼儿也不再是被管理者和被观察者。教师和幼儿互相尊重，愿意对彼此的经验、知识、智慧等方面进行交流，共同享有彼此带来的一切精神性的收获和成果。

4. 积极性

良好的师幼互动中发起和反馈的行为以积极行为为主，尽量减少中性行为，避免消极行为。积极行为主要体现在创设愉快、宽松、丰富的环境；预设课程时，充分尊重幼儿的生活经验和发展特点，不断追随幼儿的最近发展区，并综合地、富有创造性地进行开放、有弹性的设计；在教育过程中，采取全体、小组和个别等灵活多样的活动形式，注重幼儿的个别差异和需要，根据幼儿的反馈运用教育机制及时调整活动计划，以更适合幼儿的发展需要和接受能力。

三、良好的师幼关系的建构策略

如何建立良好的师幼关系呢？《幼儿园教育指导纲要（试行）》指出，幼儿园教育是为所有幼儿的健康成长服务的。教师要以关怀、接纳、尊重的态度与幼儿交谈，耐心倾听，仔细理解幼儿的想法和感受，支持、鼓励幼儿大胆探索与表达，关注幼儿在活动中的表现和反应，敏感地察觉他们的需要；及时以适当的方式应答，形成合作、探究式的师幼互动关系。因此，教师要做到以下四个方面。

1. 创设安全、愉快、宽松的交往氛围

《幼儿园教育指导纲要（试行）》明确指出："幼儿园应为幼儿提供健康、丰富的生活和活动环境，满足他们多方面发展的需要，使他们在快乐的童年生活中获得有益于身心发展的经验。"幼儿的年龄特点决定了他们具有强烈的好奇心和求知欲，安全、愉快、宽松的环境能够激发幼儿主动参与的兴趣和积极性，对于幼儿的发展具有重要作用。教师作为环境的创设者、推动者、支持者，既要尊重幼儿在环境中的自主性，又要考虑环境的新奇变换性，不断地更新活动环境，更好地促进幼儿的发展。

环境具有教育性，是幼儿各种活动赖以进行的基础，也是影响幼儿的行为、学习兴趣和活动效果的重要因素。因此，在建立良好的师幼关系时，教师应该给幼儿创设一个生动形象的物质环境和宽松自由的精神环境，和幼儿一起玩耍、一起学习，营造安全、愉快、宽松的环境，促进幼儿的全面发展。

2. 重视师幼之间积极充分的情感交流

师幼间的情感交流以及由此产生的心理氛围是促进师幼积极互动的必要条件。在积极的情感氛围中，无论是教师还是幼儿都容易产生被支持感，互动的动机更强，效果也更好。"亲其师而信其道"正是对这一事实的体现。爱孩子是教师实施教育的重要前提，没有爱就没有教育。苏霍姆林斯基说，我一再深切地认识到低年级教师在孩子生活中所起的巨大作用。他对孩子来说应当是一个与生母一般亲昵可爱的人。学生对教师的信赖，师生之间的相互信任，孩子在教师身上所看到的人道的典范，这些都是基本的，同时也是较为复杂、较为明智的教育规则。教师掌握了它们就能成为真正的精神导师。教育者较为可贵的品质之一就是人性，就是对孩子们的深沉的爱，父母亲的亲昵温存同睿智的严厉和严格要求相结合的那种爱。① 教师要用纯真、无私的爱心，与幼儿建立良好的情感关系，使幼儿产生愉快的情绪，从而以积极乐观的态度面对幼儿园生活。

反之，不良的情感氛围则会使互动双方产生压力、相互疏远，互动的效果也不会理想。特别是对幼儿而言，由于其行为的自制性和有意性较差，受情绪情感影响更为明显，师幼互动中强调情感支持和交流的作用尤为重要。

3. 保持关注，把握时机，开展有效互动

师幼双方特别是教师在师幼互动中保持关注是建构积极互动关系的必要条件。能否对对方的行为给予关注是师幼互动得以进行的前提和基础，也是幼儿产生被支持感和信任感的基本条件。教师要向幼儿传递一种信息：你们是重要的。教师对于幼儿所进行的活动的重视和尊重的态度对和谐的师幼关系的形成是至关重要的。师幼互动现状研究发现，低关注和低敏感性问题在教师身上表现得较为突出。在平时，有些幼儿会情绪不好，长时间游离于集体活动之外，或存在突出的学习、交往、生活等问题。但有些教师却往往因忙于教学、维持纪律等而发现不了这些问题，更谈不上给予关注。所以要建构积极、适宜的师幼互动关系，师幼双方特别是教师在互动中应始终对对方及其行为给予足够的关注。

良好的师幼关系应是一种对话的关系。对话不仅指双方之间的语言交谈，而且指双方内心的敞开和接纳，是双方的倾听，是双方的交互性和精神的互相领会。因此对话的目的不是获得某种已知的确定知识，而是期望发现新的事物、新的想法，指向未知的领域，寻求新的意义。教师的言语和发出的信息要简明易懂，便于幼儿理解。教师还可以通过眼神、微笑、语调等非言语的方式传达对幼儿的爱、关怀、支持和鼓励。在师幼交往中，教师应尊重幼儿主动沟通的需要和愿望。

4. 深入参与，积极回应幼儿的社会性行为

《幼儿园教育指导纲要(试行)》提出：“关注幼儿在活动中的表现和反应，敏感地觉察他们的需要，及时以适当的方式应答，形成合作探究式的师幼互动。”教师要认真观察幼儿的行为，倾听幼儿的心声，并及时给予积极回应，这是建构良好师幼关系的基础。教师只有真正和幼儿玩在一起，才能体验到幼儿发自内心的快乐；而这种积极、愉快的情绪又进一步激发幼儿积极的情绪，从而更有效地互动。在活动中，教师应留意观察每个幼儿的兴趣、操作

---

① ［苏联］B. A. 苏霍姆林斯基：《育人三部曲》，毕淑芝等译，13页，北京，人民教育出版社，1998。

情况、自主性及交往能力，选择恰当的机会参与幼儿的活动，与幼儿共同探索、发现、解决问题，做幼儿的支持者和引导者。

积极回应幼儿的社会性行为，是指教师应当迅速对幼儿的行为做出适当的反应。尤其是对于幼儿的社会性行为，如合作、谦让、互助、友好、勇敢等，教师应给予积极的关注和回应。对于幼儿积极的社会性行为，教师应该给予肯定和赞赏，扩大其影响；对幼儿消极的社会性行为，教师应该做出恰当的反应，使幼儿感受到教师的态度和价值取向，规范和约束幼儿的行为。

典型案例

在中班的儿童医院，小龄和小烨在玩游戏。他们的任务是给全班其他幼儿注射预防流感的疫苗。在其他幼儿差不多都被注射过后，小龄把目光转向教师，对王老师说："王老师，请你来医院注射疫苗！"虽然王老师正忙着与一幼儿讨论画的颜色，但还是微笑地注视着她，说："什么疫苗啊？"小龄说："就是注射过了就能打败流感病毒的疫苗！"王老师接着说："真的吗？我要注射！"王老师说着把手伸给小龄，问："疼不疼啊？我很怕疼！"小龄说："不疼，一会儿就好！"小龄说着就开始忙活起来。

分析：案例中的教师与幼儿真正融入游戏中，共同参与游戏，体验着游戏具有的天然乐趣，不带有教育幼儿的目的，遵守游戏的规则，分担游戏角色，共享游戏中的快乐，做到平等的自然融洽的互动。

总之，建立良好的师幼关系是培养幼儿的独立性和健全人格的需要，也是实施全面素质教育的需要。教师作为建构师幼关系的支点，必须对自身的角色进行合理定位，成为良好的师幼互动环境的创设者、交往机会的提供者、积极师幼互动的组织者和幼儿发展的支持者、帮助者、指导者和促进者。教师要尊重幼儿、关爱幼儿，重视与幼儿的互动，要对给予幼儿情感支持与交流足够重视。只有这样才能真正形成具有发展性、主体性和情感性的师幼关系。

思考与练习

一、基础练习

1. 简述幼儿园教师的工作特点。

2. 简述幼儿园教师的专业理念与师德的内涵。

二、实践训练

1. 结合所学知识，以"我心目中的幼儿园老师"为题，撰写小论文，谈谈你对幼儿园教师职业的看法。

2. 分析下面家园联系册中教师与家长沟通的案例，请评价该教师的沟通方式是否恰当？为什么？假设你是教师，请你来写一份联系单。

家长同志：

乐乐在班上是个沉默的孩子，胆子又小，课堂上注意力不大集中，因此接受知识慢，表现一般。为此希望家长严加管教，使他更快地进步。

学习评价与反思

单元七综合检测题　　单元七综合检测题答案

单元八　幼儿园课程

学习目标

1. 了解课程的定义。
2. 理解幼儿园课程的内涵、性质及特点。
3. 掌握幼儿园课程的四个基本要素及相关内容。
4. 掌握几个中外幼儿园课程方案，树立现代幼儿园课程观。

思维导图

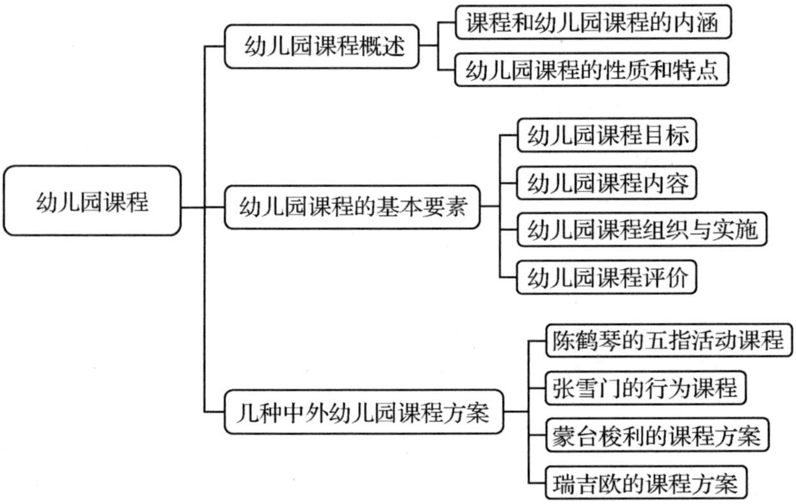

单元导入

明朝朱熹在谈及教育时指出：“宽着期限，紧着课程。”课程是关于教育目标、内容、方法和评价的一个系统，是教育者的教育观念、教育思想转化为教育实践的中介或桥梁，在教育实践中发挥着举足轻重的作用。幼儿园课程作为幼儿园教育的基本要素，是实现幼儿园教育目标的手段，旨在帮助幼儿获得有益的学习经验，促进幼儿身心全面和谐发展。

单元案例

在某幼儿园大班，早饭后，教师先指导幼儿用将近40分钟的时间学习了一首古诗，其中包括了解诗意、背诵古诗，为诗句添加相应的动作等。然后教师又带领幼儿开展了为时30多分钟的数学活动。在10点半左右，教师带领幼儿在走廊上走动了两个来回。接着回到活动室，教师让幼儿进行了数学练习，后来开始准备吃午饭了。

怎么看待该大班的半日活动安排？到底什么是幼儿园课程？幼儿园课程的性质和特点是什么？幼儿园课程包含哪些要素？教师应该树立怎样的课程理念？让我们带着一系列有关课程的问题进入本章的学习。

第一课 幼儿园课程概述

幼儿园课程是幼儿园教育活动的基础，对幼儿的发展有着重要的作用。制定科学、合理的幼儿园课程方案的前提是先了解幼儿园课程的内涵、性质、特征等基本问题。

一、课程和幼儿园课程的内涵

在了解幼儿园课程之前，我们有必要先了解课程的有关概念。

(一)课程的内涵

综观课程研究的发展，人们对于课程的界定至今没有一个统一的认识。不同学者有着不同的价值观、教育观、学生观等，对课程的认识是也有所不同。这一点无论是在国内还是在国外都是如此。课程的定义虽然种类繁多，但是归纳起来，典型的课程定义主要有以下五种。

1. 课程即学习的科目

该观点是将课程看作教学或学习的科目，即学科。这些学科既可以指学校的或一个专业的全部教学科目，也可以指一组教学科目。该观点强调向学习者传授系统的学科知识，关注教师“教什么”，关注教学科目、学科知识体系。

2. 课程即教学计划

该观点把课程看作培养人的计划，包括课程目标、课程内容与组织、课程评价，认为课程是学习者在学校指导下所获得的全部经验的计划和方案。①

3. 课程即预期的学习结果或目标

该观点将课程视为教学过程要达到的目标或结果。这个结果不是教育实践中的学习结果，而是教学计划中所期待的结果。该观点强调目标、结果在课程设计中的重要性，将课程的重心从手段转移到了目标，体现了课程的预期性与可控性。

4. 课程即儿童在学校获得的学习经验

该观点将课程看作学生在教师的指导下所获得的经验或体验，以及学生

① 朱家雄：《幼儿园课程的理论与实践》，5页，上海，华东师范大学出版社，2010。

自发获得的经验或体验。课程重心由“学科”“教师”转到“学习者”，更加关注学生的兴趣、需要，即学习对他们个人的意义。

5. 课程即学校组织的学习活动

该观点认为课程是帮助学生获得有益的学习经验、促进学生身心全面和谐发展的各种活动的总和。活动产生经验，经验依赖于活动。学生在与环境相互作用的过程中获得各种经验，而活动是学生与环境相互作用的形式。

(二)幼儿园课程的内涵

结合学前教育的特点，幼儿园课程是实现幼儿园教育目的的手段，是帮助幼儿获得有益的学习经验，促进其身心全面和谐发展的各种活动的总和。① 这个定义从广义的角度指明了幼儿园课程的全部内容，也就是说幼儿在园的所有活动都属于幼儿园课程的范畴。这里所谓所有活动，即《幼儿园工作规程》所规定的有目的、有计划地引导幼儿生动活泼、主动活动的多种形式的教育活动。

由此可见，幼儿在幼儿园内的一切活动，不论是有目的、有计划的教学活动和幼儿自主自愿的游戏活动，还是一日生活中的日常生活活动等，都是幼儿园课程的组成部分，都对幼儿的全面和谐发展有重要作用。

二、幼儿园课程的性质和特点

幼儿园课程应以幼儿的身心发展为依据，体现幼儿身心发展的特征。同时幼儿的身心发展会受到他们所处时代的经济状况和文化环境的影响。明确幼儿园课程的属性和特点，有利于我们从本质上把握幼儿园课程。

(一)幼儿园课程的性质

1. 基础性

幼儿园课程的基础性可以从教育体制和人的发展两个方面来认识和理解。

首先，从教育体制的角度看，幼儿园教育是学制的最初环节，是学校教育和终身教育的奠基阶段。《幼儿园工作规程》明确规定：“幼儿园是对 3 周岁以上学龄前幼儿实施保育和教育的机构。幼儿园教育是基础教育的重要组成部分，是学校教育制度的基础阶段。”这就非常明确地指明了幼儿园教育在整个学校教育制度中的基础性地位。与此同时，这也明确了幼儿园课程在整个课程体系中的位置——它是整个基础教育乃至学校教育课程体系的基础。

其次，从人的发展的角度看，幼儿园教育的对象是 3～6 岁的幼儿。幼儿正处于人生发展的起始阶段。在这个阶段，他们的身体迅速发育，心智逐渐萌生，个性开始萌芽。他们的自然生命正在接受人类社会文化的熏陶，进行着社会化过程。当今社会是学习型社会，人需要终身学习才能适应变化的社会环境。目前，终身学习已经成为人们的共识。由此看来，幼儿园课程就是

---

① 李季湄：《幼儿教育学基础》，178 页，北京，北京师范大学出版社，1999。

人生教育的根基课程。

2. 非义务性

义务教育是指依照法律规定，全体适龄儿童和少年必须接受的，国家、社会、学校和家庭必须予以保证实施的国民教育。幼儿园课程虽然在整体课程体系中处于基础阶段，但由于幼儿园教育还不属于义务教育，因此幼儿园课程的性质也是非义务性的。这就决定了幼儿园课程不是适龄幼儿必须学习和完成的“任务”，不具有强制性和普遍性。

幼儿园课程的非义务性，使其具有很大的自由性和灵活性，也给教师创造了巨大的工作弹性空间，为教师创造性地完成教育任务提供了保证。

首先，幼儿园课程的设置具有很大的灵活性。幼儿园可以根据自身的情况自行设置课程，在课程思想和理念、课程目标、课程内容、课程组织等方面形成自己的特色。其次，幼儿在幼儿园进行的课程学习是自由的、灵活的。他们可以在教学活动中学习，也可以在游戏中学习，还可以在一日生活活动中学习。另外，教师要照顾幼儿的身心发展特点和规律，不能强迫幼儿学习。但是，幼儿园课程的非义务性所带来的灵活性并不是随心所欲的。幼儿园课程作为课程体系的一部分，要遵循课程内在的规律和要求；它要以国家有关的教育政策，如《幼儿园工作规程》《幼儿园教育指导纲要(试行)》和《3—6岁儿童学习与发展指南》为指导；同时它还要以幼儿的身心发展规律和特点为依据。

3. 发展适宜性

幼儿园课程的功能和价值就是体现促进幼儿身心的全面和谐发展。幼儿园课程的基础性和非义务性决定了幼儿园必须考虑幼儿的身心发展特点和规律，制定能适宜幼儿发展的课程方案。

所谓发展适宜性指的是幼儿园课程要适合幼儿身心发展的客观规律与特点。① 幼儿园课程要以幼儿的身心发展特点和发展需要为出发点，适应幼儿身心发展的客观规律，提供适宜的刺激促进幼儿适当的发展。根据维果茨基提出的“最近发展区”理论，幼儿园课程要能让幼儿“跳一跳，摘桃子”。也就是说幼儿园课程要立足于幼儿的现在，着眼于幼儿的未来，注重幼儿处于形成中的状态、正在发展的过程。

(二)幼儿园课程的基本特点

幼儿园课程的性质决定了其具有和其他年龄阶段课程不同的特点。幼儿园课程的基本特点具体包括如下几个方面。

1. 启蒙性

幼儿园教育的根本宗旨就是帮助幼儿在智力、情感、社会性等发展方面进行启蒙。因此，幼儿园课程也应该具有启蒙性的特点。“启蒙”究其词源，

---

① 冯晓霞：《幼儿园课程》，20页，北京，北京师范大学出版社，2000。

是“开发蒙昧，使明白事理”的意思。因此，幼儿园课程就要担负起启发、引导幼儿，帮助幼儿认识世界、明白各种事理的基本任务，重在开启幼儿的心灵和智慧，培养幼儿优良的个性品质，为幼儿以后的全面发展打下良好的基础。同时，幼儿园课程启蒙性的特点决定了幼儿园课程应该是全面的、整合的。这是因为幼儿的发展是一个整体，不是片面的、分割开的。

2. 生活化

幼儿处于人生发展的早期，幼儿在园一日生活的所有活动都是幼儿园课程。幼儿园课程的设计与实施要以幼儿的生活为背景，让幼儿学会生活、学会待人接物、学会做人和做事。可以说，生活是幼儿园课程的内容，生活也是幼儿园课程实施的重要手段。另外，幼儿的思维水平和特点决定了只有与幼儿生活实践紧密联系的知识经验，才能为幼儿所理解、接纳。因此，综合利用各种教育途径，科学、有效地利用一日生活的各个环节进行教育，是幼儿园课程的一大特点。

3. 游戏性

游戏是幼儿较为喜欢的活动，也是较为符合幼儿年龄特点的活动，不仅可以满足幼儿的各种身心需要，也是幼儿的基本学习途径。幼儿通过游戏的方式，与生活中的人、事、物相互作用，经历诸如观察、模仿、比较、想象、分析、创造等认知过程，发展各项能力。《幼儿园工作规程》指出，幼儿园教育要以游戏为基本活动，寓教育于各项活动之中。因此，游戏是幼儿园课程的实施途径。当然，教师组织的教育化的游戏活动不能丢失其游戏性。总之，游戏是符合幼儿年龄特点的活动，要贯穿于幼儿园教育的始终。

4. 直接经验性

幼儿的思维特点决定了幼儿的学习是以直接经验为基础的。只有建立在直接经验基础上的学习，才是幼儿能真正理解的学习。幼儿必须借助于具体的情境、具体的事物，在参与、探索和交往中学习。因此，实施幼儿园课程时，教师要注意为幼儿创设丰富的、符合他们生活经验的活动情境，创设有利于幼儿自发、主动探索的活动氛围，提供各种各样的实物材料，引导幼儿运用感官和动作进行探究和互动。在这种学习过程中，幼儿获得的不仅是关于事物特征的直接经验，还有认识事物的一系列方法。

课证融通

单选题(2014 年保教知识与能力真题)：幼儿学习的基础是(　　)。

A. 直接经验　　B. 课堂学习　　C. 间接经验　　D. 理解记忆

答案：A。

5. 潜在性

由于幼儿身心发展和学习的特点，幼儿园课程主要体现在生活、游戏和幼儿喜闻乐见的其他活动中。教师组织活动的目的性和计划性仅仅存在于教师的意识和行动中，是幼儿并不能清楚地感知和意识到的。幼儿更多感受到的是教师创设的环境、准备的玩具材料等。幼儿园课程隐藏在幼儿园环境、玩具材料和教师的行为中，潜移默化地对幼儿起着“润物细无声”的作用。

第二课　幼儿园课程的基本要素

幼儿园课程是实现幼儿园教育目的的手段。为了实现幼儿园教育目的，我们就要编制出一个完整且合理的课程方案，就需要确定课程目标，选择课程内容，组织、实施和评价课程。所以，幼儿园课程的基本要素包括课程目标、课程内容、课程组织与实施、课程评价四个方面。在幼儿园教育实践中，这些基本要素相互联系、相互作用、相互制约并相互调节，缺一不可，从而使幼儿园课程处于循环的动态发展过程之中。

一、幼儿园课程目标

幼儿园课程目标是教师对幼儿在一定学习期限内的学习效果的预期，是幼儿园教育目的的具体化，是幼儿园课程的“指南针”和“方向盘”。① 课程目标是幼儿园课程的核心要素，是其他要素的选择依据和标准，对整个教育过程起着导向作用。

(一)确定幼儿园课程目标的依据

一般认为，幼儿园的教育目标、幼儿的身心发展规律和特点与人类的知识是确定幼儿园课程目标的依据。

1. 幼儿园的教育目标

幼儿园的教育目标反映了国家对幼儿的素质要求，体现了社会发展的要求。因此，它是幼儿园确定课程目标的根本依据。《幼儿园工作规程》提出幼儿园保育和教育的总目标，即幼儿园课程目标。《幼儿园教育指导纲要》则是将幼儿园课程目标分解为德、智、体、美等方面的发展要求。《3—6岁儿童学习与发展指南》又对课程目标分解后的幼儿全面发展教育要求进行了分解，提出了各年龄段在健康、语言、社会、科学和艺术五个领域的学习与发展的要求和相应的教育建议。幼儿园教育活动目标是对幼儿参与某个具体教育活动的学习效果的预期，是幼儿园教育目标的具体化，也是对幼儿园课程目标的落实。因此，确定幼儿园课程目标必须以幼儿园的教育目标为依据。

2. 幼儿的身心发展规律和特点

幼儿园课程目标的确定还必须充分尊重幼儿的发展规律和年龄特点，考虑幼儿自身的兴趣、喜好和经验水平。因为幼儿园课程要落实在幼儿的学习、发展上，所以幼儿的身心发展规律和特点直接限制着幼儿园课程目标的确定。

---

①　冯晓霞：《幼儿园课程》，26页，北京，北京师范大学出版社，2000。

我们要确定符合幼儿发展需要的课程目标，避免出现拔苗助长和简单重复的情况，使幼儿园课程有效发挥引导、促进幼儿学习和发展的作用。同时，确定课程目标时，我们要考虑幼儿的不同年龄特点和经验水平，体现目标的层次性，以满足不同幼儿的不同需要和发展水平。

3. 人类的知识

知识是人类智慧的结晶。知识可以帮助幼儿更好地认识自然、认识社会、认识自己，形成是非对错的判断标准，掌握有效的行动方式方法。因此，知识是课程不可缺少的组成部分。幼儿应该学习什么，学习这些内容对幼儿发展有哪些意义，往往取决于这些知识自身的结构、表现形式、抽象程度以及蕴含的教育价值等。换句话说，人类的知识是确定课程目标的依据。

对于学习者来讲，各领域的知识相对具有两种价值：学术发展价值和一般发展价值。幼儿的年龄特点和幼儿园教育的性质决定了幼儿园课程注重的是学科知识的一般发展价值。从知识的角度确定幼儿园课程目标，关注的应该是该学科领域与幼儿的身心发展有什么关系，它能够促进幼儿哪方面的发展。

(二)幼儿园课程目标的层次与结构

幼儿园课程目标具有不同的层次。高一层次的概括性目标必须转化为低一层次的具体目标，才可能落实在教育实践中。

1. 幼儿园课程目标的层次

幼儿园课程目标的层次是把幼儿园课程目标按照一定的维度在纵向上进行一定的划分，使其由抽象宏观趋于具体微观，更好地发挥目标的定向作用，保证我国教育目的逐层具体化到幼儿的发展上。一般来说，幼儿园课程目标可划分为如下五个层次。①

(1)幼儿园课程总目标

幼儿园课程总目标是《幼儿园工作规程》所规定的保育、教育目标。《幼儿园教育指导纲要(试行)》从幼儿学习的范畴，提出五大领域的目标，强调各领域相互渗透，从不同的角度促进幼儿的情感、态度、能力、知识、技能等方面的发展。这类目标比较宏观，表述抽象、概括。它是通过幼儿园三年的教育实现的，属于长远目标。

(2)年龄阶段目标

年龄阶段目标包括幼儿园小、中、大三个年龄阶段的目标。各年龄阶段目标是幼儿园课程总目标依据幼儿的年龄特征分步实施的，彼此之间承上启下、衔接紧密，属于中、长期目标。

(3)学期计划目标

学期计划目标是各年龄阶段目标在第一、第二学期分步实施的。

---

① 郑健成：《学前教育学》，67页，上海，复旦大学出版社，2007。

(4)月计划(周计划或主题活动)目标

它表述的是在较短时间内所期望达到的成果，是学期计划目标得以实现的保证。

(5)具体教育活动目标

具体教育活动目标是一个具体教育活动所期望达到的成果，可以说是实现幼儿园课程总目标的最小单位。它比较具体、微观，具有可操作性。

一般来说，课程研究人员负责确定的是一层、二层课程目标，而教师需要完成三层、四层、五层目标。对于教师来说，关键在于认识长期目标与短期目标的区别，并能根据幼儿的年龄特点和班级幼儿的实际发展状况把长期目标恰当地分解为可达到的具体短期目标，将目标逐层落实于幼儿的发展上。

2. 幼儿园课程目标的结构

幼儿园课程目标的每一个层次都有一个横向结构问题。

对于幼儿来讲，健康、社会、语言、科学、艺术五大领域内容的学习都应促进其认知、情感、动作技能的发展；同样，认知、情感、动作技能的发展也都要借助于五大领域的学习。领域和目标这两个维度的相互结合就形成了一个合理的幼儿园课程目标的结构，如表 8-1 所示。

表 8-1　幼儿园课程目标的结构

领域	认知目标	情感目标	动作技能目标
健康	知道必要的安全保健常识	在集体生活中情绪安定、愉快、喜欢参加体育活动	有基本的生活自理能力；动作协调、灵活
科学	感知和理解数、量及数量关系；感知形状和空间关系	体验数学的重要和有趣；爱护动植物，关心周围环境，亲近大自然，珍惜自然资源，有初步的环保意识	能运用各种感官，动手动脑，探究问题；能用适当的方式表达、交流探索的过程和结果
社会	理解日常生活中基本的社会行为规范	有信心；乐意与人交往，有同情心；有初步的责任感；爱父母长辈、老师和同伴，爱集体，爱家乡，爱祖国	能主动地参与各项活动；遵守日常生活中基本的社会行为规则；能努力做好力所能及的事
语言	注意倾听对方讲话，能理解日常用语	乐意与人交谈；喜欢听故事、看图书	能清楚地说出自己想说的事；会说普通话
艺术	能初步感知环境、生活和艺术中的美	喜欢环境、生活、艺术中的美；喜欢参加艺术活动	能大胆地表现自己的情感和体验；能用自己喜欢的方式进行艺术表现活动

(三)幼儿园课程目标的表述要求

1. 表述角度要统一

幼儿园课程目标可以从不同的角度来表述。常用的表述方式有如下两种。

一是从教师的角度表述，指明教师应该做的工作或应该努力达到的教育效果。例如，自然科学的教育目标为：引导幼儿与大自然接触，发展幼儿的观察能力。

二是从幼儿的角度表述，指明幼儿通过学习应该达到的发展状况。上述自然科学的教育目标也可以从幼儿的角度表述：积极主动地与自然界接触，观察敏锐、细致。

建议表述目标时以幼儿为出发点。这样有利于教育活动始终围绕幼儿，将促进幼儿发展作为出发点和归宿，选择合适的教育内容和策略，更好地体现“以幼儿为主体”的教育理念和原则。

2. 具体、明确，具有可操作性

幼儿园课程目标最底层的具体教育活动目标，其基本的特征是具体、明确，具有可操作性，能指导、调控教师的教学过程。例如，中班健康教育活动“刷牙”的活动目标之一是学习正确的刷牙方法，养成早晚刷牙的好习惯。这样表述的目标就比较具体明确，比笼统地确定“养成良好的生活卫生习惯”对教育过程更具有指导意义。

3. 要具有适宜性

幼儿园课程目标应该根据不同年龄阶段幼儿的身心发展特点来确定，符合幼儿的生活，适合幼儿的发展水平。例如，感知水的基本特性是符合小班幼儿的课程目标，对于大班幼儿而言就不合适了。

课证融通

单选题(2016年保教知识与能力真题)：教师拟定教育活动目标时，以幼儿现有发展水平与可以达到水平之间的距离为依据。这种做法体现的是(　　)。

A. 维果茨基的最近发展区理论　　B. 班杜拉的观察学习理论

C. 皮亚杰的认知发展理论　　D. 布鲁纳的发展教学法

答案：A。

二、幼儿园课程内容

幼儿园课程内容要解决的是“教什么或学什么”的问题，是实现幼儿园课程目标的载体。幼儿园课程内容是根据幼儿园课程目标以及幼儿的身心发展规律、特点、水平而选定的，是幼儿应该学、能够学并适宜学的内容范畴，包括概念、方法、态度和技能的学习等。幼儿园课程内容是幼儿园课程生命活力的源泉。

(一)幼儿园课程内容的构成要素

幼儿园课程内容由幼儿园课程目标决定，幼儿园课程目标规定了幼儿园课程内容的范围和要求。具体来说，幼儿园课程内容的构成要素包括以下几个方面。

1. 关于自己及周围世界的粗浅的知识经验

首先，幼儿要学习关于自己及周围世界的知识。这不仅能帮助幼儿认识自己生活的环境，还能帮助幼儿适应环境，发展自我，如避开危险、节约资源、从事有利于自己和他人健康的活动等。同时，这些知识还要具有发展价值，是智力发展、能力提高和情感态度培养的基础与前提。

其次，幼儿的年龄特点和知识经验的水平决定幼儿学习的知识应该是粗浅的、朴素的。这就意味着幼儿不需要他们无法理解的、无法应用的、很快就忘记的“死知识”。

我们需要将幼儿必须掌握的或具有发展价值的基础知识纳入课程内容。这样的知识包括如下几方面。

一是生命活动必需的知识，如与幼儿的健康、安全有关的知识。

二是有利于幼儿解决基本的生活、交往问题的知识，如基本的社会行为规则、规则的意义等。

三是帮助幼儿认识自己生活环境的知识，如自然和社会环境中常见事物的名称、属性以及幼儿能理解的事物之间的关系和联系等。

四是为今后学习系统的学科知识打基础的知识，如基本的数、量、形、时间、空间概念等。

五是为成长为未来社会的高素质公民奠基的知识，如简单的环保知识等。

以上所列几类知识或许并不完全，相互之间也有交叉，但无疑是比较基础性的。需要强调的是，这些基础知识的学习是需要引导幼儿积极主动地学习，而不是由成人直接呈现或灌输给幼儿。

2. 有助于掌握基本的活动方式的内容

活动是人存在的形式，也是人发展的方式。通过活动，人有目的地影响、改造环境，同时也改造自己。每一类活动都有自己的一些基本方式方法、基本的原理原则。掌握这些基本的活动方式，不仅可以提高人的生存能力，也可以让人体验到成功的快乐。

幼儿参与的各种活动都包含着一些基本的方式方法、技能技巧。幼儿需要了解和掌握的基本活动方式往往是存在于他们经常进行的活动中。例如，交往的方式存在于幼儿和周围环境中各类人群的日常交往中。教师要认识到这一点，抓住随机教育的时机，指导幼儿的学习和发展。

3. 有助于发展幼儿智力和能力的内容

授人以鱼不如授人以渔。智力和能力是参与活动并顺利完成活动任务的一种必备的心理条件。发展幼儿的智力和能力是幼儿园教育的主要目的之一，因此有助于发展幼儿智力和能力的内容在幼儿园课程内容中应占有相当的比例。

幼儿的智力和能力是在“做”的过程中得到发展的。因此，教师利用生活中幼儿经常遇到的或感兴趣且有价值的问题作为课程内容，既有利于激发他们学习的积极性，也有利于发展他们的智力和能力。教师也可以有意“制造”一些问题，或将必要的学习内容转化为幼儿可以研究的问题，以促进幼儿智力的发展。

4. 有助于培养幼儿情感态度的经验

情感是人对客观事物的态度体验，反映了客观事物与个体需要之间的关系，具体表现为喜、怒、哀、乐等。情感态度构成人类行为的动机，影响人的行为选择。情感态度是伴随着活动过程而产生的体验。类似的体验积累多了，就形成了比较稳定的倾向性。从原则上说，情感态度不是“教”出来的，它的形成是潜移默化的结果。这就要求教师选择的内容或组织的学习活动应该有趣、有“悬念”，能使幼儿获得认识上的满足感；应该与幼儿愉快的情绪体验有关联，能够引起幼儿的探索活动，能让幼儿在活动中获得关键性的学习经验。

幼儿的学习兴趣、自我价值感和自信心、责任感、团体归属感、关心、友爱、尊重、同情等都是应着重培养的情感态度。

(二)选择幼儿园课程内容的原则

上文列出的幼儿园课程内容的构成要素是幼儿园课程内容的选择范围。如何选择具体的课程内容就需要一定的原则作为依据。

1. 合目的性原则

幼儿园课程内容是由幼儿园课程目标决定的，是实现课程目标的手段。幼儿园课程目标一旦确定，就要求选择与之相符的内容来保证它的实现。可以说，幼儿园课程目标为幼儿园课程内容的选择提供了一个基本的范围和标准。

幼儿园课程内容的选择首先要能满足幼儿身心各方面的发展需要，有助于幼儿身心全面和谐发展。教师要对宏观的幼儿发展的终极目标、中观的各年龄班领域目标做到了然于胸。明确活动目标后，教师需要考虑：选择这个内容是为了实现哪一个或哪几个目标？哪些内容与目标的关系最为密切？这一内容还可以达成哪些目标？只有对目标与内容之间的关系有了正确的理解，才会使学习变得扎实、有效、自然。

2. 基础性原则

基础性是学前教育基本的特征。幼儿园课程内容应该涉及人生发展的基本问题：它应该立足于幼儿基础素质的全面发展，并为幼儿一生的可持续发展奠定坚实的基础，帮助幼儿学知、学做、学生活、学会学习。其中，健康的生活方式、良好的行为习惯、学习的欲望和能力、积极适应社会生活的态度和能力尤为重要。判断所选内容是否具有基础性的参照标准，可以看它是否与幼儿现在的生活、学习有直接关系；是否必须现在学，以后再学就会失去最佳时机；是否是文化或人类知识中基本的成分，而且是今后学习所必需的基础；是否具有较强的应用性和迁移性等。事实表明，越是基础的内容，越是有长远的发展价值。

3. 发展适宜性原则

发展适宜性原则是指幼儿园课程内容既要符合幼儿已有的发展水平，又能促进幼儿进一步发展，即难度水平处在幼儿的“最近发展区”内。因此，选择的幼儿园课程内容要与本地区、本园、本班幼儿以及个体幼儿的实际相符合。

心理学的研究揭示了不同年龄幼儿身心发展的规律、特点和发展趋势，为选择内容和确定方法提供了依据。由于每个幼儿在认识、社会性等方面存在差异，因此幼儿园课程内容既要适合幼儿一般的年龄特点，又要适合幼儿的个别差异；既要从幼儿的实际水平出发，又要有一定的挑战性，有利于幼儿的长远发展。

4. 兴趣性原则

“兴趣是最好的老师。”情绪研究专家伊扎德指出，兴趣对思维和记忆的功能联系是如此广泛，以致在缺少它的支持时，对智力发展之濒于险境的危险不亚于脑组织的损伤。① 这对于幼儿来说更是如此。因此，幼儿园课程内容的选择必须考虑幼儿的兴趣。具体来说，教师应该关注幼儿的兴趣，从他们感兴趣的事物中选择教育价值丰富的内容；采取措施，将幼儿园课程内容转化为幼儿的兴趣。基于兴趣性原则的考虑，能够让幼儿印象深刻的幼儿园课程内容应该是能让其直接感知、操作和体验的，或能转化为其直接经验的。这样的幼儿园课程内容才能更好地与幼儿的已有经验相结合，更好地促进幼儿的发展。

三、幼儿园课程组织与实施

幼儿园课程组织与实施就是各种课程因素加以编排、组合、平衡，以使课程活动化、有序化、适宜化，以产生适宜幼儿的学习经验，达到最优的教育效果，实现课程向幼儿的学习经验转化。

幼儿园课程组织与实施涉及的因素很多。这里我们主要讨论幼儿园课程计划的制订、教师的教学方式等内容。

（一）幼儿园课程计划的制订

制订幼儿园课程计划是指依据幼儿园课程目标对一定时段内的教育工作系统地进行设计和安排。

依据幼儿园课程目标的层次，幼儿园课程计划可分为以下几种类型：学年计划、学期计划、月（周）计划、日计划及具体教育活动计划。

① 冯晓霞：《幼儿园课程》，61页，北京，北京师范大学出版社，2000。

1. 学年计划

学年计划是一个整体性的规划，规定了全年的课程范围和进度。它一般由园领导组织有关教师集体制订，说明各年龄班的课程目标和大致的教育内容范围，对全园的教育资源做出统筹安排。课程模式不同，学年计划的内容和表达方式也会不同。采用单元主题活动模式的学前教育机构，只需要确定全年的课程总目标和各单元主题。

2. 学期计划

学期计划由班级教师共同制订，是依据学年计划而确定的学期课程目标和学期各月（周）活动的安排。实质上它是对全年计划按学期进行划分，可以列出多个主题的教育要点、每个主题需要的时间范围及其相关的教育任务等。

3. 月（周）计划

月（周）计划同样由班级教师共同制订，是在学期计划的指导下确定的月（周）活动的教育要点，并将活动安排在每月（周）的每天当中。如果采用主题活动的形式，则由主题计划代替月（周）计划或打破“月”的界限。这需要根据主题活动实践确定。主题计划包含对具体活动的安排等。

将具体的教育活动合理地安排在一周的每天当中，就形成了周计划。表8-2为幼儿园周计划示例。

表 8-2　幼儿园周计划示例①

<table>
<tr><td colspan="2">周次：第二周</td><td colspan="5">实施时间：9 月 5 日—9 日</td></tr>
<tr><td colspan="7">本周的教育目标：
1. 熟悉幼儿园的新环境，知道爱护新环境
2. 培养各种生活习惯和学习习惯，在习惯养成过程中做好环保卫士的工作
3. 培养自我保护意识，注意上下楼梯的安全
4. 培养热爱教师的情感</td></tr>
<tr><td colspan="7">上午活动内容安排</td></tr>
<tr><td colspan="2">时间</td><td>周一</td><td>周二</td><td>周三</td><td>周四</td><td>周五</td></tr>
<tr><td rowspan="2">教育活动安排</td><td>组织教育活动</td><td>英语活动：角色对话</td><td>语言活动：我是大班小朋友</td><td>大带小活动：选哥哥姐姐</td><td>音乐活动：和老师在一起</td><td>庆祝教师节活动</td></tr>
<tr><td>幼儿自选活动</td><td>认知区：数学活动</td><td>语言区：地图上的幼儿园</td><td>结构区：美丽的幼儿园</td><td>美工区：画幼儿园环境图</td><td>角色区：儿童用品出租商店</td></tr>
</table>

① 郑健成：《学前教育学》，85 页，上海，复旦大学出版社，2007。

续表

户外活动	游泳	学习新操	游泳	统合区	体育游戏
餐前活动	语言游戏	活动小结	故事欣赏	歌曲演唱	才艺表演
下午活动内容安排					
户外活动	游戏、散步、观察等				
组织教育活动	学习新操	学习新操	健康活动：小小足球	智力游戏：把看到的画下来	绘画一家人
离园活动	故事欣赏	桌面游戏	数学操作	智力游戏	一周自评

4．日计划

日计划包括一日活动的安排和活动设计，是由班级教师共同制订的。一日活动安排是对一天的各个具体时段上的活动做出安排。这种安排一般要注意以下几个方面：各种类型的活动综合考虑、平衡安排；遵循动静交替的原则；尽量减少环节的转换，并使用相对稳定的日程表以形成制度。

5．具体教育活动计划

具体教育活动计划是对具体教育活动的展开过程进行设计。它以活动方案的形式呈现，阐明在预定时间内要做什么、怎样做、达成什么目标等。具体教育活动计划的内容包括活动名称、活动目标、活动准备、活动过程和活动延伸等。

上述各层次计划之间应衔接一致，上位计划对下位计划具有指导和约束作用，下位计划是执行上位计划的措施。前三类是阶段性工作计划，内容包含幼儿园所有的教育工作，要对所有活动做统筹组织和安排，特别要处理各领域活动之间的平衡关系，保持在组织与指导上各具特性的各类活动之间的适当比例。具体教育活动则是更多地结合班级幼儿的实际情况确定的，是幼儿直接参与的活动。只有具体教育活动才能与幼儿发生直接联系，所以具体教育活动计划是幼儿园课程计划的重点。

(二)教师的教学方式

在幼儿园课程实施的过程中，教师所发挥的作用是不可忽视的。幼儿的学是根本，教师的指导是条件；教师的指导是为幼儿的学服务的，是服从于幼儿的学的。但是教师的指导本身具有不同的教育意义，直接影响着幼儿的学习经验获得。同样的课程内容利用不同的指导方法传授，对幼儿产生的教育影响差别是较大的。每种指导方式都各有其特点、功能和使用范围，我们可根据需要灵活选择。

1．直接教学

直接教学表现为教师直接、明确地传递教育意图。这是一种明确、简捷、有序的教学方式。幼儿在其中的学习基本是一种接受学习。

直接教学主要是借助语言讲解、讲述进行的。而幼儿更喜欢的是参与、操作的学习方式，这种学习方式注重直接经验的获得。因此，直接教学对幼儿情感的发展、认知经验的获得、动作技能的形成效果不佳，也较难发挥幼儿的主体性，使其成为主动的学习者。因此直接教学有较大的局限性。教师在运用时要特别注意采用直观性原则，并与间接教学方式相互配合。

2. 间接教学

间接教学是教师通过适当的中介迂回地传递教育意图的方式。教育意图不直接通过教师，尤其是不直接通过教师的语言而借助教学环境的中介作用传递给幼儿，是间接教学的鲜明特点。间接教学中幼儿的学习方式以发现学习为主。

在间接教学中，幼儿可能意识不到教师的意图，感觉不到“学习任务”，但他们在教师精心创设的教学环境中，在教师提供的玩具材料的暗示下进行游戏，主动、自主地操作、探索、交往。幼儿就在这样的操作、探索和交往中，不知不觉地获得教师希望他们获得的学习经验，向着既定的教育目标发展。这种方式使幼儿园课程十分接近幼儿的生活，甚至与幼儿的生活完全融合在一起，将教师的教育意图隐藏其中。在这种情况下，幼儿的主体性会被最大限度地激发，并获得发展。

3. 支架式教学

“支架”一词原本指建筑行业中的“脚手架”，即工人在建造、装修建筑物时所使用的能为他们和建筑材料提供支持的暂时性的平台、柱子。支架式教学形象地说明了教师与幼儿之间在最近发展区内有效的教学互动：幼儿的“学”好像一个不断建构着的建筑；而教师的“教”则像一个必要的“脚手架”，支持幼儿不断建构自己的心灵世界。在这个过程中，教师扮演的角色是支持者、合作者和引导者。

在支架式教学中，学习肯定是一个主动的、积极的过程，幼儿原有的经验和发展水平是学习的基础和条件。同时，为了确保学习的有效性，教师要根据幼儿的经验水平，不断地提出挑战性任务，提供必要的支持，并指导幼儿不断从依赖支持到借助支持，逐渐摆脱支持达到独立完成任务的水平。在幼儿学习的过程中，教师应设置问题情境，提出具有挑战性、能引发幼儿新旧经验冲突的任务，引导幼儿意识到问题和冲突，并给幼儿提供解决问题的线索。

典型案例

几个男孩在搭建“高速公路”。我开着车停下来问：“我的车在哪里交费？”他们说：“对不起，还没建好呢，请过一会儿再来！”……我注意到他们只搭了两条同向通行的车道，于是又问：“回来时我从哪里走？”孩子们一看不对劲儿，说道：“啊！对面来的车要是也从这儿过，不是要撞上了吗！赶快在旁边搭条反向的车道吧!”可是，建筑区已经没有地方了。孩子们你看我，我看你，不知如何是好。我在旁边出主意：“有没有什么资料可以查一查啊!”一句话提醒了他们。一个孩子从一幅公路图片上受到启发：“我们可以像搭立交桥似的，搭一个立体双层公路收费站!”①

分析：游戏中教师的做法就是典型的支架式教学。幼儿在教师的提问下发现问题，又在教师的提示下找到了解决问题的方法。教师的问题和提示像脚手架一样支持、引导幼儿的建构游戏，提升幼儿的经验。

总之，不同的教学方式有着其应用范围与使用条件，其效果的发挥和幼儿的学习方式和特点有关，也与课程目标和所选内容相关，还和当时的具体情形相联系。我们不能肯定一种教学方式，而否定另一种教学方式。同一种教学方式在不同情况下的效果可能会差别很大。因此，衡量一种教学方式在幼儿学习中是否有效，关键是看其能否促进幼儿主动且有效的学习。而且，多数情况下，发挥多种教学方式的互补功能，是比较适宜的。

四、幼儿园课程评价

幼儿园课程实施过后，教育效果如何？是否实现了事先设想的课程目标？这些是关于课程评价的问题。幼儿园课程评价是对幼儿园课程进行考察和分析，以确定其价值和适宜性的过程。幼儿园课程评价的目的在于了解幼儿园课程的适宜性、有效性，为完善幼儿园课程、选择和推广幼儿园课程，提高幼儿教育质量提供依据，并为教育行政部门鉴定幼儿园课程方案提供决策依据。

(一)幼儿园课程评价的目的

幼儿园课程评价的目的一般可以分为两种。

1. 研究、发展和完善课程

完善幼儿园课程是幼儿园课程评价较为常见的目的。这要求在幼儿园课程评价过程中，不断地发现问题，提出“为什么”并尝试做出解释。它强调幼儿园课程评价的过程性、调整性、促进性。这种评价过程本身就具有研究性，研究结果不仅能发展和完善课程，开发新课程，也会使评价者自身的专业水平得到提高。

2. 管理课程

选择、推广一种课程模式，需要通过对幼儿园课程方案进行理性分析，或者对其实际效果进行评定，对课程的性质、特点、使用范围等做出价值判断，然后决定取舍。同时幼儿园课程评价也可作为幼儿园教育质量的鉴定手段，目的是服务于幼儿、幼儿园的管理、鉴定方面。

① 冯晓霞：《幼儿园课程》，101页，北京，北京师范大学出版社，2000。

(二)幼儿园课程评价的内容①

幼儿园课程评价的内容主要包括幼儿园课程方案评价、幼儿园课程实施过程评价与幼儿园课程效果评价。

1. 幼儿园课程方案评价

幼儿园课程方案评价主要是了解幼儿园课程方案两个方面的内容：第一，幼儿园课程方案以及幼儿园课程方案中的各个要素、部分是否依据了教育原理、原则，是否以正确的课程理论为指导；第二，幼儿园课程结构是否合理，各要素之间是否具有较高的内部一致性，是否遵循课程的指导思想。值得注意的是，幼儿园课程方案的范围很宽泛，大到课程的整体规划，小到一个具体教育活动方案。

2. 幼儿园课程实施过程评价

幼儿园课程实施过程评价涉及面就比较广，主要包括如下内容。

一是了解幼儿在活动中的反应，主要指主动性、参与程度和情绪表现等。

二是教师的教育态度和行为，指对活动中的幼儿的控制程度、管理方式、教育机智和技巧等。

三是活动中师幼互动的质量。

四是幼儿学习环境的创设和利用等。

通过对幼儿园实施过程的评价，我们一方面可以获得幼儿园课程方案对幼儿的适宜性的信息，另一方面可以了解影响幼儿园课程效果的因素。

3. 幼儿园课程效果评价

幼儿园课程效果评价一般是通过对幼儿和教师的发展评价来确定的，包括评价幼儿学习后的发展状况；幼儿发展状况与课程目标的符合程度；产生了哪些非预期的结果；了解教师发生了哪些变化，有怎样的提高等。

(三)幼儿园课程评价的主体

主体是一个与客体相对应的概念。幼儿园课程评价客体就是评价的对象，即上面说提到的评价内容：幼儿园课程方案、幼儿园课程实施过程、幼儿园课程效果。评价这些对象的过程中不可避免地会涉及“人”。因为幼儿园课程方案是教研人员、教师编制的，教育活动是教师组织、幼儿参与的；幼儿园课程实施效果是通过幼儿(也包括教师)的变化体现的。但是在平常的评价中，评价幼儿不是为了鉴别幼儿，而是为了检验课程，为了了解课程是否适合幼儿，目的是提高教育质量，最终促进幼儿的发展。因此，幼儿园课程评价本质上应该是一种“对事不对人”的评价。

评价主体即评价者。《幼儿园教育指导纲要(试行)》明确提出：“管理人员、教师、幼儿及其家长均是幼儿园教育评价工作的参与者。”“幼儿园教育工

---

① 郑健成：《学前教育学》，93～94页，上海，复旦大学出版社，2007。

作评价实行以教师自评为主，园长以及有关管理人员、其他教师和家长等参与评价的制度。”这就意味着管理人员、教师、幼儿以及家长均是幼儿园课程的评价者。幼儿园评价过程是评价主体共同参与、相互支持与合作的过程。

以前，我国幼儿园课程评价的主体是比较单一的，主要是管理人员。现在幼儿园课程评价的主体扩展到管理人员、教师、幼儿以及家长，对全面了解幼儿园教育质量、完善和管理课程、促进幼儿发展都是非常有利的。

特别需要指出的是，教师和幼儿既是幼儿园课程评价的对象，又是幼儿园课程评价的主体。幼儿园课程评价应该充分发挥教师作为评价主体的作用，以自评为主，要求园长、其他教师和家长参与评价，组成一个平等互助的合作群体，一起研究、改进课程，同时相互沟通、共同提高。在这个过程中，教师要发挥主导作用，充分尊重和发挥幼儿的自评和互评的主体性，使幼儿通过自己的行为反应和发展变化来发表对课程的看法。教师要将这种反应和变化看作重要的评价信息和改进工作的重要依据，从而有效地促进幼儿的主动发展。

(四)幼儿园课程评价的原则

美国幼儿园课程评价标准

1．要有利于改进与发展课程

幼儿园课程评价的目的在于调整和改进课程，不断提高教育质量，更好地促进幼儿的发展。因此，幼儿园课程评价要坚持本质：幼儿园课程评价要着重发挥其诊断、改进课程的作用，不能只作为对教师工作或幼儿发展的鉴定手段。幼儿园课程评价是为了引导教师和管理人员发现问题和解决问题，是为了改进工作，促进幼儿发展，达成预期的教育目标。

2．要充分发挥教师的主体性

幼儿园教育实践中的课程是有生命力的，要经过设计—实施—评价—研讨—再设计的循环往复而不断发展、不断完善。作为“这一轮”(即已经和正在进行的)课程活动的设计者和实施者，在幼儿园课程评价中，教师需要作为评价主体参与课程评价工作，发现问题、总结经验。在这个过程中，教师既是被评价者，又是评价主体；而且任何评价所提出的改进措施和建议，都需要教师的活动才能得到落实。因此，即使是园长或者他人组织的课程评价活动，也要尊重教师的主体地位。外部评价者要充分与教师沟通，尊重他们的意见，并把这个过程作为一个平等研讨的过程，共同商讨解决的方法和改进的方向，把评价的结果作为发展中的一个新起点。教师要自觉地对幼儿园课程实施进行分析与评价，这也是教师专业发展的重要途径。幼儿园课程评价应该以教师自评为主，充分发挥教师的主体性。

3．要有利于幼儿的发展

涉及幼儿的学习情况与发展水平的幼儿园课程评价要特别注意以下几点。

一是全面了解幼儿的发展状况，防止片面性，尤其要避免只重知识技能的掌握，忽略情感、社会性和实际能力的倾向。

二是承认和尊重幼儿的个体差异，最好对幼儿自己的早期表现与现在的情况做比较，让幼儿看到自己的优点和进步，增强自信心。教师不要轻率地对幼儿进行相互比较。

三是在日常活动与教育教学过程中采用自然的方法进行，使幼儿感到舒适自然，没有压力。

四是多渠道、多方面地收集资料，包括对幼儿连续的定期观察和记录、家长提供的资料、幼儿的学习作品等，客观地加以整理和分析。

五是除用作课程设计和课程改进之外，要慎用评价结果。与家长沟通情况时，教师要考虑怎样才能有利于家园合作，共同促进幼儿的发展。教师应特别注意不要伤害家长的教育热情和其对孩子的信心。

4. 要具有客观性

客观地进行评价就是不抱成见，没有偏见，以客观评价的标准平等地对待人和事，把通过观察、测量、访谈、调查等方法从各方面收集的资料和数据，如实地加以描述，并做出正确的分析和判断。

要做出客观的评价，首先，要保证收集的资料和数据的真实性。所得到的资料和数据如果不真实，依据它所做出的判断就会是错误的。其次，要保证所收集的资料和数据具体而全面。否则，丢失了有关重要信息，会影响据此做出的判断，所提出的改进措施的教育效果也会打折。最后，要有正确的指导思想和评价标准。幼儿园课程评价指标要与《幼儿园工作规程》和《幼儿园教育指导纲要（试行）》的精神和原则一致。

典型案例

一位教师在评价一个美工剪贴活动时这样描述："幼儿剪纸剪得非常好，只是在粘贴过程中不太注意合作，不能从整体布局出发。"这只是对活动结果的一种主观描述，并没有具体而全面地记录下幼儿的实际行为表现。比如，可以这样描述："幼儿能灵活地用剪刀剪出物体的曲线""幼儿不能与同伴商量如何粘贴，只顾自己贴"等。这样就较全面具体了，也可确定有效的提高幼儿美工剪贴能力的措施。

总之，幼儿园课程评价的主要目的就是改进和完善课程，为幼儿提供更适宜的教育机会和条件，促进幼儿健康和谐发展。幼儿园课程评价要有利于发挥教师不断改进课程与提高教育质量的主动性和积极性，让教师以研究的精神看待评价。

（五）幼儿园课程评价的过程

幼儿园课程评价的过程从宏观来说分为以下五个阶段。

1. 确定目的

课程评价人员要确定评价什么，并由此确定如何设计评价方案，尤其要详细说明评价的目标、评价的内容、如何进行评价、评价时间等。

2. 收集资料

课程评价人员要认清评价所需的信息来源以及收集信息的方法、手段和途径，全面收集所需要的相关信息资料。

3. 组织材料

在这一阶段，课程评价人员要筛选、审查、组织各项材料，通过对所收集的信息进行编码、组织、存储归类等，使其有效运用于评价。

4. 分析材料

课程评价人员要选择和运用适当的方法和技术对处理过的材料进行解释说明。

5. 报告结果

课程评价人员要根据课程评价方案决定报告的性质和形式(是正式的还是非正式的；是描述性的还是数据分析式的)，最终反馈给相关人员。

第三课　几种中外幼儿园课程方案

中外幼儿园课程方案

幼儿、社会、学科知识是影响或制约课程的三大要素。课程设计者在理念上对这三大要素的认识存在差别，就会形成不同的课程方案。下面我们介绍几种中外幼儿园课程方案。

一、陈鹤琴的五指活动课程

陈鹤琴先生创编了五指活动课程。该课程名称是陈鹤琴对自己所创编班的幼儿园课程特点的形象比喻。他认为课程内容由五方面组成，它犹如人的五个手指头，是活的，可以伸缩的，也是相互联系、相互联通的，故课程名称为五指活动课程。五指活动课程的理论基础是陈鹤琴新的儿童观和他自己创建的活教育的理论。活教育理论体系包括活教育的目的论、活教育的课程论和活教育的方法论三部分。

课证融通

单选题(2012年保教知识与能力真题)：创建活教育体系的教育家是(　　)。

A. 陈鹤琴　　B. 福禄培尔　　C. 杜威　　D. 蒙台梭利

答案：A。

(一)课程目标

陈鹤琴认为，创编课程首先要确立儿童是主体。五指活动课程的目标在于发展儿童的心智和身体。具体包括如下四个方面。

①做人：要有合作的精神、同情心、服务的精神。

②身体：要有健康的体格、卫生习惯和相当的运动技能。

③智力：要有研究的态度、充分的知识和表意的能力。

④情绪：能欣赏自然和艺术美，养成欢天喜地的快乐精神，打消惧怕的情绪。

(二)课程内容

陈鹤琴认为，儿童生活是整个的、连成一片的。他提出，幼稚园的课程可以以自然、社会为中心进行选择，形成五指活动。

①健康活动：静养、饮食、睡眠、早操、游戏、户外活动、健康检查、散步等。

②社会活动：升降旗、朝夕会、周会、纪念日集会、每天的谈话及社会常识等。

③科学活动：植物的培植、动物的饲养、自然现象的观察研讨、计数、当地自然环境的认识等。

④艺术活动：音乐(唱歌、节奏、欣赏)，图画，手工等。

⑤文学活动：故事、谜语、图画书、读法等。

这五指活动就是五指活动课程的“五个手指头”，通过“手掌”形成一个相互联系的整体。

课证融通

单选题(2012 年保教知识与能力真题)：陈鹤琴提出的五指活动指的是(　　)。

A. 儿童健康活动、儿童社会活动、儿童科学活动、儿童艺术活动、儿童文学活动

B. 儿童语言活动、儿童社会活动、儿童科学活动、儿童美术活动、儿童音乐活动

C. 儿童常识活动、儿童社会活动、儿童科学活动、儿童艺术活动、儿童文学活动

D. 儿童体育活动、儿童语言活动、儿童科学活动、儿童艺术活动、儿童文学活动

答案：A。

(三)课程组织与实施

1. 整个教学法

陈鹤琴认为，如果按照分科分类的形式来组织课程，是不合教学原理的。于是他提出了“整个教学法”。整个教学法就是把儿童所应该学习的东西整个地、有系统地教儿童学，后来这个方法改称为“单元教学法”。陈鹤琴认为课程是整个的、连贯的；依据儿童的身心发展特点，以五指活动结成一张教育网，有组织、有系统、合理地编织在儿童的生活中。

2. 开展游戏和小团体活动

陈鹤琴认为儿童的年龄特点就是好游戏的，所以十分重视游戏在儿童发

展中的作用，强调游戏法是整个教学法的具体化。儿童的课程最容易游戏化，利用游戏化的方式来组织会有利于儿童的健康发展。但是由于儿童具有个体差异，每个儿童都是相对独立的，他们的智力发展水平不同、兴趣不一，因此应该采用团体式教学，使处于不同发展水平的儿童在相互作用中都获得成长。

二、张雪门的行为课程

行为课程是张雪门先生创编的。张雪门提倡幼稚教育生活化、儿童生活教育化。

(一)课程目标

张雪门在早期提出幼儿园课程的目标就是满足幼儿身心发展的需求，培养幼儿扩充经验的方法与习惯，培养幼儿生活的能力与意识，从而使幼儿的身心得到全面发展。

面对国家、民族危亡的现实以及兼顾社会需要和幼儿身心发展的需要，张雪门在后期拟定了新的课程目标：将实现改造社会放在与满足幼儿需要同等重要的地位，提出培养体格健全、能适应社会生活的新国民。由此，他确立了以社会需要为远景、以幼儿个体发展需要为近景的幼稚教育任务。

(二)课程内容

张雪门在行为课程内容方面使用“教材”的说法，他认为幼稚园的教材就是幼儿在幼稚园的生活经验。这种经验来源有三个方面：一是幼儿本身个体发展而得；二是和自然环境相接触而得；三是从社会交际而得。张雪门把行为课程内容划分为如下几方面。

①儿童自发的诸般活动，即儿童自身发展中所进行的一些活动。

②儿童的自然环境，即儿童周围生活中一切有关自然界的事物与知识，如植物、动物、旅行等。

③儿童的社会环境，即与儿童现在生活、未来生活相关的社会生活知识，如家庭、邻近的地方、各种职业活动等。

张雪门的行为课程内容就是儿童周围生活的自然环境和社会环境中能为儿童所接受并有助于其身心发展的各种经验。

(三)课程组织与实施

张雪门反对给幼儿灌输抽象的“死知识”，认为课程内容源于幼儿的直接生活，要求重视幼儿的实际行动在课程实施中的作用。他认为，行为课程的要旨是以行为为中心，强调“做”即行动的价值，提倡“做学教”融合。经过多年的实验研究及不断改进，他确立了设计教学法并用此来拟订行为课程计划和实施课程。他还强调实施课程时应彻底打破各学科的界限。在活动中，教师应在各科教材中选择与学习单元有关的材料加以运用，适当配合幼儿实际行为的发展，使各科教材自然地融于幼儿的生活中，力求做到从生活中来、从生活中发展、从生活中结束。

张雪门提出以行动为中心，其基本思想就是“生活即教育”“行为即课程”，体现了教育生活化、生活教育化的基本理念。

三、蒙台梭利的课程方案

蒙台梭利提出了一套比较完整的教育信念和学前教育方法，并在各国学前教育界引起强烈的反响，成为国际早期教育模式之一，甚至渗透到其他各种课程方案中。蒙台梭利课程方案的理论基础源于她对儿童独特的看法。她认为儿童本身具有一种吸收知识的自然能力，即所谓“吸收性心智”；儿童对于环境刺激有一定敏感期，这是个体一生中发展重要的特性或能力的最佳时期。她认为活动在儿童心理发展中有着极其重要的意义，而儿童主要和喜爱的活动是工作。蒙台梭利立足于这样的儿童观，认为教师要向儿童学习，为儿童准备可以配合他们内在需求的互动环境。蒙台梭利课程方案正是遵循这样的思想来设计和组织的。

知识链接

蒙台梭利关于儿童发展各种敏感期的年龄划分

语言敏感期(0～6 岁)

秩序敏感期(2～4 岁)

感官敏感期(0～6 岁)

动作敏感期(0～6 岁)

文化敏感期(6～9 岁)

社会规范敏感期(2.5～6 岁)

书写敏感期(3.5～4.5 岁)

阅读敏感期(4.5～5.5 岁)

细微事物的敏感期(1.5～4 岁)

(一)课程目标

蒙台梭利的课程目标可以归结为如下两个方面。

1. 帮助儿童形成健全人格

蒙台梭利认为儿童具有自我成长并形成健全人格的生命力，但这只是一种发展的可能性，儿童最终的发展状况取决于他们所吸收环境的情况。所以，教育者必须创设一个有利于儿童健全人格发展的有准备的环境，帮助儿童形成健全人格。

2. 建设理想的和平社会

经历了两次世界大战的蒙台梭利对建设理想的和平社会充满了期望，并把建设理想的和平社会作为教育追求的最终目的。

蒙台梭利把培养儿童的健全人格作为新人类的创造，通过教育创造新人，并通过新人类创建新社会——理想的和平社会。

(二)课程内容

为了实现上述教育目的，蒙台梭利根据儿童发展敏感期的特点，研究设计出五大方面的课程内容。

1. 日常生活练习

蒙台梭利把日常生活练习作为课程内容的重要组成部分。她在人们的日常生活中选出符合教育目的且适合儿童身心发展的活动，作为日常生活练习的主要内容。具体包括如下内容。

①从事生活的初步动作练习，如坐、走、站及抓握等。

②照顾自己的动作练习，如盥洗、穿脱衣服等。

③管理家务的工作，如拖地板、扫地、擦桌椅、整理床铺等。

2. 感官教育

感官教育是蒙台梭利课程内容中重要且有特色的部分。其内容主要是视觉、听觉、触觉、味觉、嗅觉等感官的训练，不同的感官训练采用了不同的方法和材料。为此，蒙台梭利还分别设计了相应的教具来完成这些感官教育。

3. 语言教育

语言教育包括如下内容。

①听说的教育，包括口语经验的发展，如语言游戏、分类卡游戏等；口语表达与理解力的发展，如讲故事、背诵诗歌等。

②写的教育，包括书写预备和书写的练习。

③读的教育，包括阅读练习与语言常识。

4. 数学教育

蒙台梭利把读、写、算组成的学习看作一个整体，认为儿童在读、写的同时也要学习数学。数学教育主要包括数数、数字练习、用书写符号表示数、数的记忆练习、从 1 到 20 的加减乘除、10 以上的算术运算等。她还设计了一套数学教育的教具，旨在增进儿童逻辑思考、解决问题的能力。

5. 文化科学教育

文化科学教育包括天文与地质、地理与历史、植物与动物及人类艺术等内容。它会随着各地的环境文化的不同而有所变化。

(三)课程组织与实施

1. 课程实施以环境为基础

蒙台梭利非常重视环境，她认为适合儿童的环境就是“有准备的环境”。儿童就是在与环境的相互作用中发展身心的。这个环境既包括有秩序的、适合儿童高矮比例的、美观悦目的生理环境，也包括教师支持儿童与环境相互作用的宽松自由的心理环境。无论是哪种环境，都要符合美和自然的原则。

2. 课程内容的组织以教具为中心

在有准备的环境中，教具是不可缺少的组成部分，也是蒙台梭利教育方法中具有吸引力的部分。其课程内容的组织以教具为中心，教具依据儿童的敏感期设计，要求儿童按照自己的进度去操作。

3. 教师需要做好观察、示范、指导和准备工作

蒙台梭利认为儿童教育是以活动为主的，是让儿童在有准备的环境中活动；教师要耐心等待儿童，是儿童活动的观察者、示范者和指导者。蒙台梭利认为，教师所接受的第一个任务就是观察儿童，发现儿童，并发现他们的问题所在；为儿童准备好他们所需要的教具，并进行示范和指导，才能切实指导儿童进一步的发展。

四、瑞吉欧的课程方案

瑞吉欧·艾米里亚是意大利北部的一个小城。20 世纪 60 年代以来，该市在马拉古兹的领导下，依靠政府、社区民众的力量，推出了影响世界的幼儿教育体系。瑞吉欧不是一种理论派别的附属物，而是广纳多种理论营养之后的产物。对瑞吉欧影响较大的教育家有杜威、皮亚杰、维果茨基、布朗芬布伦纳和加德纳等。

(一)课程目标

瑞吉欧幼儿教育体系以儿童本位的课程论为指导，在确定课程目标时更多地考虑幼儿的需要和个性发展，有机地融入了一定的学科知识和当代社会对新人的需求。该教育体系追求的目的是幼儿愉快、幸福、健康地成长。瑞吉欧的课程目标也许用他们所描述的幼儿的内在特征来表述更为合适，这就是让幼儿更健康、更聪明、更具潜力、更愿学习、更好奇、更敏感、更具随机应变能力、对象征语言更感兴趣、更能反省自己、更渴望友谊。

(二)课程内容

瑞吉欧幼儿教育体系没有明确规定的课程内容，更没有固定的教材或预先设计好的教学活动方案，因为其认为幼儿本身的需要、兴趣、经验和能力是极为多样化的。课程的内容来自周围的环境，来自幼儿生活中感兴趣的事物、现象和问题，来自他们的各种活动。日常生活是取之不尽的课程内容的资源，如广场上的狮子雕像、城市中的雨和雨中的城市、人群、影子、跳远、百货商店……都是幼儿探索的好题目。由于没有预先设计好的课程方案，教师便充分利用幼儿感兴趣的、身边的、熟悉的事物，创造更有益于幼儿学习的机会。而且熟悉的情境使幼儿能熟练地利用自己已有的经验，制订属于自己的计划，积极主动地学习。

(三)课程组织与实施

瑞吉欧的课程主要是以方案教学的方式教授的。“方案”一词还可以翻译为“设计”“项目”等。方案教学是根据幼儿的生活经验和兴趣确定活动的主题，以该主题为中心向四周扩散，编制主题网络，共同研究、探讨，在共同的研

究、探讨中建构知识、理解意义。方案教学主要采取小组活动的方式，有时也采取个人或集体活动的方式。从课程发生来看，活动的主题源于幼儿的兴趣、日常生活，或许还源于成人的一个建议、幼儿的一个观点、一次突发的事件等。

瑞吉欧的方案教学在实施的过程中主要体现以下特点。

1. 弹性计划

在瑞吉欧的方案教学中，教师只是确定一般化、笼统的目标，不预先设定每一个活动的具体目标，依靠他们对幼儿的了解及以前的经验对活动开展形成一定的假设，随着活动的形成灵活的、适宜幼儿需要和兴趣的目标、计划。即活动的开展在很大程度上并不依靠原始的计划(假设)，而是依靠幼儿的反应和教师灵活的指导。

2. 合作教学

瑞吉欧的方案教学突出的特点是师生合作共同研究某一问题。教师更多地通过一些试探性的提问和商谈式的建议来引发幼儿主动探索和自由表达。这种师生合作研究的方式贯穿、渗透于瑞吉欧的课程实施的始终，并成为其一个重要特点。

3. 小组工作

瑞吉欧的方案教学一般采取小组工作的方式。小组一般是由 3～5 人组成，有时是由 2 人组成。他们认为这种小组工作的方式有利于保证同伴间的合作研究。

4. 档案支持

这里的档案是指对教育过程及师生共同工作结果的系统记录。这种记录并非简单的文字记载，而是以图画、实物、照片、录音、录像、幻灯片、文字说明等多种形式表现的，贯穿活动的始终，并在活动结束后延续。

5. 图像语言

在围绕着一个共同的方案研究的过程中，幼儿运用他们的自然语言和表达风格，自由地表达和相互交流，包括利用语词、动作、表情、绘画、雕塑等。这就是瑞吉欧幼儿教育体系中的图像语言。

高瞻课程方案

思考与练习

一、基础练习

1. 简述幼儿园课程实施中教师的教学方式。

2. 简述幼儿园课程评价的内容。

3. 自选书中列举的一种幼儿园课程方案，查找案例。结合案例分析说明该课程方案的特点，尝试分析其优缺点。

二、实践训练

1. 调查一所幼儿园的课程设置情况，运用幼儿园课程基本要素的理论对其进行分析和评价，并提交一份分析报告。

2. 访谈当地的幼儿园领导和教师，了解他们是如何认识幼儿园课程的。

学习评价与反思

单元八综合检测题　　单元八综合检测题答案

单元九　幼儿园教育活动

学习目标

1. 理解幼儿园教育活动的内涵、特点和分类。
2. 掌握幼儿园教学活动的内涵、功能、组织形式和主要的教学方法。
3. 掌握生活活动的内涵、特征、功能、主要内容和要求。
4. 掌握游戏活动的本质、特征、功能和常见的类型。

思维导图

- 幼儿园教育活动
  - 幼儿园教育活动概述
    - 幼儿园教育活动的内涵
    - 幼儿园教育活动的特点
    - 幼儿园教育活动的分类
  - 幼儿园的主要教育活动
    - 幼儿园教学活动
    - 幼儿园生活活动
    - 幼儿园游戏活动

单元导入

幼儿园作为公共学前教育机构，对幼儿行为的影响是巨大而深远的。只有提高幼儿园教育活动的质量，才能保证幼儿园教育目的的实现，才能促进幼儿健康、和谐、幸福发展。

单元案例

教师准备了很多有关的游戏材料，打算在认知区进行个别辅导。因为小佳对“5”的分解、组成的知识没有掌握，所以她从来不到认知区去活动。她喜欢音乐，天天都去音乐角活动。教师在尊重她的选择的同时，又通过指导音乐活动并加入分解组成的知识，和小佳一起为音乐配伴奏，要求每一小节用两种乐器分别伴奏；而且乐器要响 5 次，教师的铃鼓响 1 次，小佳的撞钟就要响 4 次。这样既练习了 5 的分解组成，又满足了孩子的兴趣。教师还让音乐角的孩子戴上数字头饰做游戏：听音乐表演，音乐一停要迅速找到自己的朋友，使两个数字合起来是5。教师利用环境巧妙地帮助小佳掌握了数学知识。①

案例中的小佳最终掌握了5的分解和组成知识。当教师将教育意图巧妙地融于幼儿感兴趣的活动中时，幼儿既体验到了快乐，又丰富了自身的知识和经验。这是幼儿园教育活动实施的一个片段，与中小学教育活动有着很大的不同。让我们一起来认识幼儿园教育活动。

第一课　幼儿园教育活动概述

幼儿园教育活动是促进幼儿全面和谐发展的基本途径，是实现幼儿园教育目的的重要载体。它的作用不仅在于促进幼儿的成长和发展，还在于使幼儿的生命力和精神在幼儿园得到彰显。

一、幼儿园教育活动的内涵

幼儿园教育活动是我国学前教育界专用的术语，这个术语是随着我国学前教育事业的发展研究而来的。② 随着蒙台梭利、皮亚杰、杜威的教育理论在我国幼儿园教育中逐渐得到渗透和发展，为更加强调幼儿在幼儿园教育中的主体性，从20世纪80年代开始，幼儿园里非常普遍的语言课、体育课、数学课等说法，逐渐被语言活动、体育活动、数学活动等代替。幼儿园教育活动就这样慢慢走到人们面前，成为幼儿园教育的基本形式。

《幼儿园教育指导纲要(试行)》指出："幼儿园的教育活动，是教师以多种形式有目的、有计划地引导幼儿生动、活泼、主动活动的教育过程。"

《幼儿园工作规程》指出："幼儿园应当为幼儿提供丰富多样的教育活动。教育活动内容应当根据教育目标、幼儿的实际水平和兴趣确定，以循序渐进为原则，有计划地选择和组织。教育活动的组织应当灵活地运用集体、小组和个别活动等形式，为每个幼儿提供充分参与的机会，满足幼儿多方面发展的需要，促进每个幼儿在不同水平上得到发展。教育活动的过程应注重支持幼儿的主动探索、操作实践、合作交流和表达表现，不应片面追求活动结果。"

综上所述，幼儿园教育活动是指教师从幼儿的兴趣和实际水平出发，根据幼儿园教育目标，有目的、有计划地组织幼儿参加的、多种多样的、形式活泼的、有益于幼儿身心发展的专门性活动。

所有的教育观念只有转化为具体的教育活动才能发挥其固有的价值。教

① 杨文尧：《幼儿园活动设计与实践》，90页，北京，高等教育出版社，1999。

② 唐燕：《幼儿园教育活动设计与实施》，43页，上海，华东师范大学出版社，2013。

师只有明确幼儿园教育活动的相关知识，才能在教育幼儿的工作实践中发挥主观能动性，使幼儿园教育活动成为幼儿全面发展教育的有效途径。

课证融通

单选题(2012 年保教知识与能力真题)：对幼儿园活动的正确理解是(　　)。

A. 儿童尽情地随意玩耍

B. 在安全的前提下按课程的要求活动

C. 为儿童舒展筋骨而开展活动

D. 教育过程就是活动过程，促进儿童身心的健康发展

答案：D。

二、幼儿园教育活动的特点

(一)目的性、计划性

幼儿园教育活动具有明确的目的性，是根据社会需求培养人才的，体现国家对将来所需人才在幼儿园阶段的要求和质量。所以，幼儿园的所有活动都是由社会培养和指派的专职教育人员有目的、有计划、有组织进行的活动。幼儿园教育活动的目的性和计划性的特点，是通过幼儿园教育中教师主导作用的发挥来实现的。教师为幼儿创设适宜的活动环境，提供丰富多样、数量充足的玩具、材料，并在幼儿活动的过程中调控活动的进程，引导活动的方向。幼儿园教育活动的目的性和计划性是遵循幼儿发展规律、循序渐进地实施教育的基本保证。

(二)生活化

幼儿的学习与发展是在一日生活中进行的。《幼儿园工作规程》指出教育活动内容应当根据教育目标、幼儿的实际水平和兴趣确定，也就要求幼儿园教育活动的内容来源是幼儿的生活。只有源于幼儿的生活的内容才是符合幼儿的实际发展水平，才是幼儿感兴趣的。《3—6 岁儿童学习与发展指南》提出："幼儿的学习是以直接经验为基础，在游戏和日常生活中进行的。"而作为幼儿学习活动的幼儿园教育活动就需要在游戏和日常生活中展开，让幼儿在直接感知、实际操作和亲身体验中获取直接经验。因此，幼儿的生活不仅为幼儿园教育活动准备了充满生命力的教育内容，还提供了多种多样的教育途径。

课证融通

论述题(2017 年保教知识与能力真题)：为什么幼儿园教育要贴近幼儿的生活?

答案：略。

(三)游戏性

"寓教于乐"是幼儿园教育的一个基本要求。幼儿园教育活动要想发挥其

作用，首先就要让幼儿感到“乐”。那么什么活动会让幼儿快乐？首选当然是游戏。游戏是符合幼儿的天性和幼儿喜欢的活动，也是符合幼儿身心发展要求的快乐而自主的实践活动。《幼儿园工作规程》明确指出，幼儿园教育要以游戏为基本活动，寓教育于各项活动之中。由此可以看出，游戏是幼儿园教育的一种基本活动形式，也是适合幼儿的基本学习途径。幼儿园教育中不仅要使游戏成为活动的内容，还要使其成为活动的重要形式和手段。这是由幼儿喜欢游戏这一年龄特点决定的。

(四)整合性

幼儿园教育活动是利用多种教育资源、运用多种教育形式、综合多个领域内容而构成的教育活动。① 幼儿的学习与发展具有整体性，为此幼儿园教育活动应该是高度整合的，以促进幼儿的全面和谐发展。在幼儿园教育实践中，幼儿园教育活动是教师在幼儿一日生活中实施幼儿园课程、实现幼儿园保教目标的所有活动的总和。其中各类或各个活动相互联系、相互渗透，综合构成一个整体，综合发挥作用，共同促进幼儿的全面发展。因此，幼儿园教育活动作为幼儿发展的基础和重要源泉，促进幼儿德、智、体、美、劳诸方面的综合发展。

(五)多样性

多样性这个特点其实在幼儿园教育活动的内涵中已经提到过。幼儿园教育活动涉及幼儿在园的一日生活活动，包括教学活动、生活活动、游戏活动和其他常规性的活动；既可以专注于某一领域的活动，也可以是整合多领域的活动；形式上既可以是集体活动，也可以是小组和个别活动；场地上既可以是室内活动，也可以是户外活动。因此，幼儿园教育活动无论从内容范围、活动形式来看，还是从活动场地来看，都具有多样性的特点。②

三、幼儿园教育活动的分类

幼儿园大班半日活动设计方案

前文提到幼儿园教育活动的特点之一就是多样性，原因之一就是幼儿园教育活动有多种不同的分类标准。分类标准不同，教育活动的类型也不同。幼儿园教育活动一般可以分为以下几种类型。

(一)按照幼儿园教育活动的内容领域划分

按照幼儿园教育活动的内容领域，幼儿园教育活动可以分为健康教育、语言教育、社会教育、科学教育和艺术教育五类。这种划分不是绝对的，因为五大领域之间的内容是相互渗透的，是教师按照内容的特点选择适当的教学方法和组织形式，引导幼儿的学习和发展。

---

① 姚伟：《学前教育原理》，172 页，长春，东北师范大学出版社，2012。

② 高敬：《幼儿园教育活动设计与指导》，3～4 页，上海，华东师范大学出版社，2014。

(二)按照幼儿在园一日生活的性质划分

按照幼儿在园一日生活的性质，幼儿园教育活动分为生活活动、学习活动、游戏活动。①

生活活动指幼儿早晨入园到晚上离园这一整天中进行的脱换衣服、擦洗桌椅、吃点心、吃午饭、喝水、午睡、大小便等内容的活动。学习活动既包括根据幼儿园教育目标的要求由教师带领幼儿进行的有组织、有计划的传递某种知识和技能的活动，也包括幼儿根据教师的要求自己进行的学习某种知识和技能的活动，涉及科学、语言、音乐、美术等多个领域。游戏活动有两种：一种是由教师根据幼儿的年龄特点专门设计的围绕某个主题展开、在特定区域进行的任务定向活动，如玩娃娃家、开理发店、玩建筑工地、拼插玩具、拼图等区角游戏和桌面游戏活动；另一种是由幼儿自主选择材料、同伴、方式方法所进行的自由活动。

还有一种说法是把游戏活动细化为室内游戏活动(简称游戏活动)和户外活动，再加上生活活动和学习活动，共有四种。

(三)按照幼儿园教育活动的组织形式划分

按照幼儿园教育活动的组织形式，幼儿园教育活动可分为个别活动、小组活动和集体活动。第二课“幼儿园的主要教育活动”中会对这三种组织形式进行具体的阐述。

(四)按照幼儿参与活动的自主程度划分

按照幼儿园幼儿参与活动的自主程度，幼儿园教育活动可以分为幼儿自选活动和教师指定活动。

幼儿自选活动是指幼儿根据自己的兴趣、需要和意愿，自由选择活动及内容材料，并由幼儿自己决定活动方式和合作伙伴等的活动。教师为幼儿的自选活动创设环境、提供材料和活动空间，必要时进行参与、指导。幼儿自由游戏、区角游戏等属于幼儿自选活动。教师指定活动是指教师有计划地预设教育活动目标，创设活动环境、提供活动材料，并指导幼儿参与活动过程、实现活动目标的活动。集体教学活动、户外早操活动属于教师指导活动。

(五)按照幼儿园教育活动的结构化程度划分

按照幼儿园教育活动的结构化程度，幼儿园教育活动可分为无结构教育活动、低结构教育活动、高结构教育活动和完全结构化教育活动。

按照这种分类方法，由幼儿自主发起的、教师组织安排成分最低的游戏活动是无结构教育活动；区角活动和主题活动分别是低结构教育活动和高结构教育活动；完全由教师预设并实施的、组织安排活动成分最高的教学活动

---

① 教育部基础教育司：《〈幼儿园教育指导纲要(试行)〉解读》，90页，南京，江苏教育出版社，2002。

是完全结构化教育活动。

第二课 幼儿园的主要教育活动

幼儿园教育活动的种类有很多。本书主要介绍教学活动、生活活动和游戏活动。

典型案例

中班教学活动“空气娃娃变脏了”的活动过程如下。

①将幼儿分为三组，分别要求三组的幼儿在马路边、建筑工地、花园打开雪花膏的小盒子。

②带领幼儿到马路边、建筑工地、花园感受不同地方空气的不同，获得不同的空气给自己带来的不同的情绪体验。

③比较三组幼儿小盒子内雪花膏的变化。

请幼儿用眼睛观察三组小盒子内雪花膏的不同。

请幼儿用显微镜观察三组小盒子内雪花膏的不同。

思考并回答：为什么在马路边、建筑工地的雪花膏变灰了，并有黑点？在马路边，在建筑工地上，你觉得那里的空气怎么样？你喜欢哪里的空气，感觉怎么样？空气是怎样受到污染的？怎样能使空气保持清新？①

上述案例是一个幼儿园中班教学活动。什么样的活动才能称为“教学活动”？上述教学活动中使用的组织形式和教学方法有哪些？下面会对这些问题进行阐述。

一、幼儿园教学活动

幼儿园教学活动和中小学教学活动是不一样的。教师在设计与组织教学活动时要考虑幼儿注意力集中时间短、具体形象的思维特点、以无意注意为主等年龄特征，才能更好地发挥幼儿园教学活动的功能，促进幼儿的发展。

(一)幼儿园教学活动概述

1. 幼儿园教学活动的内涵

“教”和“学”两个字早在甲骨文中就出现了。将“教学”联字成词始于《尚书·商书·说命》，但是对这个词没有做出专门的解释。在中外教育史上，对教学的定义有很多种。在我国，对教学的普遍理解有广义和狭义之分。广义的教学是指与生活经验相区别的活动，趋同于“教育”。狭义的教学是指以教师的教和学生的学为主要形式，通过传授知识、培养品德、对学生的身心施加多

---

① 袁爱玲：《学前创造教育活动设计》，94页，北京，北京师范大学出版社，2001。

方面影响的活动。我们平时所说的教学更多是狭义的理解。

通过这个定义可以看出，教学就是指师生双边的共同活动。构成这种活动的基本成分有教师的教、学生的学以及教学过程中使用到的媒介和材料。因此，幼儿园教学活动就是教师有目的、有计划地对幼儿施加影响的活动。

2. 幼儿园教学活动的功能

(1)幼儿园教学活动是对幼儿实施全面发展教育的重要途径

与日常生活活动、游戏活动相比，教学活动对幼儿全面发展教育的影响更具直接性。它的目的性、计划性在三种活动中是最强的，更能按照教师预设的教育目标对幼儿施加影响。教师通过有目的、有计划的教学活动，开展健康、语言、社会等活动，促进幼儿在身体、认知、社会性、情感等方面全面发展。从《幼儿园教育指导纲要》中五大领域的培养目标可以看出，教学活动不强调幼儿掌握多少知识，但是必须鼓励幼儿的学习，重视幼儿学习过程中经验的获得、能力的提升，重视对幼儿学习兴趣和学习方法的指导和培养。这些都是为幼儿以后的学习乃至终身学习奠定良好的基础。

(2)幼儿园教学活动是促进教师专业成长的重要途径

教学活动既与幼儿的发展有关，也与指导教师的专业发展密切相关。幼儿的发展依赖于高质量的教学活动，而高质量的教学活动依赖于教师的教育观念、素养、教学经验、教学艺术等。教师通过全身心投入教学活动的设计与组织，不断地从理论和实践上反思自己的教学行为，从而不断提高、充实自己的教育观念、教师素养和教学艺术，促进自身的专业成长，做到教学相长。

教师在设计与组织教学活动时需要认真考虑教学目标，精心选择教学内容，组织、观察、调控教学过程，并对教学活动方案和教学活动过程进行评价和反思。这些均能直接锻炼教师的专业素养，使他们不断积累教学经验，这本身就是教师的专业成长。

(3)幼儿园教学活动是学前教育改革的阵地

学前教育改革是否深入、是否有成效，体现在教学活动的过程中。教学活动作为最能体现教育活动的目的性、计划性的活动，并不是随心所欲任意设计的。它要根据《幼儿园教育指导纲要(试行)》《3—6岁儿童学习与发展指南》的精神和幼儿发展的水平和特点设计，要受到各种因素的影响和制约，将活动目标依托活动内容展开，通过多种组织形式和教学方法，转化为活动过程的实践。这充分体验了设计者和组织者的教育理念。通过教学设计、组织实施与反思，每一次教学活动的成功与失败都是幼儿园教育研究的基本依据，教学活动改革的探索与实践都将促进幼儿园教育研究的完善和进步。

(二)幼儿园教学活动的组织形式

从时间上看，幼儿园教学活动是幼儿在园一日生活的一部分。所以，教师要善于分析和判断，采用恰当的教育形式和方法，争取实现教育效果的最优化。幼儿园教学活动的组织形式可分为集体活动、小组活动和个别活动。

1. 集体活动

集体活动是指全体幼儿在教师的统一指导下，在同一时间内开展同样的活动，达成同样的活动目标。集体活动是幼儿园活动中常见的组织形式之一，是我国长期存在的教学组织形式。在当前我国幼儿园中幼儿人数多、教师人数少的情况下，这种活动形式还是具有优势的。

集体活动的优点是效率高，比较适合幼儿人数多、有明确活动目标、活动的结构化程度较高的教学活动。因此，集体活动一般又称为集体教学活动。在集体活动中，幼儿能够学会倾听，同时也能表达自己的想法，学习遵守规则、约束自己的行为。这些对幼儿的社会性发展是非常重要的。但是它也有不足之处，难以照顾到全体幼儿以及幼儿的个体差异，容易忽视幼儿的独特性，难以根据幼儿之间的差异对幼儿进行有效的针对性指导，做到因人施教。

课证融通

简答题(2014 年保教知识与能力真题)：简述幼儿园集体教学的利与弊。

答案：略。

近年来，随着幼儿园教育改革的深入，有些人认为集体活动存在忽视个体、容易出现消极等待等问题。为此，教师可以用启发、引导的方法吸引幼儿主动参与集体活动，发挥集体活动的优势，需要注意以下两个方面。①

第一，要用适宜的教学方法。教师应充分分析教学目标，精心选择活动内容，明确活动的重难点，根据本班幼儿的实际情况进行活动设计。教师要做好活动的准备，对每种玩具材料在活动过程中的应用做到心中有数。教师要针对不同的活动内容、不同的教具材料、不同幼儿的情况，选择相应的教学方法，如讲解法、演示法、操作法、游戏法等，让每个幼儿都能有适合自己的参与和操作，从而使每个幼儿都有所得、有所发展。

第二，要分析幼儿的学习方法。了解幼儿的学习特点以便让幼儿有适宜的学习方法，从而让幼儿真正参与到教学活动中，有所发展。为此，教师要创设情境，让幼儿在其中体验、尝试、操作与发现。教师要多让幼儿在情境中动手操作材料，建构属于自己独特的经验。

另外，教师在组织集体活动时还要注意以下三点。

第一，注意新的活动内容的难度要适应幼儿原有的认知结构，让幼儿能在原有的基础上得到发展，并具有一定的挑战性。

第二，针对不同幼儿发展水平的差异，准备难度不同的问题和操作材料，要尽量让不同发展水平的幼儿都能得到发展。

---

① 陈泽婧、王祥：《学前教育学》，94 页，北京，中国商务出版社，2018。

第三，充分考虑幼儿在学习新知识时可能面临的种种困难、可能提出的各种问题，并做好相关的准备。

想一想

《幼儿园教育指导纲要》组织与实施部分为什么提出“尽量减少不必要的集体行动”的要求？

2. 小组活动

小组活动是教师根据教学需要或者幼儿的不同水平、不同兴趣把全班幼儿分成两个或两个以上的小组，根据各组的特点分别开展的教学活动。比如，集体活动后的分组练习或操作，让幼儿根据区角规则和自己的意愿进入区角进行小组合作的活动等。

小组活动可以让幼儿在比较宽松的环境中，在同一时间单元中选择不同的内容进行相互合作或个别学习，使教师能面对幼儿进行较全面细致的指导，使幼儿容易和教师进行互动，有利于教师与幼儿和幼儿彼此之间的相互交流。因此，小组活动的优点就是便于教师关注少数或个别幼儿的活动情况，有利于因人施教的实现。但是同时展开多种或多组教学活动分散了教师的注意力和精力，可能会出现顾此失彼的现象，而且需要有相应的园舍、师资和设备等条件。

小组活动的重点在于分组。分组的依据有很多，但是较重要的是考虑教学活动需要、幼儿的不同发展水平和兴趣需要。如果是根据幼儿的发展水平分组，教师就要真正了解不同幼儿的发展水平，分组过后要根据幼儿的能力水平提出不同的要求，提供难度不同的操作材料。如果是让不同发展水平的幼儿在同一组参与活动，教师要考虑的内容就更多了，如各组之间的平衡、组员的性格、做事的风格、组员之间的互补配合等。

课证融通

单选题(2012 年保教知识与能力真题)：在幼儿园教育活动中，能为幼儿提供较多交谈机会的组织形式是(　　)。

A. 小组活动　　B. 集体活动　　C. 全园活动　　D. 个别活动

答案：A。

3. 个别活动

个别活动是教师根据幼儿的特殊需要进行的教学活动，可以是幼儿的自我学习活动，如个别幼儿自由选择的区域活动；也可以是教师对幼儿的个别教育活动，如有特殊才能的幼儿或有发展障碍幼儿的个别教育。这是教师根据幼儿个体的兴趣需要、不同能力水平开展的有针对性的教学活动。这也是幼儿根据自己的兴趣需要自愿自发进行的活动。比如，在一日活动转换阶段，幼儿开展的自由活动、游戏活动、区角活动等大多为个别活动。

个别活动建立在个体差异性上，能较好地考虑每一个幼儿的能力和接受程度，照顾个别幼儿的特点和兴趣，但需要花大量的时间和精力，需要更充足的人力等主客观条件。如果幼儿人数过多的话，个别活动的开展就存在困难。

典型案例

为了有助于幼儿的小肌肉发育和培养幼儿的细致操作能力，教师在操作区设置了“夹玻璃球”的内容。在练习用筷子夹玻璃球时，能力强的幼儿可选择夹进瓶中，能力弱的幼儿可选择夹进盒中。班上有一位幼儿由于先天原因，动作发展特别缓慢。教师就在旁边放了一把勺子，让他可以用勺子把玻璃球舀进盒中。这样可以让每个幼儿都能找到适合自己的材料，给他们提供不同的操作机会。

这三种组织形式各有优点，也都有相应的不足之处。在教学活动中，教师要根据教学活动的需要、教学内容的特点和幼儿的实际情况，在不同的情况下选择不同的组织形式，以发挥组合的优势。

(三)幼儿园教学活动常用的方法

幼儿园教学目标的实现离不开适当的教学方法。幼儿园教学方法是指在教学过程中，为了实现教学目标而采用的方法。教学方法既包括教师教的方法，也包括幼儿学的方法，是实现教学目标的中介。幼儿园教学活动常用的方法有直观法、游戏法、观察法、操作法、实验法、语言法等。

1. 直观法

直观法是幼儿园教学活动的一种重要方法，符合幼儿的思维特点和直观性原则。直观法是教师为了配合语言的讲述、讲解，在教育过程中向幼儿展示实物、教具或进行示范性实验和表演，借以说明和验证所讲知识的方法。直观法是让幼儿各种感官积极参与活动，以获得直接经验。

2. 游戏法

游戏法是指教师在教学过程中，借助游戏的方法来完成教学任务，把幼儿的学寓于游戏中的方法。游戏是幼儿喜欢的活动，游戏法是符合幼儿的认知水平和心理特点的方法，是幼儿园教学活动的一种重要方法，并深受幼儿的欢迎。游戏法可以极大地激发幼儿学习的兴趣，集中幼儿的注意力，充分地调动幼儿学习的积极性和主动性。

运用游戏法的要点如下：游戏的内容要健康，要有益于幼儿的身心发展；根据不同的教育目标和教育内容选择、创编不同形式的游戏；教师要重点指导幼儿遵守游戏规则，能够克服困难，独立或与同伴合作完成游戏任务；教师应根据游戏的内容及形式的不同，采用不同的指导方法；各年龄班运用游戏法的比例应有所不同，年龄越小，宜多采用游戏法。

3. 观察法

观察法是指教师有计划、有目的地引导幼儿感知客观事物的方法。观察法是幼儿认识周围世界、获得直接经验的重要途径。

观察法包括个别物体观察、比较性观察、长期系统性观察等形式。观察活动可以是幼儿主动的、自发的活动，也可以是教师专门组织的活动。观察法的使用重在引导幼儿学会观察，因此教师要注意做到以下几个方面：观察前，教师要做好准备，包括确定观察目的、选择观察对象、拟订观察计划等；观察开始时，教师要向幼儿提出观察目的，引起幼儿的兴趣；观察过程中，教师要指导幼儿观察的方法，如观察的顺序等；观察结束时，教师要进行总结，巩固幼儿观察的所得。

课证融通

单选题(2013 年保教知识与能力真题)：为了解幼儿同伴交往的特点，研究者深入幼儿所在的班级，详细记录其交往过程使用的语言和出现的动作等。这一研究方法属于(　　)。

A. 访谈法　　B. 实验法　　C. 观察法　　D. 作品分析法

答案：C。

4. 操作法

操作法是指幼儿通过亲自动手操作直观教具，在摆弄物体的过程中进行探索，从而获得知识、经验和技能的方法。操作法符合幼儿好动、好玩的年龄特点。动手操作是幼儿认识世界的重要实践活动，也是幼儿巩固新知识、形成技能技巧的方法。

运用操作法的要点如下：在幼儿动手操作之前，教师应向幼儿说明操作的目的、要求和具体的操作步骤、方法；在幼儿操作的过程中，教师要观察幼儿的操作情况，及时发现问题，引导幼儿积极思考和探索；教师要讨论操作的结果，帮助幼儿将获得的感性经验予以整理归纳，明确概念；操作材料的数量要充足，一般人手一份；教师要给幼儿充分的时间去摆弄物体、去思考和探索，以达到操作的目的；教师要根据不同的教学内容及不同年龄的幼儿提出不同的要求。

5. 实验法

实验法是通过为幼儿提供材料，指导他们以一定的方法，进行动手操作和尝试探索，来验证他们生活中的某些疑问，从而获得知识和经验的方法。比如，在进行“沉与浮”实验时，教师为幼儿提供不同材质、不同大小的物品，让幼儿自己进行尝试、发现、得出结论，理解生活中的沉浮现象。

运用实验法的要点如下：实验所用的材料和工具必须符合安全、卫生的原则；幼儿应该在教师的指导下独自操作完成实验；教师事先要体验实验的过程和结果，才能在指导幼儿实验时做到心中有数，并能对幼儿的各种实验结果做出科学解释。

6. 语言法

语言法是教师通过语言来进行教学的方法，是教师通过讲述和讲解向幼儿描绘情境、叙述事实、解释概念、说明道理，使幼儿直接获得知识的方法。这是使用较早、应用较广的方法，也是幼儿园教学活动中应用较为普遍的方法。语言是教师与幼儿相互交流的主要媒介。语言法包含多种方法，主要有讲解法、讲述法、提问法、谈话法、讨论法等。

讲解法是教师采用简洁明了的语言向幼儿解释和说明某一事物的方法。教师在讲解的过程中经常伴有动作示范。

讲述法是教师通过口头语言生动地向幼儿讲述故事、叙述事物、朗诵文学作品的方法。

提问法是教师通过提出启发性问题组织幼儿进行问答和讨论的方法。

谈话法是教师根据幼儿已有的知识经验，通过一问一答的交谈方式，引导幼儿思考问题、交流经验，以获得新的知识经验的方法。

讨论法是教师根据幼儿已有的知识经验，根据学习主题提出问题，引导幼儿围绕问题发表自己的见解和看法以进行集体交流的方法。

运用语言法的要点如下：讲解的语言要生动形象、清晰准确、浅显易懂、简明扼要、富有感情，让幼儿愿意听，并能听得懂；讲解时尽量与演示、示范相结合，或辅以适当的肢体语言，做到形神兼备，利于幼儿理解；提问时要考虑提问的艺术，应围绕主题，由浅入深，具体明确，多提启发性、开放性问题，让幼儿展开想象，运用已有经验大胆思考；谈论的主题应在幼儿的认知经验范畴内，应该是幼儿感兴趣且关心的内容，利于幼儿丰富知识经验，提高语言表达能力；组织幼儿讨论时要给幼儿很大的空间和自主性，让幼儿充分发表自己的见解和看法，培养幼儿分析问题和解决问题的能力和口头表达能力。

二、幼儿园生活活动

幼儿园生活活动

幼儿园生活活动是幼儿在幼儿园天天要做的事情，是幼儿园教育活动的重要组成部分，是对幼儿进行全面发展教育的重要途径和手段。《幼儿园教育指导纲要(试行)》："幼儿园应为幼儿提供健康、丰富的生活和活动环境，满足他们多方面发展的需要，使他们在快乐的童年生活中获得有益于身心发展的经验。"

(一)幼儿园生活活动概述

1. 幼儿园生活活动的内涵

幼儿园生活活动是指幼儿园一日生活中的为满足幼儿的基本生活需要的生活环节和活动。它主要包括入园、晨检、早操、进餐、饮水、睡眠、盥洗、如厕和离园等常规性的活动。表 9-1 为幼儿园一日生活时间安排示例。

表 9-1　幼儿园一日生活时间安排示例

时间	内容
7：30—8：30	入园、晨检、早操活动
8：30—9：00	早餐、餐后区域活动
9：00—9：10	休息、喝水、如厕
9：10—9：40	教学活动
9：40—9：50	休息、喝水、如厕
9：50—10：20	教学活动
10：20—11：10	户外游戏
11：10—11：20	喝水、如厕、餐前准备
11：25—11：55	午餐、区域活动
11：55—12：10	户外散步
12：10—12：15	睡觉前准备(如厕)
12：15—14：30	午睡
14：30—15：00	起床、如厕、盥洗、喝水
15：00—15：30	特色教学活动
15：30—16：00	吃午点、休息
16：00—16：40	户外游戏
16：40—16：50	休息、喝水、如厕
16：50—17：00	离园前的准备工作
17：00—17：30	离园

从表 9-1 可以看出，幼儿园生活活动在一日生活中占用时间较长，内容丰富，形式多样，是幼儿一日生活的重要组成部分，贯穿于一日生活的始终。因此，幼儿园生活活动对于培养幼儿基本的生活自理能力、养成幼儿良好的生活行为习惯有着非常重要的作用。

2. 幼儿园生活活动的特征

《3—6 岁儿童学习与发展指南》指出："幼儿的学习是以直接经验为基础，在游戏和日常生活中进行的。"因此，教师要重视幼儿园生活活动对幼儿发展的重要价值。要安排合理的一日生活，就要先了解生活活动的主要特征。

(1)时间延续长且相对固定

从幼儿园一日生活的时间安排可以看出，生活活动在一日生活中所占的时间比例很大，且贯穿在一日生活的方方面面。从早上入园开始到晚上离园结束，生活活动包括幼儿在园的就餐、着装、盥洗和自由活动等各项活动。除了为时不长的教学活动和幼儿非常喜欢的游戏活动外，其余的全是生活活动，在时间延续上是所有活动所无法比拟的。而且幼儿园一日生活作息基本是固定的，幼儿在园每一天的某个时间段内都有安排，可以保证幼儿园一日生活活动的规律性、有序性。这样有助于幼儿养成科学合理的生活习惯，有利于幼儿身心和谐发展。

(2)内容丰富

因为生活活动占用的时间比较长，幼儿园就可以从容地安排幼儿生活活动的内容。这些内容包括幼儿在园的一切生活内容。这些内容既包括维持幼儿基本生活的吃、喝、穿、洗、睡等，也包括教师组织幼儿各项活动中间的过渡环节。这些内容既有幼儿的基本生活活动，也有教师为了帮助幼儿养成良好的生活卫生习惯所组织的教育活动。比如，前者是组织幼儿喝水；后者是组织幼儿喝水时引导幼儿了解喝水的必要性，帮助幼儿养成需要喝水时自主喝水的良好习惯。由于内容的丰富性再加上幼儿的年龄问题和个体差异，虽然幼儿园生活活动的时间相对固定，但是不可能每天都一成不变，而是有着相对的变化。

课证融通

单选题(2016 年保教知识与能力真题)：活动区活动结束了，可是曼曼的“游乐园”还没搭完。他跟教师说：“老师，我还差一点儿就完成了，再给我 5 分钟好吗?”教师说：“行，我等你。”教师一边说一边指导其他幼儿收拾玩具……该教师的做法体现了幼儿园一日生活安排应该(　　)。

A. 与幼儿积极互动　　B. 根据幼儿的活动需要灵活调整

C. 按照作息时间按部就班地进行　　D. 随时关注幼儿的活动

答案：B。

(3)影响深远

幼儿在生活活动中会接触许多事物，了解其名称、性能和用途。这对于他们增长知识、发展智力有着很大的促进作用。在做事的过程中，幼儿需要克服各种困难、获得成功体验、树立自信，并在这个过程中学会关注、关心自己及他人的情绪情感，提高人际交往能力。幼儿期是习惯养成的关键时期，能为幼儿后期的性格、个性的发展奠定初步的基础。教师引导幼儿养成良好的习惯，对幼儿今后一生的发展乃至整个民族的整体素质的提升都有着深远的、不可忽视的影响。

3. 幼儿园生活活动的功能

(1)帮助幼儿适应集体生活

幼儿从家庭进入幼儿园，开始独立接触第一个真正意义的社会环境。环境变化之大，对幼儿而言是一个巨大的挑战。从家庭的中心成员到幼儿园里众多小朋友中普通的一员，这样的变化需要幼儿付出努力去适应。这种适应既是被动的，也是主动的，对幼儿今后的长远发展有着重要的意义。

在幼儿园，教师要照顾几十名幼儿，需要培养他们一定的生活自理能力，使其尽快地熟悉、适应幼儿园的集体生活和学习环境。幼儿还要逐渐学习与人相处、与人合作。这些是幼儿今后生活、生存发展所必须具备的品质，也是时代对幼儿提出的要求。

(2)使幼儿愉快地度过每一天

《幼儿园教育指导纲要(试行)》要求幼儿园成为幼儿快乐的童年生活的地方，使幼儿愉快地度过每一天，而实现这个目的的重要途径就是生活活动。幼儿在日常生活中的体验好坏直接决定着幼儿能否愉快地度过这一天。在幼儿园有水喝、有饭吃、有玩具玩、有游戏参与、有同伴相伴、有教师指导是幼儿心情愉悦的物质基础和前提条件。但是这些能不能变为现实，也是对幼儿的挑战，更是幼儿发展的过程。幼儿要学会自主、主动地完成生活活动任务，需要学习与同伴、教师友好地相处等。因此，教师不仅要把幼儿园生活活动看成满足幼儿生理需要的过程，还要给幼儿学习发展的机会，使幼儿的相关能力逐步得到提升，从而让幼儿在集体生活中感到温暖、愉悦，形成安全感、信赖感。从这个意义上说，生活活动可以让幼儿在幼儿园愉快地度过每一天，为幼儿快乐的童年生活添上有色彩、有力度的一笔。

(3)作为幼儿学习的重要途径

幼儿的身心发展特征决定了教育的生活化。幼儿园教育要保教并重，必须将教育植根于幼儿的一日生活中。生活活动是幼儿园教育的重要内容，也是幼儿园教育的重要途径。对于幼儿而言，他们的学习绝大部分是生活化的、游戏化的教育活动。《幼儿园教育指导纲要(试行)》指出，教育活动内容的选择既贴近幼儿的生活来选择幼儿感兴趣的事物和问题，又有助于拓展幼儿的经验和视野；教育活动内容的组织应充分考虑幼儿的学习特点和认识规律，各领域的内容要有机联系、相互渗透，注重综合性、趣味性、活动性，寓教育于生活、游戏之中。这就要求幼儿园从幼儿的一日生活中选择适宜的教育内容，并将其与幼儿的一日生活联系起来，使幼儿园教育真正实现从生活中来、到生活中去。实际上，幼儿生活的每一个环节都具有一定的教育价值，教师要加以充分利用。

典型案例

户外活动结束后，教师组织幼儿集合排队。可大部分幼儿还饶有兴趣地观察着地上的蚂蚁，对教师不加理睬。教师走过去似乎不经意地说：“蚂蚁这样小，长得什么样都看不清楚。”幼儿争先恐后地给教师解说。幼儿问教师：“蚂蚁会游泳吗?”幼儿争执起来：“会!”“不会!”教师没有直接告诉答案，而是端来一盆清水，和幼儿一起做实验。幼儿在探索中得出了结论：蚂蚁不会游泳。

分析：幼儿在生活中会碰到各种各样的学习机会。教师的适当引导就会成为幼儿学习的催化剂。

(4)养成良好的习惯

幼儿期是形成良好习惯的关键时期。幼儿园一日生活时间的相对固定，不仅是为了教师组织的便利性，还是为了幼儿养成良好的、有规律的日常习惯。幼儿在幼儿园的习惯养成，也是幼儿园常规工作的教育过程。《幼儿园教育指导纲要(试行)》指出："建立良好的常规，避免不必要的管理行为，逐步引导幼儿学习自我管理。"因此，引导幼儿养成良好的一日生活常规非常重要。生活常规形成后，幼儿能独立生活，如自己洗手、吃饭、穿衣，能在集体学习和自由探索活动中认真倾听、积极发言、专心思考，并和同伴、教师友好相处，愉快地度过每一天。而这些都需要在幼儿的生活活动中逐渐地、一日复一日地形成与发展。因此，教师要在生活活动中运用多种形式、通过多种途径，持之以恒地帮助幼儿建立良好的一日生活常规，形成各种生活和行为习惯，促进幼儿全面、健康、愉快地成长。

课证融通

单选题(2012 年保教知识与能力真题)：制定班级幼儿生活常规的主要目的是(　　)。

A. 帮助幼儿学会自我管理　　　B. 便于教师管理

C. 让幼儿学会服从　　　D. 维持纪律

答案：A。

(二)幼儿园生活活动的内容和要求①

幼儿园生活动的内容有很多，大致可以分为以下七类。

1. 入园和晨间活动

入园和晨间活动对幼儿的常规要求如下。

①喜欢教师和自己的同伴，愿意上幼儿园。

②衣着整洁，情绪稳定愉快，乐意接受晨检。

③不带危险品、零食入园，中、大班幼儿能把衣帽等叠好放到固定处。

④能用普通话主动地、有礼貌地向教师、同伴问好，向家长说再见。

⑤积极参与晨间活动，活动后能整理、摆放玩具。

入园和晨间活动是幼儿一天集体生活的开始。教师的主要任务是热情接待幼儿和家长，观察与了解幼儿的情绪，进行必要的衣物、药物交接，因势利导地对幼儿和家长进行个别教育。晨间检查时，教师要做到：一看，看脸色、看皮肤、看眼神、看咽喉；二摸，摸摸是否发烧，摸腮腺是否肿大；三问，问幼儿在家吃饭的情况，睡眠是否正常，大小便有无异常；四查，检查是否携带不安全物品。然后教师组织幼儿开展自由活动。

① 王清风：《学前教育学》，162～170 页，南京，南京大学出版社，2018。

2. 进餐活动

进餐活动对幼儿的常规要求如下。

①餐前自觉洗净手、脸，方法正确，愿意与同伴一起进餐。

②独立进餐，细嚼慢咽，不边吃边玩。

③正确使用餐具，保持桌面、地面和衣服清洁。

④不挑食、不剩饭菜，不过量进食，养成良好的进餐习惯。

⑤餐后将餐具放到指定地点，漱口、擦嘴。

进餐是幼儿一日生活中的重要内容。教师要做好进餐准备。例如，教师要让幼儿在整洁、轻松、愉快的氛围中进餐，为此要在进餐前半个小时结束其他活动。教师要快速安排餐桌，用消毒水擦拭餐桌，分发碗筷和餐巾。教师要组织幼儿有序地如厕和饭前洗手，并提醒幼儿洗手后保持手的清洁。进餐前，教师可以放一些优美、轻松的音乐或故事，以安抚幼儿的情绪，培养他们安静等待进餐的习惯。教师还可以介绍当天的食物，引起他们的食欲，帮助他们克服挑食、偏食的毛病。

幼儿进餐时的环境应该是安静、愉快、轻松的，使幼儿能够吃得香甜。幼儿进餐时，教师要注意认真观察幼儿进餐的情况，诸如餐具的使用方法、坐姿、咀嚼食物的方法以及进餐时情绪状况等。

结束后，教师要引导幼儿收拾自己的餐具并放在指定的位置，同时引导他们礼貌地搬椅子让位。小班可以先吃完先离开，中、大班则可请值日生专门在指定的地点整理餐具。同时，教师要让幼儿养成饭后洗手、漱口、擦嘴的好习惯，并培养幼儿爱惜粮食、珍惜他人劳动成果的良好品质。

3. 饮水活动

饮水活动对幼儿的常规要求如下。

①愿意定时饮水，需要时会主动取水喝。

②正确取水，不浪费水；不喝生水，喝水时不说笑，不边走边喝水。

③剧烈运动后稍做休息再喝水。

④饭前、饭后半小时少量饮水。

⑤用个人专用水杯喝水，水杯用后放回固定的地方。

教师要准备温度适宜的白开水，指导幼儿有序、独立地接水；指导幼儿学习正确使用水杯接水，并注意接水量；提醒幼儿安静喝水，不要边走边喝；做好幼儿的喝水记录，保证每个幼儿都能适量喝水；提醒生病幼儿随时喝水。

4. 睡眠活动

睡眠活动对幼儿的常规要求如下。

①喜欢在幼儿园午睡，能自然、独立入睡。

②逐步学会有顺序地穿脱衣裤，将衣物放指定位置。

③不带玩具上床，养成良好的睡姿与习惯。

④睡眠过程中有便意或身体不适时要及时告诉教师。

⑤按时起床，按顺序穿衣服，学习整理床铺。

在幼儿睡觉前，教师应提前做好通风换气、拉好窗帘、铺好床铺等准备工作，以便为幼儿创设一个舒适、安静、温馨的睡眠环境。在幼儿睡觉前，教师要检查床铺上有无杂物，并禁止幼儿将铅笔、小绳、橡皮筋、串珠、纽扣等物品带进寝室，以免幼儿睡觉前玩弄，尽量减少潜在的危险。对中、大班幼儿，教师可要求他们自己脱衣服和鞋袜，折叠整齐，并摆放在指定位置。小班幼儿则需要教师的帮助或个别指导。尤其是在睡前，教师要提醒幼儿先大小便、洗手，然后再上床。为了使幼儿尽快入睡，教师可以在睡前组织幼儿散步或进行安静的游戏活动，但应避免剧烈活动或容易使其兴奋的活动。

教师应时刻关注幼儿的整个睡眠情况。比如，幼儿的睡姿是否正确，是否盖好被子等。对于入睡困难的幼儿，教师应坐在他们的身边小声督促他们尽快入睡；对于生病的幼儿，教师尤其要细心测量其体温，观察其是否咳嗽、是否呕吐等情况，如发现问题要及时处理。

睡眠结束后，教师可要求小班幼儿逐个起床；要求中、大班幼儿在规定时间内共同起床，注意提醒幼儿整理好自己的床铺，鼓励先整理完床铺的幼儿帮助其他同伴整理床铺；也可以让他们互相扣纽扣、拉拉链、系鞋带等。

5. 盥洗活动

盥洗活动对幼儿的常规要求如下。

①逐步养成饭前、便后及手脏时洗手的习惯。

②洗手前挽好袖子，掌握正确的洗手方法，洗净双手。

③餐后能主动漱口，掌握运用鼓漱的方法漱口。

④洗手时，不玩水，学会擦香皂，能有秩序地洗手。

在实际生活中，教师要向幼儿提出明确的要求，教给幼儿盥洗的程序和方法，让幼儿有秩序地排队如厕、洗手、不推挤；要求幼儿不在盥洗室内大声喧哗和吵闹、追跑嬉戏；要求幼儿盥洗时不玩水和香皂，洗漱完毕要在水池中甩掉手上的水再离开，不把水甩在别人身上和地板上；要求幼儿一定关好水龙头，并互相转告节约用水。

6. 如厕活动

如厕活动对幼儿的常规要求如下。

①逐步学会自理大小便，大小便有异常情况能主动告诉教师或保育员。

②小便时不弄湿自己和同伴的衣裤。

③逐步学会便后用手纸自前向后擦屁股，穿好衣裤，用肥皂、流水洗手，整理服装，不在厕所逗留。

教师要带领刚入园的幼儿参观、熟悉厕所环境，指导幼儿掌握便池、坐便器等设备的使用方法。教师要允许幼儿按需要随时大小便；饭前、外出、入睡前提醒幼儿如厕；随时关注那些不敢表达便意的幼儿，主动询问，及时满足其如厕需求。

对小班幼儿，保教人员要悉心照料。每次幼儿如厕时，一名保教人员要在旁看护，随时帮助穿脱衣服有困难或不会擦屁股的幼儿，耐心引导，边帮边教。

对中、大班幼儿，保教人员要组织幼儿分性别如厕；指导幼儿学习擦屁股的正确方法；组织幼儿制定“文明如厕公约”。

7. 离园活动

离园活动对幼儿的常规要求如下。

①愉快地离园回家，带好要拿回家的物品。

②收拾整理好玩具，穿戴好衣帽。

③主动使用礼貌用语向教师、同伴说再见，不跟陌生人走。

④愿意与家长交流当日在园生活及活动情况。

教师要组织幼儿做好离园准备工作，使幼儿愉快地离开幼儿园。教师要引导幼儿做好清洁整理工作，组织幼儿做一些讲故事、阅读、折纸等安静活动等待家长来接。离园活动时一定要注意幼儿的安全，及时清点幼儿人数。

在安排和组织幼儿一日生活时，时间安排应有相对的灵活性和稳定性，既要利于形成秩序，又要满足幼儿的合理需要，照顾到个体差异。教师直接指导的活动和间接指导的活动相结合，保证幼儿园每天有适当的自主选择和自由活动时间。教师要建立良好的常规，避免不必要的管理行为，逐步引导幼儿学习自我管理。

三、幼儿园游戏活动

游戏是一种复杂的社会文化现象。从动物到人类，从室内到室外，从古至今，游戏行为无处不在。教师要重视幼儿园游戏活动的重要作用，使其在幼儿园教育活动中发挥出应有的价值，促进幼儿的全面和谐发展。

(一)幼儿园游戏活动概述

自从有了人类就有了游戏。游戏随着人类社会的持续进步而不断发展。但是关于什么是游戏，不同的人从不同的视角出发，形成了对游戏的不同认识。

1. 幼儿园游戏活动的内涵

福禄培尔是教育史上第一个系统研究游戏并尝试创建游戏实践体系的教育家。他认为，游戏是儿童内部存在的自我活动的表现，是一种本能活动。他将游戏的本质归结为生物性。

苏联教育家乌申斯基指出，游戏就是活动，这种活动的性质是自觉的、有意识的、有目的的。

我国学者黄人颂认为，游戏是幼儿喜爱的、主动的活动，是幼儿反映现实生活的活动。①

---

① 黄人颂：《学前教育学》，234～235页，北京，人民教育出版社，1989。

从上面的列举中可以看出，对于“游戏”的定义，学者们至今难以形成统一的认识，但是都承认游戏是幼儿与生俱来的天性，幼儿偏爱游戏，游戏伴随娱乐。

虽然不同的人对游戏的界定是不同的，但将他们对游戏的说法进行整理后不难发现，游戏有以下三个方面的含义。

(1)游戏是幼儿喜爱的活动，是幼儿生活的主要内容

游戏是幼儿童年生活中最令他们感到愉悦的生活内容。在幼儿的一日生活中，我们可以看到，除了基本的生活需要外，幼儿无论是在家中还是在幼儿园里，游戏是他们最喜欢的活动。

(2)游戏符合幼儿身心发展的需要

幼儿的年龄特点决定了他们需要具体的、形象、丰富多变的活动。游戏中有动作、玩具和游戏材料，游戏的内容和形式也是丰富多彩、灵活多变的；且幼儿在游戏中是自由自在的。这些都符合幼儿身心发展的特点，可以满足幼儿身心发展的需要。

(3)游戏是幼儿特有的一种学习方式

对于幼儿而言，游戏不仅是一种玩耍的方式，也是一种主要的学习方式。在游戏中，幼儿通过与玩具、材料、环境和同伴的活动，学习人际交往技能，认识周围环境，理解和掌握社会行为规范等。幼儿在游戏中的学习是一种自觉学习，不同于其他学习活动。①

综上所述，游戏在长期的历史发展中积淀了丰富的文化内涵，具有复杂而矛盾的多面性。所以，我们要把握游戏的基本特征，从而认识游戏的本质。

2. 幼儿园游戏活动的特征

游戏应该是幼儿现实生活中的活动，它是幼儿喜欢的、主动的、自愿参与的活动。幼儿园游戏活动的特征如下。

(1)愉悦性

游戏能给幼儿带来愉悦的体验，这一点似乎没有人否认过。甚至有人认为这是游戏的本质特征，是游戏的原始品质，也是吸引幼儿沉溺其中的主要原因。皮亚杰指出，游戏就是一种娱乐。在游戏中，幼儿不担心游戏以外的任何奖励和惩罚，把内在的需要和快乐的情绪结合起来，全身心地投入，使身心都处于最佳、最自然、最放松的状态。所以，整个游戏过程对幼儿来讲是愉悦的过程。

(2)自主性

幼儿参加游戏源自内部动机的诱发，而不是外部动机的强制决定，也不是为了顺从社会和其他外部条件的要求。在游戏中，幼儿实现着在现实生活

---

① 白燕梅、刘丽丹、焦娇：《幼儿游戏设计与指导》，4～5页，北京，北京理工大学出版社，2019。

中难以完成的愿望，在虚拟的世界里主宰着一切。这种自主、自由、自愿和游戏的自主性紧密相连。如果游戏变成外界强加给幼儿的，那就不是幼儿自己的游戏了。正如埃里克森所说，自由在何处止步或被限定，游戏便在哪里终结。

(3)虚构性

游戏是幼儿为了满足自己的愿望而模仿现实生活，并且加入自己想象的假象性活动。游戏中的幼儿都知道，他们正在进行的活动是假的，不是真实的。游戏是对现实生活的反映，但绝不会受限于生活，所以在游戏中没有来自真实生活的压力。在游戏中，幼儿根据游戏的需要，随意改变物品的外形和用途，不受现实生活的约束，用自己假想的内容表达着自己对现实生活的热爱和改造，体验着幻想中的快乐，平衡着自己内心对现实、对成人世界、对自由的渴望和需求。

(4)非功利性

从幼儿游戏的目的来分析，幼儿看重的是游戏的过程，而非结果。在游戏过程中，幼儿想的都是玩什么游戏和怎么玩游戏，游戏是否好玩是幼儿关注内容的重中之重。所以，对游戏者来说，游戏是无目的的，或者说游戏的目的就是游戏本身。幼儿就是为了好玩，为了开心，为了满足活动的愿望而游戏。例如，幼儿虽然一直在搭积木，但是这次搭的东西和下次搭的东西可能就是不一样的，利用积木想象出来的情境也有可能随时发生变化。

(5)规则性

自由是游戏的基本特征，但是自由的游戏也是需要规则的。只要认真观察就会发现，幼儿在游戏中并非毫无约束和限制，每个游戏中都隐含秩序。例如，娃娃家中，“爸爸”“妈妈”的职责就是照顾娃娃。如果“爸爸”或“妈妈”在游戏中无所事事，拎着娃娃到处乱转，就会受到其他“爸爸”“妈妈”的指责或者排斥。因此，在游戏中，幼儿会学习把自己的愿望与游戏的角色及角色的规则、游戏的材料及材料的特点联系起来。而且对于游戏规则，幼儿是在对游戏理解的基础上自愿接受、自觉遵守的。

以上游戏的五个特点说明了游戏与其他活动的不同。游戏的特征决定了游戏是幼儿在虚拟的情境中自主、自愿遵守游戏规则，并能获得愉悦体验的活动，是幼儿自己的活动，而非外界强加给幼儿的。

课证融通

论述题(2019 年保教知识与能力真题)：幼儿园集体教学活动和游戏的含义分别是什么？试述两者的区别与联系。

答案：略。

3. 幼儿园游戏活动的功能

幼儿园游戏活动对幼儿的成长和发展有着不可替代的作用，其功能主要表现在以下几个方面。

(1)促进幼儿身体的发展

各种游戏都包括各种大小动作和活动。尤其是户外体育游戏更是包含了人体的基本动作。走、跑、跳、平衡和各种爬行动作等的练习，不仅能促进幼儿身体的生长发育，还能促进幼儿运动能力的发展。而且只有多游戏、多运动，尤其是多进行户外运动，幼儿才能有充沛的活力、一定的抵抗力来适应外界的环境变化和病毒的侵袭。

(2)促进幼儿认知的发展

在幼儿的发展过程中，游戏与认知是一种相互依赖同时又相互促进的关系。游戏为幼儿提供了多种认识外部环境的途径和方式。在操作玩具材料的过程中，幼儿了解材料的性能，接触和探索新的事物，其感知力、注意力、记忆力、想象力、思维能力和解决问题的能力都得到了锻炼和提高。实际上，游戏过程是一个问题解决的过程。所以，游戏对幼儿认知的发展有着巨大的、不可替代的意义。

(3)促进幼儿社会性的发展

游戏是幼儿主要的社会性交往活动，可以促进幼儿社会性的发展。游戏中会出现争抢玩具和角色的情况，这就要求幼儿学会协商、轮换、相互谦让和合作。在应对游戏的矛盾中，幼儿学会在同伴冲突中坚持自己的正确意见或放弃不合适的想法，学会运用交往的规则来引导自己的行为和协调人际关系，从而提升自己的社会技能，发展自己的交往能力。这样的游戏、这样的经历又会促进幼儿社会性的发展。

(4)促进幼儿情绪情感的发展

幼儿期是情绪情感发展的重要时期。游戏活动往往伴有丰富的情绪情感体验，不仅给幼儿带来了欢乐，也能深化幼儿的情感，更有助于幼儿丰富积极的情绪体验，宣泄消极的情感，从而有利于幼儿情绪情感的健康发展。随着游戏主题的复杂化和情节的发展，幼儿的情绪情感体验会更丰富、深刻。例如，在自主的游戏氛围中，幼儿容易通过自我的努力而获得成功，感到愉快、满足。

课证融通

论述题(2012 年保教知识与能力真题)：游戏满足了幼儿身心发展的哪些需要?

答案：略。

(二)幼儿园游戏活动的分类

幼儿游戏的内容是丰富多样、千变万化的。依据不同的参照标准，站在不同的角度，会有不同的游戏分类。

1. 按照幼儿认知发展划分

皮亚杰认为，根据幼儿认知发展的阶段，可以把幼儿游戏分为练习性游戏、象征性游戏和规则游戏三类。因此按照幼儿认知发展，可以将幼儿园游戏活动分为如下三类。

(1)练习性游戏

练习性游戏又被称为感觉运动游戏、机能性游戏或实践性游戏等。这类游戏主要发生在感觉运动阶段，主要由简单的动作或运动组成，主要表现形式为徒手游戏或重复的操作物体的游戏。这类游戏在整个幼儿期随时都能看到。只要有新的机能需要掌握，就会有这种练习，如奔跑、攀爬、滑滑梯、摇木马、敲打和摆弄物体等。

课证融通

单选题(2014年保教知识与能力真题)：幼儿反复敲打桌子，在房间里跑来跑去，在椅子上摇来摇去。这类游戏属于(　　)。

A. 结构游戏　　B. 象征性游戏　　C. 规则游戏　　D. 机能性游戏

答案：D。

(2)象征性游戏

象征性游戏是幼儿期较为典型的游戏形式，也是整个幼儿期较常见的游戏形式，发生在幼儿认知发展的前运算阶段。这类游戏明显的特征就是幼儿在玩游戏的过程中出现了象征物，即用具体的事物表现某种特殊意义。例如，在娃娃家里，自己当爸爸妈妈照顾娃娃，给娃娃做饭、穿衣等。

课证融通

单选题(2014年保教知识与能力真题)：儿童拿一竹竿当马骑，竹竿在游戏中属于(　　)。

A. 表演性符号　　B. 工具性符号　　C. 象征性符号　　D. 规则性符号

答案：C。

(3)规则游戏

规则游戏一般是在幼儿园的中、大班大量出现。

随着幼儿认知能力的逐步发展以及幼儿社会化程度的提高，游戏中角色不断增加，幼儿对角色的认识水平也逐步加深，规则就逐渐出现并越来越明确、具体。规则游戏中的规则可以采用不同的复杂程度，以适应不同年龄和发展水平的幼儿。例如，贴烧饼的体育游戏中的规则有些复杂，适合大班的幼儿；而捉迷藏、老鹰捉小鸡等游戏中的规则相对简单，适合中、小班的幼儿。

2. 按照幼儿社会性发展划分

帕顿以社会性发展水平为依据对幼儿游戏进行分类。他通过观察托幼机构中幼儿的游戏，按照社会性参与的不同水平把 2～6 岁幼儿的游戏分为 6 种。因此按照幼儿社会性发展，可以将幼儿园游戏活动分为如下几种。

(1)无所事事

它主要是指幼儿在游戏中缺乏目标、东游西逛、行为无目的，偶然注意碰巧引起其兴趣的事情或事物，无事时就摆弄自己的肢体、在椅子上爬来爬去，到处乱转，或者干脆东张西望。

(2)旁观

它是指幼儿置身游戏之外，作为旁观者，不参与游戏，大部分时间都是在一旁看同伴游戏，偶尔会与同伴交谈，有时会提出问题或建议，但是行为上不参与游戏。幼儿只是在旁边观察、注视其他幼儿或群体的游戏，对所发生的一切心中有数。

(3)单独游戏

单独游戏又称独自游戏，是指虽然幼儿与正在进行游戏的同伴在交谈距离之内，但他们只专注于自己的游戏，不注意同伴做什么、玩什么，也没有接近同伴的尝试。单独游戏是真正的游戏了，其社会性水平较无所事事和旁观都有所提高，但还是幼儿自己专心、独立地操作玩具或游戏材料。

(4)平行游戏

平行游戏是指幼儿与同伴操作相同或相近的玩具或游戏材料，但是相互之间没有进行真正有意义的互动。平行游戏还是幼儿的独自游戏，是在同伴旁边玩，但不是一起玩。他们可能彼此和谐相处，甚至有少量语言交谈或相互模仿，但是活动中没有协作。

(5)联合游戏

联合游戏是 4 岁以后幼儿游戏的主要特点，也称协作游戏，是一种没有组织的共同游戏，有多个幼儿共同参与。联合游戏是幼儿在一起玩，他们也有“我们一起玩”的意识，但是没有明确的分工与合作，只是因为玩相似的游戏而简单地一起玩，没有明确的共同的游戏目标。幼儿都是做自己愿意做的事情，在游戏中虽然有明显的社会交往活动，如相互借玩具、短暂交谈，但是仍以自己的兴趣为主。联合游戏中，幼儿之间的互动和合作开始出现，并逐步增多，但是还不是真正意义上的合作。

(6)合作游戏

5 岁以后，幼儿的合作游戏越来越多。合作游戏是两个或多个幼儿在一起，围绕共同的游戏主题，在游戏中相互合作并努力达成目的的游戏。合作游戏的主题具体、明确。幼儿之间有明确的分工，对于游戏材料的使用、游戏目标和游戏结果事先都有规划，所结成的同伴关系可以持续一段时间。合作游戏中幼儿的游戏经验越来越丰富，语言表达能力越来越强，规则意识水平也比较高。其中有一到两个游戏的领导者起关键作用。

3. 按照游戏的教育作用划分

苏联的幼儿教育注重从教育角度研究游戏，根据游戏在实践中的教育作用进行分类。我国借鉴苏联这一游戏分类方法，将幼儿园游戏分成创造性游戏和规则游戏。

(1)创造性游戏

创造性游戏充分体现了幼儿参与游戏的自主性和主动性，是幼儿期的典型游戏，也是幼儿非常喜欢的游戏类型。这类游戏是幼儿创造性地反映现实生活内容、模仿成人世界的游戏，是幼儿依据自己的兴趣爱好、在自己知识经验水平上充分发挥想象力和创造力而展开的游戏。这类游戏对培养幼儿的创造性有显著的作用。

①角色游戏。它是幼儿通过角色扮演，运用想象，创造性地反映现实生活的游戏，如医院、超市和娃娃家等。角色游戏是幼儿期较为典型、具有特点的游戏，也是创造性游戏中具有代表性的游戏。

课证融通

单选题(2012 年保教知识与能力真题)：幼儿园的“娃娃家”游戏属于(　　)。

A. 结构游戏　　B. 表演游戏　　C. 角色游戏　　D. 智力游戏

答案：C。

②结构游戏。它是幼儿利用各种结构材料如积木、积塑、沙、土等，发挥想象力，建构各种造型的游戏。

课证融通

单选题(2015 年保教知识与能力真题)：幼儿以积木、沙、雪等材料为道具来模仿周围现实生活的游戏是(　　)。

A. 表演游戏　　B. 结构游戏　　C. 角色游戏　　D. 规则游戏

答案：B。

③表演游戏。它是幼儿根据文学作品如故事、童话等内容，通过肢体动作、表情、语言等形式，扮演各种角色，进行创造性表演的游戏。它通常有故事表演、木偶表演、皮影表演、手偶表演、桌面表演等。

(2)规则游戏

这类游戏一般是根据幼儿发展的需要而特意编制的游戏。这类游戏一般都有游戏的目的、玩法、规则和结果四个部分，其中游戏的规则是规则游戏的核心。由于规则游戏是教师有目的、有计划地为了促进幼儿某个方面的发展而编制的，因此又称为教学游戏。

①智力游戏。它是根据一定的教育任务设计，以生动有趣的游戏形式，增进知识、促进智力发展的有规则的游戏，如词语接龙、猜谜语、找不同等

游戏。

②音乐游戏。它是指幼儿在音乐伴奏或歌曲伴唱下，按一定的规则和要求进行的各种游戏。其主要目的是发展幼儿的音乐感受能力和音乐表现能力，如“许多小鱼游来了”“抢椅子”“老猫睡觉醒不了”等游戏。

③体育游戏。它是以各种基本动作为主要内容，以身体练习为基本手段，以增强体质、发展身体基本运动能力为目的的规则游戏，如踢毽子、跳格子、跳皮筋、“老狼老狼几点了”等游戏。

思考与练习

一、基础练习

1. 简述幼儿园生活活动的价值。

2. 简述三种游戏的分类方式及其内容。

二、实践训练

1. 去当地的一所幼儿园实习做一名保育员，锻炼与提高组织一日生活活动的能力。

2. 观摩并记录一个幼儿园优秀的教学活动案例，运用所学理论进行分析和评价。

3. 到幼儿园实习两周，观察并记录幼儿园的游戏活动，并运用游戏活动的特征和价值的理论进行分析和评价。

学习评价与反思

单元九综合检测题　　单元九综合检测题答案

单元十　幼儿园环境

学习目标

1. 了解幼儿园环境的分类和特点。
2. 理解幼儿园环境创设的原则、内容及要求。
3. 能够结合幼儿园实际创设适合幼儿发展的环境。
4. 重视幼儿园环境的教育价值，树立环境育人的理念。

思维导图

- 幼儿园环境
  - 幼儿园环境概述
    - 幼儿园环境的概念
    - 幼儿园环境的分类
    - 幼儿园环境的特点
    - 幼儿园环境创设的教育作用
  - 幼儿园环境创设的原则
    - 安全性原则
    - 目标导向原则
    - 发展适宜性原则
    - 幼儿参与原则
    - 经济性原则
    - 开放性原则
  - 幼儿园物质环境创设
    - 户外环境的创设
    - 室内环境的创设
  - 幼儿园心理环境创设
    - 幼儿园心理环境创设的意义
    - 幼儿园心理环境创设的要求

单元导入

《幼儿园工作规程》指出：“创设与教育相适应的良好环境，为幼儿提供活动和表现能力的机会与条件。”《幼儿园教育指导纲要(试行)》也明确指出：“环境是重要的教育资源，应通过环境的创设和利用，有效地促进幼儿的发展。”可见，创设良好的环境是学前教育机构的重要工作。教师应当具备幼儿园环境创设的知识与能力。

单元案例

幼儿园还没有开学，但幼儿园的老师们早已经开始忙碌起来。老师们剪纸、画画、做各种手工，加班加点地把教室布置得漂漂亮亮的。领导检查后非常满意，因为幼儿园每个班都焕然一新，墙饰五彩缤纷。老师们终于松了一口气，一学期的环境创设终于圆满结束。多数老师认为，这个过程很有意义。但少数老师却不这么认为。你认为怎样的环境才是适合幼儿的环境？在幼儿园如何创设一个良好的环境？让我们带着这些疑问进入本单元的学习。

第一课　幼儿园环境概述

环境对于幼儿发展的作用自古以来就受到人们的重视。我国古代对此就有精辟的论述，如“近朱者赤，近墨者黑”“染于苍则苍，染于黄则黄”“孟母三迁”等。这些经典论述和名人典故都道出了环境对人发展的影响。幼儿的成长离不开环境，环境对幼儿的身心发展具有重大意义并且影响深远。

一、幼儿园环境的概念

从生态学的角度来看，人的生存、发展是在和环境相互作用、相互影响的过程中实现的。环境泛指人类社会赖以生存和发展的各种条件的总和。人们的活动总是在一定的环境中进行的，环境可谓无所不在。对于幼儿园教育而言，幼儿园环境是支持、影响教师与幼儿在园活动的一切外部条件的总和。一般而言，幼儿园环境的概念有广义与狭义之分。广义的幼儿园环境指影响幼儿发展的一切物质要素和心理要素的总和。它包括自然风光、城市建筑、社区绿化、家庭物质条件、居室空间安排、室内装潢设计等，还包括社会的政治、经济、文化、艺术、道德、风俗习惯、生活方式、人际关系等。这一概念几乎涉及了所有能对幼儿产生影响的家庭、社会、自然、文化等大环境。狭义的幼儿园环境是指在幼儿园中对幼儿身心发展产生影响的物质与心理要素的总和，即专指幼儿园的内部环境。它包括园舍建筑、园内装饰、场所布置、设备条件、玩具材料等物质要素，还包括教师的教育观念与行为、幼儿园人际关系、文化氛围等心理要素。

幼儿园的内部环境是环境系统中的特殊部分，它与其他环境一样，都对幼儿的发展和教育效果有潜移默化的影响。但幼儿园的内部环境与一般的环境又有区别。一般环境对儿童的影响是无目的的、片面的、零碎的，可能是积极的，也可能是消极的。而幼儿园的内部环境是教育者自觉建设的环境，其影响是有目的的、可控的，是特别为幼儿的身心发展而创设的。其建筑、地理位置、绿化、设施、玩具材料、图书、师生关系的营造等都有特别的教育意义。本单元所指涉的环境主要是幼儿园的内部环境。

课证融通

单选题(2012 年保教知识与能力真题)："孟母三迁"的故事说明，影响人的成长的重要因素是(　　)。

A. 环境　　B. 邻居　　C. 母亲　　D. 成熟

答案：A。

二、幼儿园环境的分类

(一)按照环境的范围划分

按照环境的范围，幼儿园环境主要包含大环境和小环境。大环境主要针对幼儿园和幼儿园以外的家庭、社会、自然中对幼儿发展有一定影响的各种条件的总和。小环境主要围绕幼儿园内部能够对幼儿自身产生影响的环境，包括幼儿园室内外的各种环境。

(二)按照活动的区域划分

按照活动的区域，幼儿园环境可分为户外环境和室内环境。户外环境是幼儿户外活动的主要场所。新鲜的空气、自然的气候有助于提高幼儿对环境的适应能力和免疫力。室内环境除了活动室外，还包括盥洗室、睡眠室、楼梯、走廊等场所。

(三)按照环境的性质划分

按照环境的性质，幼儿园环境可分为物质环境和心理环境。这是较为常见的分类。

1. 物质环境

物质环境是指幼儿园内对幼儿发展有影响的各种物质要素的总和。园舍、装饰、设备材料、幼儿园空间的设计与利用、各种游戏材料和教具等都是物质环境。

物质环境是幼儿园教育赖以进行的物质基础，物质环境的好坏与幼儿园教育质量关系密切。正因如此，《幼儿园工作规程》对幼儿园的物质条件提出了最低限度的要求。如果一所幼儿园缺乏起码的物质条件，让多名幼儿挤在一个狭小活动室里，又没有可操作的玩具材料，不用说教育，就连幼儿的安全、健康也得不到保证。相反，一个良好的物质环境能陶冶幼儿的性情、激发幼儿的好奇心、鼓励幼儿的探索行为。

2. 心理环境

心理环境也称精神环境，是指幼儿园内对幼儿发展产生影响的一切心理要素的总和。幼儿园中教师的教育观念和行为、文化氛围、师幼关系等都是心理环境。

幼儿园的心理环境虽是一种无形的环境，但对幼儿的发展，特别是对幼儿情感、社会性、个性品质的形成和发展具有十分重要的作用，是影响幼儿园教育质量的一个重要因素。物质环境对幼儿的影响很大，但如果教师不具有高尚的师德，正确的教育观、发展观、儿童观及必要的教育教学技能的话，再好的物质条件的作用也不能得到充分的发挥。

总之，物质环境、心理环境实际上都是由“物”与“人的活动”这两种要素构成的。物质环境需要教师科学合理地选择材料与安排空间，心理环境更是人的活动的结果。所以，人的活动是决定幼儿园内部环境质量的关键因素。在人的要素中，教师是幼儿园中对幼儿发展影响较大的因素。因此，幼儿园物质环境和心理环境对幼儿发展都起着重要的作用，但相对而言，幼儿园的心理环境对幼儿的影响更为深远。有些家长在孩子入园时往往只考虑幼儿园的物质环境，如幼儿园的玩具材料是否价格高昂等。这些家长的观点是片面的。在具备了基本的物质条件后，对幼儿园教育起决定作用的是心理环境。一所幼儿园能否成为真正的儿童乐园，主要取决于幼儿园的心理环境。

典型案例

我国教育家陶行知先生创办了中国历史上第一所乡村幼儿园——南京燕子矶幼稚园。当时的办学条件十分艰苦，但他呼吁，我们一定要用科学的方法，建设中国的、省钱的、平民的幼稚园。在进行幼儿园环境创设时，虽然物质条件十分有限，但老师们热爱教育事业，在教育实践中克服重重困难。他们因地制宜，创造条件，美化环境，利用废旧物品制作玩教具，根据季节的变化及时把大自然中富有特点的事物组织到幼儿园教育中去，充分体现本土风景、人文自然、特色民俗等内容，使幼儿在比较艰苦的条件下仍能在各方面得到发展。陶行知先生的“生活即教育”“社会即学校”“教学做合一”“爱满天下”等教育思想对现在幼儿园环境创设仍具有指导意义。

三、幼儿园环境的特点

蒙台梭利认为，在教育上，环境扮演的角色相当重要，因为孩子从环境中吸取所有的东西，并将其融入自己的生命之中。基于幼儿园教育的特点，与幼儿园教育相关的人、事、物都是教育因素，具有重要的教育价值。幼儿园环境的基本功能是影响与引导幼儿的行为，引发幼儿产生符合教育目的与要求的行为。幼儿园环境有以下特点。

(一)幼儿园环境具有教育性

幼儿园作为专门的学前教育机构，其环境创设与其他非教育机构有显著的区别。它是根据幼儿园教育的目标及幼儿的发展特点有目的、有计划、有组织地精心创设的。在幼儿园教育中，环境创设不仅是美化的需要，还是教育者实现教育意图的重要中介。教育者把教育意图隐含在环境中，让环境去说话，让环境去引发幼儿相应的行为。因此，幼儿园环境具有教育功能，是为实现教育目标服务的。幼儿园环境是幼儿园显性教育和隐性表达的重要因素，是幼儿园教育不可缺少的要素。丰富的环境对幼儿而言是会说话的，常被誉为“孩子的第三任老师”。

(二)幼儿园环境具有可控性

幼儿园内部环境与外界环境相比具有可控性，即幼儿园内部环境的构成处于教育者的控制之下。社会上的精神、文化产品，各种儿童用品等在进入幼儿园前，必须经过幼儿园精心地筛选甄别，取其精华，去其糟粕，以有利于幼儿发展为选择标准。比如，在幼儿玩球类游戏时，如果想让幼儿练习拍球的技能，则要给幼儿每人准备一个球。如果想让幼儿学习分享、轮流与等待，那么幼儿 2～3 人玩 1 个球就比较妥当。又如，教师精心观察活动角中幼儿的活动，发现幼儿对某活动不感兴趣，原因是这个活动角的操作材料过于简单。于是教师把材料进行了调换，一下子就引起了幼儿的兴趣。教师通过对环境的调控给幼儿的发展创造了条件。

典型案例

应彩云曾写道，一个有启发性和支持性的丰富环境吸引着幼儿，激发着幼儿的构思、想象和创造，使幼儿成为环境的主人。如幼儿园在图书角铺上柔软的地毯、放上舒适的坐垫，在矮架上整齐地排列着各种图书。这样的环境布置无声地告诉幼儿，他们可以坐在地毯上悠闲地读书，但不能大声喧哗，而且读后应把书整齐地放回书架。如果图书角的地上杂乱无章地散落着一些图书，则意味着幼儿看完书后可以随意乱丢。因此，一个好的幼儿园环境是一本立体的、多彩的、富有吸引力的无声教科书。

四、幼儿园环境创设的教育作用

良好的幼儿园环境创设与利用能使幼儿在与环境的互动中获得各方面的发展，具有不可低估的教育作用。

(一)提供幼儿身心健康发展的保障

在幼儿园中，幼儿要进行吃饭、睡觉、游戏等活动。只有提供相应功能的建筑、空间设备，才能使幼儿感到安全、方便、舒适和愉悦。比如，宽敞的空间、齐全的设备可以使幼儿的肌体得到锻炼；整洁、优美的环境会给幼儿美的享受；具有探索性的环境可满足幼儿的好奇心，激发幼儿的探索热情，培养幼儿的探究能力；文明有序的集体活动有利于培养幼儿的适应能力；融洽和谐的人际关系可使幼儿感到宽松、自由、被尊重、被接纳，从而乐观自信。

(二)培养幼儿良好的行为习惯

环境可以无声地调控幼儿的行为，启发引导幼儿与其进行相互作用。比如，小班部分幼儿的卫生习惯还没有完全养成，他们有时会随地扔废纸等垃圾。教师反复提醒无效，于是开动脑筋，利用废纸箱制作了一个憨态可掬的“吃纸胖胖熊”立在墙角。幼儿看见了，觉得胖胖熊非常可爱，就把废纸扔进它的“嘴里”。渐渐地，他们不再乱扔废纸了。就这样，教师借助“吃纸胖胖熊”这样一个形象直观的环境创设物，帮助幼儿养成了良好的卫生习惯。这种效果是语言说教难以达到的。

课证融通

单选题(2017 年保教知识与能力真题)：幼儿园环境创设中，使用易于识别的生活行为规则标识图的主要的目的是(　　)。

A. 美化环境

B. 便于幼儿看图说话

C. 便于幼儿认识各种符号

D. 便于幼儿习得生活技能和行为准则

答案：D。

(三)培育幼儿的学习兴趣与动机

陈鹤琴先生在《论幼儿环境的布置》一文中曾写道，毫无疑问，儿童从四周的环境中可以得到教育；我们需要布置环境以充实儿童的生活，丰富儿童的学习材料。教育环境中的各种因素都可能成为影响幼儿学习动机的诱因。物质环境的丰富性、可操作性等都会影响幼儿的探究兴趣和动机。幼儿园的心理环境如人际关系、教师期望等也是激发幼儿学习动机的重要因素。

知识链接

幼儿园座位编排隐含着教育公平问题。距离教师近的幼儿专注程度可能比距离教师远的幼儿要高，坐在前排的幼儿专注程度可能比坐在后排的幼儿要高，距离教师近、在教师的视线范围内的幼儿可能与教师的互动频率更高。所以教师在进行教学活动时，应该时刻关注每一个区域的幼儿上课时的反应。尤其对处于师幼互动不利区的幼儿，教师要多邀请他们回答问题和做示范，激发幼儿参与活动的积极性。①

(四)激发幼儿的审美情趣和积极的情感体验

与中小学校园环境相比，幼儿园环境更加丰富，更富有美感特征。幼儿园重视营造具有造型美、色彩美、艺术美和童趣美的氛围来感染幼儿。比如，室内、室外墙饰画面的人物或动植物形象要求逼真，色彩协调，布局合理。无论是幼儿园的整体规划还是某一局部的装饰，都应力求结构的合理、色彩的协调、风格的和谐。这既可以让幼儿在美的环境中获得身心的愉悦，又可以

① 孙亚琴：《如何给幼儿编排座位》，载《教育导刊》，2008(6)。

培养幼儿的审美情趣，还可以提高幼儿感受美、欣赏美、表现美的能力，激发幼儿积极的情感体验。因此，幼儿园环境既具有教育价值，又具有艺术价值。

课证融通

论述题(2017 年保教知识与能力真题)：为什么要创建良好的幼儿园环境？请联系实际说明。

答案：略。

第二课　幼儿园环境创设的原则

幼儿园环境创设的原则是教师在创设幼儿园环境时应遵循的基本要求。这些原则贯穿于环境创设的各项工作之中，对环境创设的每一步都具有指导作用。教师在环境创设的过程中只有认真贯彻这些原则，才能更好地发挥环境的教育价值。

一、安全性原则

《幼儿园教育指导纲要(试行)》明确指出：“幼儿园必须把保护幼儿的生命和促进幼儿的健康放在工作的首位。”安全性原则指幼儿园的建筑、设施设备、活动场地、玩教具等必须符合相关的卫生和安全标准，没有安全隐患，对幼儿的身体和心理没有危害。由于幼儿缺乏对安全隐患的预知和判断能力，安全意识和自我保护能力较差，因此幼儿园环境创设应首先考虑安全性。它既是幼儿身心健康的基本保障，也是促进他们全面发展的基本条件。

教师应通过环境创设积极主动地消除环境中可能存在的不安全因素，如电线开关、插座、消毒液等应远离幼儿。规划环境布局时应注意物品、材料的摆放位置，材料质地无毒、无尖锐棱角；园舍绿化植物应保证茎叶无刺、无毒等。幼儿经常接触的器械、玩教具等要定期清洗消毒，还要定期检查以排除安全隐患；幼儿的桌椅、板凳等最好选取圆角的做工，以减少磕碰的伤害。教师要让幼儿在泥土、沙地、草地等柔软安全的场地活动。除了物质环境的安全外，教师也要注意心理环境的安全，如营造具有安全感的人际心理环境。物质环境和心理环境共同影响着幼儿的安全与健康。

二、目标导向原则

目标导向原则是指教师预先计划好目标，确定如何安排环境。幼儿园环境是特殊的教育环境。为了充分发挥环境的教育功能，教师必须明确环境创设所要达成的教育目标，以教育目标为依据创设幼儿园环境。教师应把环境创设目标落实到月计划、周计划、日计划及其每一个具体的活动中。教师带着明确的目标来准备环境，将周围的物质条件和精神因素精心地加以组织，让环境告诉幼儿该做什么。比如，需要幼儿练习小手肌肉时，教师可在区角放一块黑板、几支粉笔、一块黑板刷，让幼儿发现写字、画画的秘密，书写、美术活动就开展了；教师也可在区角放置一些串珠子的材料，引发幼儿串珠子的动作和游戏等。

三、发展适宜性原则

发展适宜性原则是指幼儿园环境创设要符合幼儿的年龄特征及身心发展的需要，促进每个幼儿全面和谐的发展。不同年龄阶段幼儿的身心发展存在年龄差异，因此环境创设必须适应不同年龄阶段幼儿的特点，通过不同层次的环境和不同功能的材料来达成教育目的。蒙台梭利认为，为了幼儿自由地发挥模仿和活动的本能，就必须为他们准备一个适宜的环境，如生活环境中所配置的设施用具应与他们的身体高低和力量大小成比例。家具应轻便，易搬动；食品柜的高度要低到幼儿能用手臂够得着；锁要是易于使用的；给柜子带上小的脚轮；门要轻便且易于开关；墙上可以钉上高度适中的衣架；使用的刷子是他们的小手能够握得住的；肥皂块的大小要适当；脸盆的大小正好适于幼儿盛水与倒水；扫帚是圆柄的，要轻巧；衣服要容易穿脱。

从一般年龄特征来看，小班、中班、大班幼儿在身心发展特点上的差异较为明显，其身心发展所需要的环境也不尽相同。因此，教师要根据幼儿不同的年龄特征为其提供适宜的发展环境。例如，同是玩娃娃家游戏，教师给小班幼儿提供的玩具就应该是数量较多的主题玩具，如娃娃、小锅、小铲等，而且玩具要一式多份。这是因为小班幼儿的角色游戏多是一些模仿动作，幼儿之间的相互模仿性很强，平行游戏较多。教师给大班幼儿提供的多是一些富有创造性的或能一物多用的材料；还要注重从活动内容上开拓，引入多样化的幼儿喜欢的题材，如不同文化背景的衣食住行、社会生活、民俗节日等，扩展幼儿活动的深度和广度。这是因为大班幼儿接触面广，知识经验丰富，玩具材料的功能太单一的话会限制幼儿的想象力和创造力。教师只有对幼儿的年龄特征有充分的认识和了解，才能为幼儿提供有利于其发展的环境。

四、幼儿参与原则

幼儿参与原则是指幼儿园环境创设的过程要成为幼儿与教师共同合作、共同参与的过程。陈鹤琴先生指出，通过儿童的思想和双手布置的环境，可使其对环境中的事物更加了解，也更加爱护。幼儿园环境的教育性不仅蕴含在环境之中，而且蕴含在环境创设的过程之中。环境创设特别是室内环境创设，应充分让幼儿参与设计、提供材料与作品、参与布置，然后利用环境促使幼儿主动活动。

幼儿参与环境创设的教育意义主要体现在如下几方面。首先，培养幼儿的主体精神，发展幼儿的主体意识。如果从小在包办的环境里生活，幼儿只会变得依赖，觉得自己对环境是无能为力的，从而不能发展积极的主体意识和主动活动的能力。让幼儿参与环境创设这一事情本身，会让幼儿意识到“我们是这个环境的小主人”。其次，培养幼儿的责任感。幼儿参与环境的创设，能切实体验到自己做的事对集体的影响。比如，大家一起收拾活动室、擦桌子、扫地、整理玩具，把活动室打扫得干干净净的。参与这一过程会使幼儿实际地感觉到自己在集体中的作用。如果没有亲自参与，幼儿就不会真正去关心这个环境，也不会理解什么叫责任。最后，培养幼儿的合作精神。环境的创设要依靠大家的力量。比如，布置活动室的墙面时，大家分工，有的剪，有的画，有的贴。要让墙面布置得漂亮，幼儿需要齐心合力，不光顾着自己做，还必须商量、听别的幼儿的意见，相互帮助。这样，幼儿能够实际感受到集体的力量，培养合作意识，提高合作技能。总之，在参与创设环境的过程中，幼儿发展、学习、创造、合作，这是对幼儿最好的教育。其效果绝不亚于教师创设的现成环境。

典型案例

李老师与大一班的幼儿在讨论教室环境布置时，谈到了自然角里饲养小动物的事。她询问幼儿希望饲养什么。有的说大象，有的说狮子，当然也包括金鱼和小乌龟在内。教师认真地把幼儿所提到的写下来，并引导他们想想每一种动物要吃的食物、它们的习性、居住的场所等。但是，幼儿一时间也说不出应怎样饲养这些动物。于是，教师便建议大家一起收集资料，包括翻阅图书，回去问亲友等。第二天，教师让幼儿把收集到的资料或报告展示出来。幼儿纷纷发表意见，并最后得出结论：在教室的自然角不可能饲养大象、狮子等大型动物，最适合饲养金鱼和小乌龟之类的小动物。就这样，大一班的自然角饲养的是金鱼和小乌龟。每个幼儿轮流喂养小动物，并填写观察记录表。

李老师组织幼儿讨论，让幼儿充分发表意见，尽可能将自己的设想变成幼儿的决定。李老师在与幼儿一起讨论布置教室自然角、创设幼儿园教室环境的过程中给予了幼儿参与准备环境的机会，让每一个幼儿发挥了主体性。

五、经济性原则

经济性原则是指创设幼儿园环境时应考虑不同地区、不同条件园所的实际情况，做到因地制宜、因陋就简。给幼儿提供物质条件时，教师应以物质条件对幼儿发展的功能和经济实用性为依据。我国教育家陶行知、陈鹤琴都曾对当时幼儿园教育存在的“富贵病”和“花钱病”提出过尖锐的批评。他们指出，幼儿园环境好坏的关键在于它能否促进幼儿的发展。这些观点对现在理解环境创设的经济性原则仍有现实意义。贯彻经济性原则具体要做到根据本园的需要就地取材，一物多用，能够少花钱、多办事、办好事。在这方面，我国学前教育工作者已经创造了许多很好的经验。有的经济条件很好的城市园仍坚持利用废旧材料制作玩教具，利用自然材料布置教室。除了少花钱、多办事之外，教师还应当注意把钱花在刀刃上，花在有利于幼儿的发展上，而不能不顾本地区、本园的实际情况，盲目攀比，追求形式。比如，美化环境是必要的，但一股风地都去建假山、雕塑就大可不必。

知识链接

安吉游戏作为许多学前教育专家认同的“幼儿园教育以游戏为基本活动”的成功典范，在游戏环境的创设上有许多值得借鉴之处。安吉的幼儿园善于利用身边的资源。由于安吉盛产竹子，因此在幼儿园里可以看到大大小小的竹筒、竹棍、竹片，供幼儿自主选择。幼儿既可以用来建构房子、小桥、滑梯等，也可以在角色游戏中作为铲、杯子等。在户外游戏区，他们收集附近的废弃地板、纸筒、稻草等作为游戏的基本材料。除此之外，每隔一段时间还为幼儿提供一些符合其年龄特点且安全的游戏材料，有自制的竹单梯、皮球、足球、跳绳、毽子、轮胎、油桶、砖块、各种形状的木块等。同样是一块木块，由于幼儿不同的经验和生活背景，其玩法是不一样的。这木块有可能是小凳子，也有可能是枕头。这种替代行为在不同的游戏区表现得就更为充分。例如，在运动区，多个方形木块排成一条，就是一座桥；在建构区，多个方形能造成一座房；在沙水区，它是漂浮在水上的一艘船。①

六、开放性原则

开放性原则体现在如下三方面。一是创设开放性的物质环境。即空间、时间及玩具材料对幼儿来说是开放的和共享的，可供幼儿自由选择，取放玩具材料。游戏的场地是按幼儿的需要和愿望布置的，随时可以变化。比如，有的幼儿园创设了平行班开放性游戏环境或者混龄班开放性游戏环境。二是创设开放性的心理环境。即人际关系是开放的，同伴关系、师幼关系是平等的、互动的、和谐的。三是教师要充分利用外部环境中富有教育价值的积极因素，充分发挥幼儿园、家庭、社会三方面的教育功能，使三者形成合力，善于利用大环境的资源。因此，教师在一个开放的系统中，在环境创设上要胸有大局观念。

① 蔡晗：《“安吉游戏”的材料投放及其启示》，载《课程教育研究》，2018(6)。

课证融通

材料分析题(2014 年保育知识与能力真题)：阅读下面材料，回答问题。

幼儿园大一班开展识字比赛，教师为此创设了班级墙面环境，如图 10-1 所示。

图 10-1　班级墙面环境

问题：请根据创设环境的基本原则，对材料中教师为识字比赛所创设的环境进行评析。

答案：略。

第三课　幼儿园物质环境创设

幼儿园物质环境主要包括户外环境和室内环境两大部分。

一、户外环境的创设

《幼儿园教育指导纲要(试行)》指出，培养幼儿对户外活动的兴趣是幼儿园户外活动的重要目标。幼儿园要根据幼儿的身体特点组织生动有趣、形式多样的户外活动，吸引幼儿主动参与。对于幼儿来讲，户外总是充满了刺激，户外广阔的空间意味着更多的自由和快乐。幼儿园应该在保障幼儿安全的前提下，充分考虑幼儿的兴趣和年龄特征，科学规划户外环境。

(一)重视户外环境的安全

在规划和创设户外环境的时候，安全问题需要放在首位来考虑。首先，考虑活动场地的设施是否安全。比如，滑梯、秋千、攀爬墙等设施摆放的位置是否会对幼儿的常规活动造成影响。其次，考虑活动场地提供的设施是否安全。比如，玩沙区的沙是否经过消毒处理，其他材料是否耐用、无毒。最后，考虑是否对设施进行定期维护或检修。比如，拼接材料的设备是否定期检查牢固度，铁质设备是否考虑老化度等。幼儿园的招生要根据本园规模的大小确定，避免人均空间密度不够，出现拥挤现象，难以开展户外活动。如果户外空间过于狭小，可以在楼顶铺设材料开辟活动场地，或通过班级间轮换活动来解决拥挤问题。各个活动区要有多个通道。幼儿进行较剧烈运动的地面一般要采用坚实平坦的土地、沙地、草地或者塑胶地面，水泥地面一般不适合作为户外游戏地面。

(二)确定面积与结构布置合理

美国户外游戏场地安全指南

幼儿园的户外环境一般可以划分为三大区域：集体活动区、器械设备区、种植养殖区。集体活动区主要供幼儿集体做操、上体育课，进行各种体育游戏，要求场地宽阔平整。器械设备区放置各种大、中型体育活动器械与设备，如滑梯、秋千、平衡木、爬网、跷板、攀登架等，以供幼儿练习与发展基本动作，锻炼身体活动能力。种植养殖区一般供幼儿种植蔬菜、花草，喂养一些小动物。外围的活动场地可以配有种植园、沙池、大型玩具等，在活动中锻炼幼儿的体能，增强幼儿的体质。

(三)充分利用自然环境资源

户外环境相对于室内环境突出的特点是自然性。在户外活动时，幼儿可以充分享受大自然的阳光、空气、水。另外，户外环境的自然性也充满了变化。春有百花开放，夏有浓荫树林，秋有硕果累累，冬有白雪皑皑。四季的交替、早晚的变化都会让幼儿不自觉地想接近大自然、亲近大自然，喜欢到户外进行游戏和探索活动。教师在创设户外环境时，可以充分利用幼儿园特有的自然环境及园所环境中的自然材料，进行合理规划和设计。山坡、树木、草地、小溪等自然景物应尽可能保留其本来的样子，保留其原本的路面。比如，针对幼儿园中的小山丘、小土堆可以因地制宜，设置上坡、下坡的途径，用作幼儿练习走、跑、跳、攀爬等运动技能的游戏区域。不同种类、不同形态、合理搭配的室外绿化还可以起到功能分区、美化环境、增加艺术情趣、培养幼儿热爱自然的情感、促进幼儿身心健康发展的作用。

二、室内环境的创设

日本幼儿园户外场地的特点

幼儿园的室内环境一般包括活动室、睡眠室以及楼道、走廊等场所。幼儿一日生活中大部分时间是在室内度过的，因此室内环境的创设显得十分重要。如果室内环境设置合理、材料投放丰富、氛围宽松和谐，既有利于促进幼儿在认知、情感、语言和社会交往技能方面的发展，又有利于教师顺利开展一日生活活动，还有利于教师与幼儿之间、幼儿与幼儿之间的互动和交往。

(一)有效利用室内空间

足够的空间是幼儿在室内开展各种活动的必要条件。研究表明，过于拥挤的环境有可能增加幼儿的攻击性行为，减少幼儿的社会性交往活动，使观望、不主动参与活动的幼儿人数提高。蒙台梭利指出，以我们的经验，要达到舒适的感受，必须使房间的地面有一半是空着的，不得放置任何东西。这就是使孩子们感受到愉快的可以进行活动的空间。我国部分幼儿园还存在幼儿在园人数多、活动室的空间比较狭小、活动室的面积偏小的现象。教师可从如下几方面考虑扩大幼儿的活动空间：检查橱柜、桌椅及其用途，考虑每件家具经常使用的程度、何时使用和如何使用。有些活动不需要幼儿总是坐在桌边进行，这时可搬走一些桌椅；而让幼儿在铺有地毯或地板的地上活动时可再搬回桌椅。在游戏或其他活动中，教师应充分利用阳台和走廊，在条件允许时可把室内活动改为户外活动。这样既扩大了活动空间，也能利用自然因素锻炼幼儿的身体。安吉游戏背景下室内环境改造的宗旨是“户外是放大的教室，室内是缩小的户外”。比如，在安吉游戏中，很多区角活动会依据天气条件在户外进行；在草坪上开展混龄主题角色游戏活动。充分利用走廊、过道，将吃饭的餐桌加以折叠或以小书桌的方式放置，既可以吃饭，也可以游戏，提高室内空间的利用率。

(二)投放丰富适宜的材料

材料可以引发幼儿的活动，因此教师需要根据教育需求投放丰富适宜的材料。小班游戏环境要求设置简单、相似的主题区域，对玩具材料的逼真程度要求较高，多提供种类少、数量多的主题玩具材料，以引起幼儿对已有经验的回忆。中班游戏环境要求设置较为丰富的游戏区域，对玩具材料的多样化要求较高，多提供种类多、数量多的玩具材料，以使幼儿在游戏中与同伴交往的愿望得以满足。大班游戏环境要求与幼儿逐渐发展的认知能力和社交能力相符合，对玩具材料的可变性要求较高，多提供种类多、数量相对少的各种玩具材料，以满足幼儿在与同伴的集体活动中获得快乐的需求。

典型案例

幼儿园游戏材料投放的误区：材料越多越好

弊端一：现场杂乱，不易整理。为“娃娃家”游戏提供的材料中有些材料并不是幼儿所需要的。比如，有些教师在桌子上放一瓶美丽的花。但在游戏过程中，幼儿容易把花推倒在地上，却无人问津，反而造成了幼儿游戏的混乱。

弊端二：注意力分散，难以深入游戏。有些教师为了丰富游戏材料，投放的材料五花八门。投放过多的游戏材料，尽管能吸引幼儿投入活动，但也会导致幼儿分心，使幼儿经常拿起一物摆弄片刻丢弃一边，然后换另一物。幼儿的注意力集中到了玩各种玩具上，就难以投入游戏情节中。

(三)合理布置活动区

活动区也可以称作区角，是教师根据教育目标和幼儿的发展水平，将活动室划分为一些区域，如科学区、益智区、建构区、角色区、美工区等，有目的、有计划地投放各种材料，创设活动环境，让幼儿在宽松和谐的环境中按照自己的意愿和能力，自主地选择学习内容和活动伙伴，主动地进行操作、探索和交往的活动场所。

1. 常见的活动区及其功能

幼儿园常见的活动区有语言区、美工区、科学区、建构区、角色区、益智区、音乐表演区等。室外可有玩沙区、玩水区、种植区、饲养区等。这种划分并不固定，总体上活动区要注意简易性、舒适性、感官性、刺激性、稳定性、安全卫生。

(1)角色区

幼儿在角色区的活动可以从熟悉的家庭开始逐步扩展到以反映社会生活为主题的活动，如在餐厅用餐、在超市购物、在医院看病等。角色区的主要功能如下。

①帮助幼儿了解人际关系，通过扮演不同的角色发展社会性。

②帮助幼儿学习交往技能，如轮流、分享、协商、互助、合作等。

③培养幼儿大胆表达个人意愿、情感、见解的能力和沟通交流的能力，让幼儿尝试自己解决问题。

④发展幼儿的表征能力。

(2)益智区

幼儿在益智区的活动内容主要有计数、计算、分类等内容，也有回形针拼图等构图造型，还有棋牌类游戏。益智区的主要功能如下。

①在摆弄、操作游戏材料的过程中可以发展幼儿的感知觉，促使幼儿充分运用感官进行观察比较，感受物体形状，识别物体颜色，比较物体的大小、长短、高矮、粗细，理解形体的等分等。

②使幼儿的想象力、创造力得以充分发挥。

③发展幼儿的分析、综合、推理、概括能力。

④激发幼儿的求知欲望，使幼儿细心、专心，发展幼儿解决问题的能力。

(3)建构区

幼儿在建构区可以利用不同材料的各类积木建构高楼大厦、立交桥、公园等。建构区的主要功能如下。

①发展幼儿的建构能力，使幼儿学习建构技法。

②发展幼儿的空间知觉，使幼儿认识基本形状、数量关系。

③使幼儿通过尝试各种不同的建构材料、方法、设计，激发幼儿的创造力以及想象力。

④引导幼儿分工合作，共同设计、建构。培养幼儿的社会性，发展幼儿交流、表达的能力，使幼儿掌握自行解决问题的方法。

(4)语言区

语言区以图书阅读为主，配有一些语言游戏，如接龙拼图、编故事、讨论谈话等。语言区的主要功能如下。

①帮助幼儿练习听、说、读、写的基本技能，养成听、说、谈、写的良好态度和习惯。

②培养幼儿的阅读兴趣，使幼儿掌握正确的阅读方法，形成良好的阅读习惯。

③在看、听、读的过程中，使幼儿通过对图书中故事情节的感受、模仿、学习和欣赏，培养幼儿的语言表达能力和审美能力。

④促使幼儿学习运用语言表达个人情感、需求、意愿和观点，增进幼儿之间的同伴交往。

(5)美工区

美工区的活动内容有平面造型、立体造型、自然材料造型、利用废旧材料制作玩具等。美工区的主要功能如下。

①促使幼儿学习、观察和感受周围事物，并用美工材料表达情感和思想。

②为幼儿提供接触各种材料的机会，使幼儿了解各种材料的特性，学习利用工具进行立体造型活动。

③发展幼儿的创造力、想象力和表现力，增强幼儿成功的体验。

④锻炼幼儿的小肌肉，增强幼儿的手眼协调能力以及解决问题的能力。

(6)科学区

科学区的活动内容较为广泛，如探究声、光、电、磁、力、水、空气的活动。科学区的主要功能如下。

①激发幼儿对科学现象的兴趣，使幼儿运用多种感官感知事物，发展观察力。

②活跃幼儿的思维，培养幼儿分析、判断和推理的能力。

③提供尝试、探究和实验的机会，让幼儿通过实际操作解决问题，获得知识，形成概念。

2. 活动区的布置要求

(1)数量适宜

活动区的设置应考虑幼儿活动的实际需要与效果。在活动区，幼儿的活动往往采用松散的小组活动形式。一般来说，容纳2～3个幼儿在一起活动的小活动区，可使幼儿安静地活动、交往。活动区所容纳的幼儿以不超过5个为宜。5个以上幼儿在一起活动的活动区，经常使噪音增大、吵嚷行为增加，而且增加了幼儿社会性交往的复杂程度。教师应当根据活动室的面积、幼儿人数以及教学活动的客观需要来设置活动区，确定活动区的数量和每一个活动区所占据的空间，要使在其中活动的幼儿能够自主地不相互妨碍地开展活动，进行有效的探索和学习。

(2)隔断明显

为了使活动区能被清楚地识别，它们之间应有明确的分隔物。教师可以利用各种玩具柜、书架、地毯等当作区域屏障或分界线；划定每一角落的范围，协助幼儿遵守规则。但作为分隔物的橱架的高度和间隔，应尽量以不阻碍成年人的视线为原则。这样可以使教师无论站在活动室内的任何一个角度，都可以看见幼儿在每一活动区的活动情况，以便幼儿有需要时能够及时给予辅助。

(3)开放自主

活动区是为了满足幼儿的活动兴趣和发展需要，加强幼儿的相互交往而设置的。活动区的开放有利于幼儿了解都有哪些活动可供选择。一个主题游戏可以混合在几个活动区开展。幼儿可以随意选择或变换各种内容的活动，也可以在一个游戏中玩出多种花样。比如，幼儿离开娃娃家去搭积木，或从娃娃家出来“买菜”，“带孩子”看病，去“加工厂”上班等。开放的活动区是为了便于幼儿从一个活动区转移到另一个活动区。如果有的活动区设置在活动室外，教师要让幼儿了解这一情况，并允许他们往来于这些地方。

(4)布局合理

教师要根据每一区的特点和本班的实际情况来具体安排活动区的位置。图书区、益智区和美工区的活动较安静，可以考虑安置在相近的地方。其中美工区可以靠近水源；积木区和结构游戏区可以尽量靠拢，便于幼儿结合起来玩；操作区和科学区都要能来回摆弄物体。音乐区和表演区应设置在远离安静活动的地方，以免这些区域的活动受到干扰。角色游戏区可以安置在活动室内的任何地方，但各个角色区之间来往应该是方便的。

(5)规则清晰

每个活动区要有清晰的进区规则或者活动规则。比如，活动区要有人数限制，使幼儿知道当某个活动区的人数够了，其他的幼儿应去别的活动区活动。教师应根据幼儿的不同年龄采取不同的方法表示活动区的人数。比如，小班可以用脚印、靠垫、头饰做标志；中班第一学期采用小班的方法，第二学期可以采用阿拉伯数字表示每个活动区的人数。

第四课　幼儿园心理环境创设

心理环境是幼儿园环境中更为重要的一个方面。幼儿园心理环境主要包括文化氛围、人际关系、教师的教育观念与行为等。它对幼儿的身心发展起着潜移默化的影响。

一、幼儿园心理环境创设的意义

(一)有利于幼儿心理健康，形成良好个性

幼儿园心理环境对幼儿心理发展的影响既是潜在的，又是深刻的。幼儿园开放、宽松、积极、愉悦的活动气氛，可以使幼儿的心理得到充分、健康的发展，培养幼儿勇敢、坚强、团结、合作等品格，为以后幼儿的社会化发展奠定基础。幼儿园要为幼儿创造一个具有安全感的、愉快的、和谐的心理发展氛围。

(二)有利于教师工作与专业成长

积极向上的精神环境对全园教职工会产生强烈的感染力，形成同事之间

团结、友爱、理解、体谅、互助、和谐的氛围。良好的人际交往关系能使员工在工作、学习中受到感染和熏陶，形成奋发学习、积极向上的良好氛围；有助于教师顺利地开展教育教学活动，提高工作的积极性、有效性，提高教育质量，实现专业发展。往往宽严适度、管理得当的心理环境会形成积极向上、民主和睦的园所文化。同时良好的风貌和高水平的教学质量又可以为幼儿园塑造良好的形象，扩大社会影响力。

二、幼儿园心理环境创设的要求

创设心理环境主要是创造良好的人际坏境，创设人际环境的中心是建立融洽、和谐、健康的人际关系。它具体包括教师与幼儿之间的关系、幼儿同伴间的关系以及教师与教师之间的关系、教师与家长之间的关系等。

课证融通

单选题(2019 年保教知识与能力真题)：学前教育过程中最基本的、最重要的人际关系是(　　)。

A. 教师与儿童的关系　　B. 教师与家长的关系

C. 教师与教师的关系　　D. 家长与儿童的关系

答案：A。

(一)热爱幼儿，建立良好的师幼关系

教师是幼儿在幼儿园里一切活动的指导者和支持者。在一天的活动中，教师除了要让幼儿了解粗浅的知识、养成良好的行为习惯，还要注重对幼儿活泼开朗的性格的培养、好奇心和探究欲的激发等。教师自身的榜样具有无穷的魅力，积极的引导对幼儿的发展具有重要作用。

首先，对幼儿表现出尊重、重视和支持。对幼儿的尊重、重视和支持是建立良好的师幼关系的基础，也是进一步培养幼儿良好社会性行为的基本条件。教师要善于理解幼儿的各种情绪情感的需要，不对幼儿有偏见，公平对待每个幼儿。教师要不吝惜自己的赞美、不吝惜自己的笑容、不吝惜自己的抚慰，让幼儿感觉到教师喜欢他们、信任他们。这样幼儿就会有安全感、被接受感，幼儿就会感到快乐、幸福，幼儿就会充分表现自己，幼儿的好奇心、求知欲就会被激发，幼儿大胆、活泼的性格就会慢慢地培养起来。

其次，对幼儿的错误要理解与宽容。在教育实践中不难发现，如果教师过于严厉地批评犯错误的幼儿，其结果或者是幼儿害怕教师，并与教师疏远；或者是幼儿产生逆反心理，进而与教师对立。可见，教师对幼儿错误的不当处理会对良好师幼关系的建立产生消极影响。由于幼儿是成长中的个体，其身心发展尚不成熟。教师以这种理解、宽容的心态对待幼儿犯的错误，就能心平气和地帮助幼儿分析产生错误的原因，让幼儿也能心悦诚服地接受批评。同时由教师的理解所诱发的师幼之间的情感沟通有助于师幼关系向积极方向

发展。但是，理解与宽容并不意味着放任或放纵。教师在理解幼儿的基础上还应对幼儿进行有计划的、及时适宜的指导和帮助，使幼儿能在改进错误的过程中不断成长。

知识链接

幼儿园心理环境的设计是比较复杂的。评价一个幼儿园是否具有良好的心理环境具体可参照以下几方面的标准：①教师能满足幼儿的各种合理需要；②教师能体谅和容忍幼儿的所作所为；③教师能民主、平等地对待幼儿；④教师能对幼儿表现出种种支持的行为；⑤教师能以平等的地位参与幼儿的活动；⑥教师能为幼儿提供发挥其创造力的机会；⑦幼儿园的各项活动能适合幼儿的年龄特征和个体差异；⑧幼儿园能对游戏和教学活动进行优化整合；⑨教师能利用集体活动的机会帮助幼儿建立友好的同伴关系；⑩教师能将正确的教育观念转化为实实在在的教育行为。

幼儿园心理环境是否能基本满足以上标准，是其优化与否的标志。我们在建设幼儿园的过程中一定要充分考虑到这些问题，并在实践中努力实现，或者对现有的环境进行评估和改进，以期为幼儿的成长创设一个良好、健康的心理环境。①

(二)引导帮助，建立幼儿间良好的同伴交往关系

虽说幼儿与同伴间的交往态度在很大程度上由幼儿群体的自身特征决定，但教师完全可以通过积极的引导为幼儿创设一个积极的交往环境，有效影响幼儿之间的交往行为和态度。

首先，引导幼儿学会关心同伴。有些幼儿对别人的情绪、需要等不善觉察，缺乏对他人的了解。教师有效的引导会对他们起到积极的影响。比如，当发现有幼儿情绪低落时，教师要提醒其他幼儿去询问、去关心，了解他的心思，说出来与同伴共同讨论、分析；教师在旁边，不时穿针引线，引导幼儿学会关心别人。

其次，帮助幼儿学会交往技巧。幼儿之间因为年龄小，有时会发生矛盾。比如，游戏时，一个幼儿不小心踩了同伴，他们会吵闹起来。此时教师要有一双慧眼敏锐地观察到，及时施加引导，对这名幼儿说："你不小心踩了同伴，你该怎样对他说呢？"教师对被踩幼儿说："他不是故意的，你该怎么说呢？"这样幼儿就正确理解和使用了"对不起""没关系"，进一步让他们握手继续做好朋友。时间长了，幼儿就学会自己应对矛盾，有了与同伴交往的技巧。

① 朱家雄、华爱华：《幼儿园环境与幼儿行为和发展的研究》，76～79页，上海，世界图书出版公司，1996。

典型案例

小法官

每次有告状的幼儿，我就选出一个幼儿当“小法官”，让告状的幼儿当“原告”，让另一个幼儿当“被告”，再找几个“知情”的幼儿当“证人”。我会让幼儿讲清楚事情的来龙去脉，由“小法官”自己评判谁对、谁错。这样，幼儿脑子里的是非观念就越来越清楚，知道什么是对，什么是错。以后遇到类似情况，他们都会大胆地予以评判。幼儿告状是一种自我保护意识的本能反应。当幼儿的利益受到损害，而他们自己又无力保护自己时就会向成人求援。当“小法庭”使幼儿分辨是非的能力增强了，告状的现象就变少了，而且还为幼儿提供了一个发展思维、语言和解决问题的好机会。

（三）以身示范，建立教师间良好的同事关系

首先，教师间的人际交往是幼儿交往和社会性学习的重要榜样。因此，教师要让幼儿学习相互关心、帮助、抚慰、合作等行为和品质。如果教师自己都做到了，那么幼儿就更容易产生这种行为并长期稳定下来；反之，教师间漠不关心、人情冷漠，那么教师再怎么强调要求幼儿有爱心、同情心，其效果势必会大打折扣。因此，教师自身交往的行为表现像一面镜子映照着幼儿、影响着幼儿。

其次，教师间的交往直接影响幼儿园工作的顺利开展以及教风、园风的形成。除了人际环境外，幼儿园的日常规则、行为标准是幼儿园心理环境创设的重要部分。例如，教师说话时要求幼儿注意听，使用玩具时学会分享、谦让，接受别人的帮助后学会表示谢意等。久而久之，幼儿就能将社会交往中的一些规则内化为自己的思想认识，从而在日常活动中自然而然地表现出交往技能，愉快地生活在班集体中。

（四）沟通交流，建立家长与教师间良好的教育伙伴关系

幼儿园的各项教育工作始终离不开家长的配合，同样要建立良好的心理环境也离不开家长的支持和帮助。教师要经常和家长交流，互相学习、取长补短，共同教育幼儿。如果教师和家长的关系不好则会直接影响到教师和幼儿的关系。

第一，以平等、合作的态度对待家长。教师要认识到，也需要促使家长认识到，教师和家长共同关心着幼儿的成长，为达成促进幼儿的发展这个共同的目标而承担着不同的责任，都应该也能够对教育伙伴关系的建立做出有价值的贡献。只有教师和家长都把关注点集中于为幼儿提供最好的发展环境这个共同目标，共同承担责任和分享成功，才可能以平等、合作的态度对待对方，才能够在幼儿的生活中发展合作者、共同的教育者和共同的决策者这种真正的教育伙伴关系。特别需要注意的是，当家长与教师出现矛盾时，教师必须认识到家长对幼儿园、对教师的印象会受到他们以往的经验的影响，

从而以宽容的心态，以一贯平等、合作的态度改变家长对幼儿园、对教师的消极看法。

第二，积极主动地与家长沟通。教师可以采用各种方法与家长沟通。家长开放日、家访都是常用的家园沟通方式。教师还可以采用一些书面形式如信息栏、家园联系薄等，与家长沟通。

第三，鼓励家长参与幼儿园教育。家长可以成为制定幼儿园教育方案的决策者之一，或是成为课程方案领导小组及意见委员会的成员。这样家长就可以与教师共同制订教育计划，设计课程或者对教育计划和课程设置提出意见与建议。基于家长的文化背景、职业和特长，教师可以请家长来幼儿园组织幼儿活动。此外，家长还可以与幼儿一起参加幼儿园组织的活动。

总之，幼儿的发展并非单纯受幼儿园一种环境的影响，同时受到来自各种大小环境的影响。而且各种环境之间也不是独立、静止存在的，而是相互作用、相互制约的。所以，教师一定要深入了解影响幼儿健康成长的一切因素。只有这样才能有针对性地对幼儿进行适当的感染与影响，促进其朝着健康、正确的方向发展。“随风潜入夜，润物细无声。”无声的环境会让幼儿体会到舒适与温馨。也正是这种无声、其乐融融的环境，让幼儿逐步地成长与发展，成为幼儿园里“不会说话”却具有极大教育意义的因素。

课证融通

论述题(2017 年保教知识与能力真题)：幼儿园教师如何在保教活动中营造良好的心理氛围？

答案：略。

思考与练习

一、基础练习

1. 简述幼儿园物质环境创设的要求。

2. 简述幼儿园常见的活动区及其功能。

二、实践训练

1. 通过幼儿园教育实践或网络搜索，收集幼儿园户外环境、室内环境创设的经典案例，并对收集到的案例进行评析。

2. 请到幼儿园进行观察，绘制幼儿园室内环境创设的平面图，记录不同区域的划分、使用情况，分析其合理性。

3. 请结合幼儿园室内环境创设的要求，对幼儿园室内环境进行规划，写出设计方案，并结合方案说明设计意图。

4. 走进实训室或幼儿园，观察并评价其环境创设，模拟创设幼儿园环境。

5. 结合所在幼儿园的条件，分析如何利用资源为幼儿创设良好的幼儿园物质环境和心理环境。

学习评价与反思

单元十综合检测题　　单元十综合检测题答案

单元十一　幼儿园班级管理

学习目标

1. 了解幼儿园班级管理的概念和意义。

2. 理解幼儿园班级管理的原则和方法。

3. 掌握幼儿园班级管理过程的四个环节，能够在实践中以此开展班级管理的工作。

思维导图

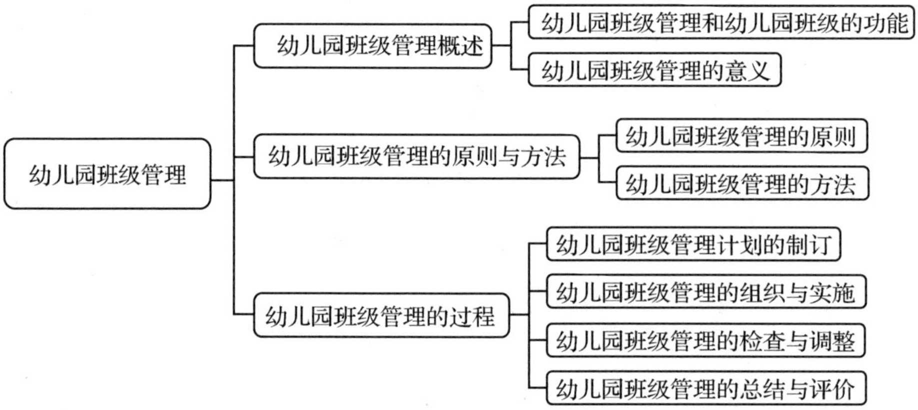

单元导入

班级是幼儿园的“细胞”，班级管理是幼儿园综合管理工作的重要组成部分。教师的班级管理水平的高低直接影响幼儿在园能否健康成长。班级管理是教师主要的工作任务之一，是幼儿园核心、基础的管理工作。这项工作既是一门充满科学和艺术的学问，又充满挑战。因此，了解班级管理的知识、掌握班级管理的技能是教师必备的专业素质。

单元案例

某幼儿园的陈老师为了提高工作效率，开展了如下工作。首先，她安排好每天所需开展的各项活动的时间，包括根据幼儿身心发展的特点科学地安排幼儿每天的活动时间和科学合理地安排自己的时间。其次，她建立了各种班级管理制度，并在实际工作中认真执行。另外，她对班级所拥有的和所能利用的各种资源都做了详细登记，以便能够充分利用。通过这样一番改革，陈老师每天的工作变得井然有序、有条不紊。看到陈老师如此从容有序地工作，并且能够取得良好的工作成绩，许多同事都来向她请教。陈老师总是很谦虚，她向同事介绍道："这就是科学班级管理的效益，我可是受益匪浅啊！"陈老师说的班级管理指的是什么？班级管理有何作用？在幼儿园如何进行班级管理？让我们带着这些疑问进入本单元的学习。

第一课　幼儿园班级管理概述

班级是幼儿园的基本组织单位和教育单位，也是幼儿共同生活、学习和开展活动的场所。幼儿生活在幼儿园里主要接触的就是班级的环境，接受的教育影响也主要来自班级。班级不仅是幼儿接受知识教育的资源，也是幼儿社会化的资源和幼儿进行自我教育的资源。一个班级就像一个小社会，一个拥有良好风气的班级对于幼儿的健康成长具有非常重要的意义。

一、幼儿园班级管理和幼儿园班级的功能

(一)幼儿园班级管理的概念

结合幼儿园教育的特点，幼儿园班级管理有狭义和广义之分。广义的幼儿园班级管理是指班级组织者进行的一切活动；狭义的幼儿园班级管理是指教师通过计划、组织、实施、调整等环节，充分利用班级中的人、财、物、时间、空间、信息等资源，从而优质高效地实现管理目标。

这一概念包含了三层意思：首先，班级管理不仅是对集体的管理，也是对每个幼儿的管理；其次，班级管理不仅是对人的管理，也是对物、财、时间、空间、信息的管理；最后，班级管理是通过计划、组织、实施、调整等环节来实现的。

(二)幼儿园班级管理的内容①

从管理基本理论来看，目前被广泛接受的是管理的"六要素说"，即班级管理的内容包括人、财、物、时间、空间、信息六个方面。具体到幼儿园班级管理，其对象包括班级人员的管理、班级财务的管理、班级物品的管理、班级活动时间的管理、班级活动空间的管理和班级信息的管理。

1. 班级人员的管理

班级人员的管理涉及班级教师的管理，包括教师的分工和选聘以及教师之间工作及人际关系的协调等。需要注意的是，班级中的幼儿既是被管理的对象，即管理的客体，又因为他们有主观能动性，所以他们又是管理的主体。

---

① 张莅颖：《幼儿园班级管理》，11页，北京，高等教育出版社，2010。

教师应尊重幼儿的主体性和独立性，而不能把他们看成被动接受的管理对象。教师要调动幼儿的积极性，让他们积极主动地参与到班级管理中。

2. 班级财务的管理

幼儿园财务一般由幼儿园的管理层直接管理，所以幼儿园班级管理一般不涉及财务管理问题。但在幼儿园管理的实践中，各个班级由于选择的教学内容不同，班级环境布置所用的材料不同，难免会涉及购买和使用不同物品材料的问题。有时候班级为了购买一些材料都必须经过班主任、教学主任甚至园长的审批，浪费了时间和精力。为此，各个幼儿园会想方设法简化审批的手续，提高管理效率，这就是幼儿园的班级财务管理。

3. 班级物品的管理

班级物品的管理涉及班级内部的所有设施、设备、用品、材料。凡是出现在班级空间里的一切物质都是班级物品管理的对象。幼儿园班级的物质要素是班级实施全面发展教育的前提和基础，对保教质量有直接的影响。班级物品的安排、摆放得当，能给幼儿提供一个整齐有序的环境，有利于幼儿的生活和活动，同时也方便教师的使用。在班级物品的管理中，教师的教育笔记、观察记录、个案分析、保育笔记、班级工作计划、月计划、周计划及备课本、家园联系本、家长工作记录本、家庭访问卡等常用工作材料的管理也很重要。

4. 班级活动时间的管理

班级活动时间的管理是指在预定的时间内尽可能高质量地完成保育和教育任务。幼儿园班级活动时间一般要服从幼儿园整体活动的安排，包括安排好一学期的时间；合理地安排好幼儿一周在园的活动；恰当地安排好幼儿在园的一日生活，做到动静交替、集体活动与自由活动交替。

5. 班级活动空间的管理

班级活动空间是指班级幼儿专属的活动室、寝室、盥洗室等开展教育活动和生活活动的空间。由于幼儿人数的增加和区域活动的开展，幼儿园开始越来越重视对空间的管理。班级活动空间的管理有两个目标：一是要在有限的空间内尽可能安排幼儿舒适生活和有效学习，让空间发挥更大的作用；二是发挥空间的教育作用，“让空间说话”，与幼儿产生互动，开发空间的深度教育价值。

6. 班级信息的管理

班级信息主要来自幼儿园工作的信息，包括幼儿园的办园宗旨和办园特色、远期规划和近期计划、学期计划和月工作重点、幼儿园的重大活动等。班级信息还来自教师群体的信息，包括幼儿园领导及领导成员的管理方式和管理风格、与本班教学相关的教师的工作计划和工作情况、教师之间的配合关系等。班级信息也有来自幼儿和家庭的信息，包括幼儿的信息特点、各方面发展状况，还包括家长的职业、受教育程度、教育观等方面。

(三)幼儿园班级的功能

班级是幼儿成长与发展的重要场所。苏联教育家克鲁普斯卡娅曾说过，只有在集体中儿童的个性才能得到最充分、最全面的发展。幼儿园班级的功能主要体现在如下三个方面。

1. 生活功能

生活功能是幼儿园班级的基本功能，也是与其他教育阶段班级相区别的功能。幼儿的身心尚未发展成熟，但发展迅速。幼儿期是身体发育的关键期，需要成人精心保护和照顾。因此，教师需要科学合理安排幼儿锻炼身体，促进幼儿的组织器官、动作技能协调发展，达到愉悦幼儿身心的目的。班级是幼儿就餐、盥洗、睡觉、游戏、学习等活动的重要场所；幼儿的各项活动需要合理有序安排，使一日生活常规化。这需要教师在工作中对幼儿耐心指导，使幼儿养成良好的生活习惯、交往习惯、学习习惯、安全习惯等。幼儿一日的生活活动都在班级中进行，需要保教人员细心照顾；同时利用班级集体生活，促进幼儿健康成长。

幼儿园班级的功能

课证融通

单选题(2012 年保教知识与能力真题)：制定幼儿园班级生活常规的主要目的是(　　)。

A. 让幼儿学会服从　　　　B. 帮助幼儿学会自我管理

C. 便于教师管理　　　　　D. 维持纪律

答案：B。

2. 教育功能

教育功能是幼儿园班级的主要功能。幼儿园班级工作除保育工作外还包括教育工作。教育在幼儿发展中起着主导作用。班级是教师对幼儿进行德、智、体、美、劳全面发展教育和发展幼儿个性的主要场所。

(1)班级自身是强大的教育力量

班级的成员一旦形成班集体，就形成巨大的教育力量。马卡连柯曾经说过：“教育了集体，团结了集体，加强了集体，以后，集体自身就能成为很大的教育力量了。”班集体是由具有明确的共同目标，具有一定的共同活动准则，并且有一定的组织机构的班级成员构成的，它具有教师无法代替的作用。这是因为班集体是以幼儿为主组成的组织；幼儿是集体的主人，并在集体中学会管理自己。班集体成员在评价他人和与他人比较的过程中，学会认识自己和评价自己，从而提高自我教育的能力。一个良好的班集体为幼儿的健康成长提供了良好的自我教育环境。

(2)促进班级成员全面发展与个性发展

幼儿期是人生中发展变化较为快速的时期，是幼儿拥有巨大的学习潜力的时期，是各项能力发展的关键期。美国心理学家本杰明·布鲁姆的实验研究表明，幼儿期是人的智力发展的最佳时期。幼儿园班级与中小学班级的功能不同。中小学班级着眼于社会要求和教育培养目标的实现；幼儿园班级应依据幼儿自身特点与发展规律，将社会要求融于幼儿的一日生活中，注重保育与教育相结合，不仅教授幼儿粗浅的知识和技能，还注重幼儿非智力因素的培养，使幼儿身心得到全面和谐发展。班集体中每个幼儿的特点各不相同，班集体的活动为幼儿个性全面而自由发展创造了机会和条件，使幼儿的个性特征在集体中得以展现。

(3)形成热爱集体的归属感和荣誉感

集体主义是社会主义和共产主义道德的核心，是处理社会成员之间以及个人、集体、国家之间关系的根本原则和基本行为准则。只有在集体中，在共同的学习、生活、劳动过程中，幼儿才会逐渐认识到个人和集体的关系，从爱集体进而爱国家。在长期的集体生活中，幼儿逐渐养成了个人服从集体，少数服从多数，自觉遵守集体纪律的习惯，学会处理民主与集中、自由与纪律的关系，从而受到良好的集体主义教育。

3. 社会功能①

班级的社会功能是指班级对社会发展所起的作用，主要体现在对社会政治、经济、文化等方面的作用。幼儿园班级对社会的政治功能体现为幼儿园班级通过对幼儿身体、认知、情感、社会性等多方面的引导与教育，为社会未来合格公民的培养奠定良好基础。幼儿园班级对社会的经济功能表现为幼儿园班级通过对幼儿的保教活动使幼儿健康成长，从而减轻家长的育儿负担，解放劳动力，使家长能够全身心投入社会劳动与建设，为社会创造更多的财富。幼儿园班级对社会的文化功能主要体现为幼儿园教育是基础教育的有机组成部分，为继承传统、传播文明、创新文化等方面服务。另外，由于家长在育儿过程中会存在一些疑惑甚至错误的教育观念与方法，教师有义务和有必要通过各种形式向家长宣传科学育儿知识，引导家长正确育儿。

总之，幼儿园班级对于幼儿的健康成长与发展具有不可替代的重要作用。其重要性通过班级的功能得以实现，即通过班级的生活功能、教育功能及社会功能的发挥，实现幼儿多方面的成长与发展，并为幼儿未来健康发展奠定良好基础。

二、幼儿园班级管理的意义

(一)促进幼儿身心和谐发展

幼儿是身心发展迅速但还不完善的个体，他们的各项生理功能还不成熟。幼儿园的一大任务就是教育和服务幼儿，这项任务更多是以班级为单位来完成的。良好的幼儿园班级管理能够促进幼儿身心和谐发展。

---

① 左志宏：《幼儿园班级管理》，36 页，上海，华东师范大学出版社，2015。

(二)促进教师专业发展

教师既是班级的管理者，同时也是班级的成员。教师在班级的管理方式或教学行为，对教师来说是一种实践活动；幼儿在班级中的表现状态对于教师具有反馈的作用，教师据此可以修正、调整自己的行为。教师在班级管理中，在与幼儿发生交互作用的过程中，可以经常进行反思，以不断调整改进自己的教育策略和行为，促进教育能力的提升，促进自我专业发展。

(三)促进幼儿园可持续发展

幼儿园管理以班级管理为基础；只有班级管理具有成效，才能使幼儿园赢得社会认可，获得发展的空间。幼儿园班级管理工作直接作用于幼儿，其管理水平影响着幼儿园的办园水平和生存发展。可以说，一所幼儿园的发展必须通过幼儿园班级管理来实现。幼儿园班级管理水平的提升有助于提高保教质量，促进幼儿的健康快乐成长以及幼儿园的可持续发展，也是形成办园特色的关键。

第二课 幼儿园班级管理的原则与方法

幼儿园班级管理的原则和方法是对幼儿园班级进行管理必须遵循的普遍性行为准则和有效途径，它对幼儿园班级全面管理具有重要的指导意义。

一、幼儿园班级管理的原则

根据教育管理的基本规律和幼儿园班级管理实践，育人为本原则、整体协调原则、家园合作原则、经济高效原则这四大原则应当作为幼儿园班级管理工作所遵循的基本原则。①

(一)育人为本原则

育人为本原则落实到幼儿园班级管理工作中就是要以幼儿为本，一切为了幼儿。它强调从幼儿的根本利益出发，促进幼儿的全面发展，把幼儿既看成教育的中心，又看成教育的目的。在构建整个班级管理体系的实践中，它强调重视满足幼儿内在的需求，发挥幼儿的主观能动性，调动幼儿的一切积极因素，促进幼儿的成长。幼儿园班级管理工作要确立“人本”管理理念，彰显人文关怀，在具体的管理活动中重视幼儿发展的多样性需求，充分考虑幼儿的身心发展特点，做到以爱为出发点，尊重和接纳每一名幼儿，让幼儿主动、大胆地表现自我、展现自己的个性，促进每一个幼儿在原有水平上得到充分的发展。

(二)整体协调原则

整体协调原则是指幼儿园班级管理应是面向全体幼儿并协调班内所有管

---

① 钟鸣：《幼儿园班级管理的策略研究》，硕士学位论文，东北师范大学，2010。

理要素。整体协调原则保证了班级全体幼儿的共同进步，确保班级各种管理要素得到充分的利用。教师应树立综合整体的教育观念，注意多种教育内容的有机结合，发挥一日生活的整体教育功能，从而充分发挥教育的整体效能。另外，班级管理不只是人的管理，还涉及物、时间、空间等要素的管理。因此，班级工作是全方位的，而且是相互联系、相互制约的。

(三)家园合作原则

幼儿园班级管理工作的有序开展离不开家长的支持和配合。遵循家园合作的原则，会有效提升幼儿园班级管理的效度，更好地促进幼儿的健康成长。随着社会的进步、科学的发展，家庭教育在人的成长过程中越来越显示出它的特有地位。教师应多征求家长的意见，或让家长参与指导，指导家长配合开展班级管理工作，同时帮助家长转变教育观念、行为，提高家庭教育能力，以便家园合作，在教育上达成共识，形成合力，提高班级管理质量。

(四)经济高效原则

管理的目的是提高效率，幼儿园班级管理也同样如此。经济高效原则要求以最少的人力、物力和时间，尽可能地使幼儿获得更多、更全面、更好的发展。它强调提高班级管理的效率，发挥资源的功能。首先，教师需要在物质资源上坚持经济性原则，在班级管理过程中因地制宜，变废为宝，循环利用，降低成本，少花钱、多办事，实现最大的经济效益。其次，教师应合理安排工作的先后顺序，制订合理的班级管理计划，使班级管理工作常规化、程序化，提高工作效率。最后，教师需要采用科学的管理方法，增强班级管理的灵活性，提高班级管理质量。

典型案例

又到了做早操的时间，广播里响起了动听的音乐，提示孩子们到操场上做早操。此时的孩子们正在兴致勃勃地看蚂蚁搬家。音乐一起，我便立刻说：“快来排队吧!”孩子们发出了一阵叹息声：“怎么又要做早操了!”孩子们不情愿地站了起来，三三两两地开始排队。这时楠楠嘀咕着：“王老师，为什么一定要现在做早操呢？我们的蚂蚁搬家还没有完啊。”我也觉得有些可惜，因为这时正是孩子们活动兴致最浓的时候。可是我想了想，只好回答说：“现在是做早操的时间啊。”我便这样搪塞过去了。但一直到晚上，我心中仍然想着这个问题，这回答能够让孩子们满意吗？第二天，我想了一个好办法。我说：“小朋友们，我想到一个好办法，请小朋友们来设计今天一天的活动好吗?”孩子们回答：“好!”孩子们高兴地跳了起来。大家开始七嘴八舌地讨论接下来的活动，有的说要听故事，有的说要画画。我和他们商量了活动规则。除了吃饭、睡觉外，其他的活动都可以由孩子们自己来安排，但必须通过讨论，少数服从多数。大家一起设计一张一日活动表，用记号或图画来标明今天活动的内容和时间。一天下来，我发现孩子们特别听话，每一项活动都开展得很顺利。孩子们的兴趣特别高，我自己心里很开心。

分析：教师从自己所在班级的实际情况出发，贯彻班级管理的原则，提出班级管理的策略和方案，创造性地运用多种方法，协调班内的多种因素；在提高班级管理成效的同时，突出幼儿的主体地位。

二、幼儿园班级管理的方法

(一)规则引导法

1. 规则引导法的概念

规则引导法是指用规则引导幼儿的行为，使其与集体活动的方向和要求保持一致的方法。规则引导法是对班级幼儿较为直接和常用的方法。

2. 规则引导法的操作要领

(1)规则的内容要明确且简单易行

规则是一种约束幼儿行为的准则，所以遵守规则的过程也就是幼儿行为规范化的过程。确定规则的内容时，教师应注意确保规则的必要性(规则过多会造成幼儿无所适从或无法实践)，规则的量力性(规则不应超过，至少不能过多超过幼儿的现有水平)，规则的参与性(规则的制定应充分发动多方参与，有些规则可以由中、大班幼儿参与制定)。

(2)要给幼儿提供实践的机会，使幼儿在活动中掌握规则

教师必须结合实践活动介绍规则，应在具体的情境中引出规则，让幼儿在活动中明白规则的具体要求，并懂得规则执行的意义。有些规则要求教师在活动中进行示范。

(3)要坚持规则的一贯性

这意味着同一规则不能前后有变化。如果在特定情况下必须做某些变化，那么教师必须向幼儿说明变化的原因。此外，坚持规则的一贯性还表现在一个规则必须在所有适用该规则的情境中都得到运用，而不能忽有忽无。不然，规则难以产生预期的效果。

(二)情感沟通法

1. 情感沟通法的概念

情感沟通法是指通过激发和利用师幼间或幼儿间的情感，以引发或影响幼儿行为的方法。因为幼儿的情感占成人相比更为外露，易受暗示和感染，所以教师很容易把握幼儿的情感特点，容易从幼儿的情感着手，对幼儿的行为加以影响和引导，以达到管理的目的。

2. 情感沟通法的操作要领

(1)要及时观察幼儿的情感表现

教师要发现幼儿情感产生和表达的特点，了解不同幼儿的情绪表达方式和情感需求。教师还要与幼儿形成良好的师幼关系，从而使幼儿在信任教师

的基础上做出与教师期待一致的行为。

(2)要经常对幼儿进行移情训练

教师要培养幼儿站在他人的角度理解他人情感的习惯和能力，让幼儿能从他人的困境出发，产生助人行为。这样为幼儿今后进一步的亲社会行为的发展打好基础。

(3)要保持和蔼可亲的个人形象

教师要形成人格魅力，言行举止要表达自己积极而真切的情感。幼儿喜欢的是亲和型、智慧型的教师，而不是放任型和专制型教师。

(4)要合理应对幼儿的情绪问题

如果幼儿情绪失控，教师可以把幼儿带离让他们感到受挫或情绪不稳的情境，尽快让幼儿平复情绪。教师要跟他们谈论这种行为带来的糟糕后果，帮助幼儿站在他人的角度看待自己的行为。在幼儿冷静下来后，教师要告诉他们恰当地表达愤怒的方式。教师在了解原因，找到解决问题的方法后，细心观察幼儿，当他的行为表现积极时，及时鼓励和表扬。

(三)互动指导法

1. 互动指导法的概念

互动指导法是师幼相互作用、相互影响有机结合起来的方法。教师应让幼儿在具体的活动情境中，掌握互动的基本方法、基本规则，学会对不同的对象采取不同的互动方式。活动中如果缺乏幼儿的参与，这样的管理往往事倍功半。教师过分强调幼儿自主，没有适当的指导，这种管理是盲目的、无秩序的管理。所以幼儿园班级管理要加强师幼各自不同的作用，充分发挥他们的主体功能。

2. 互动指导法的操作要领

(1)互动指导的适当性

教师要根据幼儿的身心发展水平、个性特点及活动的性质和情境来确定如何指导幼儿活动。对于幼儿力所能及已反复进行且没有新的影响因素的活动，教师可让幼儿充分自主地开展。如果活动是幼儿首次开展，幼儿也不熟悉，那么教师的指导是必要的。如果教师没有提供必要的指导，会影响幼儿所从事的互动活动的效果，甚至会造成不良后果。

(2)互动指导的适时性

针对一些原则性行为和与幼儿安全有关的行为，教师必须事前指导。为了让幼儿深切地体验和感受某些规则、做法，教师不妨让幼儿感受小小的失败，然后再进行指导，让幼儿掌握某些互动行为和方式。

(3)互动指导的适度性

教师在指导时要有一个合适的度，不能过于笼统，也不能过于细致，应从特定幼儿的理解能力、行为水平等条件出发，加以指导和帮助。教师不能把幼儿的指导都变成对幼儿的行为示范，使幼儿失去思考的机会。

(四)榜样激励法

1. 榜样激励法的概念

榜样的力量是无穷的。榜样激励法是指在班级管理中利用具体的健康形象和成功行为做示范，引导幼儿学习榜样以规范幼儿的行为，从而达到管理目的的方法。

2. 榜样激励法的操作要领

(1)榜样行为要健康、形象、具体

幼儿能通过现实的感知和教师的介绍理解榜样的真实性。榜样可以是幼儿身边的小伙伴，也可以是幼儿熟悉的故事、人物、卡通形象等。这些榜样的行为必须是积极向上的，是幼儿经过努力可以达到的。

(2)榜样的树立要公正、有权威性

班级树立的榜样行为，要有目共睹，得到公认。树立榜样后，教师要引导幼儿感知和了解，鼓励幼儿产生学习榜样行为的愿望，并提供充分的表现机会。班内的榜样需要得到教师和幼儿对其某一行为的认可，从而鼓励幼儿在各方面争做榜样。教师要鼓励和引导幼儿发现榜样并积极表现榜样行为。

(3)及时对幼儿表现的榜样行为做出反应

榜样的行为不仅要在幼儿心理上产生共鸣，还要反映到幼儿的行动中去。当幼儿自觉地以榜样的精神为动力，以榜样规范行为，做出良好的表现时，教师应给予充分的表扬。

典型案例

今天早上，小朋友都在玩雪花片。没多久，我看到地上的雪花片越积越多。于是我让小朋友把雪花片捡起来，很多小朋友都俯下身去捡。但是地上的雪花片没减反增。他们似乎忘记了搭建，只顾争着在地上爬了，教室里一团乱。

我灵机一动，拿起天爱小朋友所搭建的雪花片说：“啊，天爱搭建的小房子真是漂亮，等下我把这个放到窗台上，供所有人欣赏。”听到我这么一说，原本还在地上的小朋友立马起身坐到自己的小位子上认真地搭起了雪花片。有的小朋友搭成了房子，有的搭成了交通工具，还有的搭成了各种各样的小动物。他们的兴趣越来越浓。

(五)目标指引法

1. 目标指引法的概念

目标指引法是指教师以行为结果为目标，引导幼儿的行为方向，规范幼儿的行为方式的方法。

2. 目标指引法的操作要领

(1)目标要具体明确

目标的设定不能过于复杂。目标不宜设定过多，也不能过分抽象。师幼共同参与目标的讨论和制定，使目标在幼儿心中有具体的形象，并了解为什么要实现这一目标。

(2)目标要切实可行，具有吸引力

目标的实现不能过于困难，而应适应幼儿的行为能力，适应幼儿的心理接受能力。教师要使幼儿时时感受到目标的存在以及目标的吸引力。

(3)目标与行为的联系清晰可见

在活动中，教师要引导幼儿通过注意、记忆、思维等心理活动时时纠正自己的行为。在解释或引导幼儿讨论目标时，教师要让幼儿意识到与完成这一目标相关的行为，并努力去形成这种行为。

第三课　幼儿园班级管理的过程

按照美国管理学家戴明提出的、被国内外管理界广泛接受并应用的管理过程理论，管理的过程包括计划、实施、检查和总结等环节。班级管理的过程也不外于此。根据幼儿园班级管理的特点，幼儿园班级管理可以划分为幼儿园班级管理计划的制订、幼儿园班级管理的组织与实施、幼儿园班级管理的检查与调整、幼儿园班级管理的总结与评价四个具体环节。幼儿园班级管理过程的四个环节是互相联系、互为条件的，前一个环节是后一个环节的基础，后一个环节是前一个环节的实践和延伸。它们环环相扣，组成的螺旋上升的链条形成一个管理循环，同时成为下一个管理循环的基础。

一、幼儿园班级管理计划的制订

幼儿园班级管理计划是幼儿园班级管理者在一个学习时期内，根据班级情况为实现发展目标而设计的措施方案。幼儿园班级管理计划即幼儿园班级保教工作计划，是幼儿园班级教学计划和生活管理计划的综合。其主要内容包括班级情况分析、班级工作目标、班级管理实施措施、重要工作安排等。

(一)制订幼儿园班级管理计划的依据

制订一份目标明确、措施具体的计划，不可能是凭空想象的，而是需要有一定的依据的。从学校管理学的理论和幼儿园工作的实践来看，制订幼儿园班级管理计划的主要依据如下。

1. 我国幼儿园教育目标

我国幼儿园教育目标是实行保育与教育相结合的原则，对幼儿实施德、智、体、美、劳诸方面全面发展的教育，促进其身心和谐发展。这一目标是确定幼儿园教育任务、评价幼儿园教育质量的根本依据。国家通过这一目标对全国幼儿园教育进行领导和调控。因此，幼儿园班级管理者必须以我国幼儿园教育目标为依据，在其指导下制订相适应的幼儿园班级管理计划。

2. 幼儿园园务工作计划

幼儿园园务工作计划在是结合本园实际情况的基础上制订出来的。它既保证了幼儿园工作的方向，执行上级教育行政部门的指导要求，又体现了幼儿园的特点，对幼儿园班级工作的开展、幼儿园班级工作月计划的执行、班级工作周计划的执行都具有直接的指导意义。幼儿园园务工作计划中的目标、任务是对全园每个班而言的。因此，在确定幼儿园班级管理计划的目标和内容时，我们要将其与幼儿园园务工作计划保持一致。

3. 班级的实际情况

班级的实际情况可以分为上一学期班级管理计划的落实情况和班级幼儿的具体情况。上一学期班级管理计划的落实情况是指上一学期班级管理计划执行的结果，即上学期这个班级采取了哪些措施促进班级建设和幼儿发展，其预定目标达到了什么程度，有哪些成绩和不足。这些情况一般都反映在班级工作总结中。因此，上一学期的班级工作总结应是制订下一学期班级管理计划的依据。由于班级幼儿的状况是随时发生变化的，教师需要运用专业知识和实践经验分析、归纳和总结本班幼儿发展的特点。

(二)幼儿园班级管理计划制订的步骤①

幼儿园班级管理计划一般是每学期制订一次，往往是在开学前或开学初进行。虽然这段时间是幼儿园班级工作最为繁忙的时间，但教师在制订幼儿园班级工作计划时一定要认真，不可草率行事。制订幼儿园班级管理计划的步骤如下。

1. 班级情况分析

班级情况分析应写在班级管理计划的前面。它主要介绍本班保教人员情况、幼儿组成情况、幼儿生活学习活动等情况、现阶段发展的不足等。它的作用是引起下文，并且可以说明制订此次班级管理计划的依据。

2. 班级工作的主要目标任务分析

班级工作的主要目标任务可以分为幼儿生活管理、教育管理、家长工作和其他工作管理的各项目标任务。每一部分的目标任务没有必要面面俱到，教师可根据本班的实际情况有选择性地、有重点地确定各项目标任务。

3. 班级工作措施分析

由于幼儿的发展是一个长期、连续的过程，因此在班级管理计划的内容中，有的是与上一学期内容相延续的，这学期只要坚持教育的一致性即可，但更多的是本学期现有的目标和任务。这就要求教师在制订班级管理计划时，对完成每一个任务提出具体的要求和措施。

---

① 李慧英：《幼儿园班级管理》，172 页，北京，高等教育出版社，2015。

4. 重要工作安排

重要工作安排是班级一学期内较为重要的活动安排。其主要包括两个方面：一是根据上一学期总结的幼儿发展不足问题而设计的相应活动；二是学期内幼儿园主要的节庆活动安排，如幼儿园成立周年庆、儿童节、国庆节等活动安排。

二、幼儿园班级管理的组织与实施

幼儿园班级管理的组织与实施是指对班级中的教师、幼儿、材料、物品、空间、时间等要素进行合理安排，并且付诸行动的过程。幼儿园班级管理的组织与实施的基本要求如下。

(一)教师之间有明确的分工

现在幼儿园班级中普遍采用的分工形式有两种：一种是两名教师、一名保育员，即“两教一保”；另一种是两名教师、一名保育员两班合一，即“两教半保”。两名教师可以自己协商或在园长的指导下确定一人为班级主要负责人(简称主班教师或班主任)。主班教师、配班教师和保育员作为一个合作集体为同一班级工作。除了履行各自所承担的职责以外，三人还需要相互配合、相互支持、合理分工与合作，为做好班级管理工作而共同努力。

(二)运用多种组织形式

目前，幼儿园常用的组织形式主要是集体活动、小组活动、个体活动。这三种组织形式各具特点，适合于不同的教育内容和教学需要。在开展活动的过程中，教师可以根据教育内容灵活地运用，可以先集体活动后小组活动，或先小组活动后集体活动。教师要善于分析、判断和反思，采用恰当的组织形式，灵活运用集体活动、小组活动、个别活动的形式，争取教育效果的最优化。

(三)进行合理的空间规划

幼儿园班级活动空间主要包括室内空间和室外空间。只有对班级的活动空间合理搭配利用，才能最大限度地发挥它的利用效益和教育意义。现阶段幼儿园室内环境大多以区域形式呈现。适宜的区域环境规划有利于幼儿按照自己的能力和兴趣，自主地选择区域、玩具和伙伴，主动进行游戏活动、探索活动和交往活动；也有利于教师更好地观察幼儿，更好地组织班级活动，促进师幼良好的互动。

(四)统筹安排幼儿的活动时间

《幼儿园教育指导纲要(试行)》指出，幼儿园一日活动时间的安排应具有相对稳定性和灵活性，既有利于形成秩序，又能满足幼儿的合理需要，照顾到幼儿的个别差异。教师要根据幼儿成长中生理、兴趣、能力发展的情况，确定科学合理的一日生活作息时间，建立良好的一日生活常规，减少不必要的过渡环节和消极等待的时间。

(五)井然有序地摆放班级物品

班级物品包括幼儿生活物品(床、被褥、水杯、毛巾等)，幼儿学习物品

(玩具、学具、课桌椅、图书、游戏材料等)，教学设备(钢琴、电视机等)。有序、合理地摆放班级物品，不仅能为幼儿创造整洁的环境，同时也方便教师使用。教师要建立班级物品详细清单，定期清点物品；定期消毒、检修或更换幼儿用品和教师用品，保证安全和卫生；确保物品摆放合理，位置和高度符合幼儿的身高，便于幼儿活动。

三、幼儿园班级管理的检查与调整

幼儿园班级管理的检查是指在实施幼儿园班级管理工作的过程中，对班级的各项情况进行查看了解、收集改进信息的过程。幼儿园班级管理的调整是指对检查情况做出判断，并对偏差予以修正的过程，既可能是对实施情况的调整，也可能是对预定计划的调整。幼儿园班级管理的检查会让班级管理者认识到自身管理中的优势与不足，从而发挥优势，改正不足，更好地做好班级管理工作。幼儿园班级管理的调整可以使幼儿园班级管理实施的情况更符合目标的要求。

(一)检查与调整围绕目标进行

幼儿园班级管理的检查与调整既要看幼儿园班级的实际工作是否符合班级管理计划，又要看执行的计划是否与目标相一致。如果执行时条件发生了变化，计划就要根据目标进行调整。

(二)善于发现问题，及时调整

在幼儿园班级管理的实施中或者结束后检查，是为了改进班级工作。因此，教师敢于接受检查，采取自检、互检、责任人检查、管理者抽检、家长检查等方式，善于发现问题，及时调整。

(三)检查要细致，调整要到位

检查要细致就是要做到对幼儿在班级活动的各个方面都要认真检查。调整要到位就是当发现问题时，能尽快、合理地解决问题，不留后患。

典型案例

某一天，赵园长去班级听课。刚踏进教室，赵园长发现当班老师正站在一个角落里打电话。见赵园长进来，当班老师匆匆说了几句便挂断了电话。然后她主动跟赵园长解释说，刚才是班上一个孩子的家长打来的电话，说是孩子病了，今天要请假。赵园长点了点头，并提示她抓紧时间给孩子们上课。

家长工作是班级工作的一部分，接听家长的电话也算是正常工作。可是每个班有十几个孩子，如果老师不进行合理调控，势必会影响正常的教学工作。学期末，在修订幼儿园规章制度的时候，赵园长建议在教师工作制度中加入教师带班组织活动期间不接听电话这一条，并阐述了原因和理由。为了赢得家长的理解和支持，保证制度的无障碍执行，在新学期开始的时候，赵园长让班主任老师利用召开班级家长会的机会，给家长解释了这条制度。

为了使幼儿园的管理更加人性化，班主任老师在解释制度的同时也向家长公布了园长室以及教科研室的办公电话，并告诉家长因为班上的老师在带班时间不方便接听电话。如有急事，家长可以拨打幼儿园的办公电话。幼儿园的管理人员保证在第一时间向班级老师传达电话内容。家长会结束之后，有的家长在家长调查问卷中这样写道："幼儿园的管理规范，教师素质高。孩子在这样的幼儿园里学习、生活，我们放心！"①

总之，要做好幼儿园班级管理工作，制订计划和建立制度是必不可少的，也是关键的。但更关键的是要坚定不移地实施，这是幼儿园班级管理过程中具有决定性的一环。要实施计划，就离不开检查与调整。事实证明，不管哪里的工作如果只有计划、决定和部署，而没有检查与调整，工作便无法落实。真正有效的管理就要像全国优秀班主任魏书生说的那样："宁可少一些条条款款，但制订一条就要执行一条，而且要严格监督，严格检查，真正地把实事办实，做到事事有人管，件件有着落。"

四、幼儿园班级管理的总结与评价

计划的制订、组织与实施、检查与调整、总结与评价是管理工作的基本环节。幼儿园班级管理同样遵循这一过程，不仅在管理工作的开始有计划，而且在阶段性管理工作结束时还应对阶段工作进行总结和评价。幼儿园班级管理的总结与评价是指对班级管理工作计划的完成情况进行全面的审查与评估，总结成绩和经验，发现问题和不足，进行研究和反省。在管理工作的四个基本环节中，总结与评价起着检测、判断、矫正、反馈的作用，具有指导、修正、改革工作方向的功能，能促使班级管理工作沿着科学化、合理化的道路发展。如果缺少了总结与评价这一环节，班级管理就会变得不完整，出现经验主义或无目标的工作方式，使教师无法对自己的工作做出正确、科学的判断。总结是计划的基础，计划是总结的延续。只有仔细研究工作总结中的成功经验、存在的问题，才能为后续的计划提供有效线索。②

依据《幼儿园教育指导纲要(试行)》的精神，幼儿园班级管理评价是幼儿园教育评价的重要组成部分。教师应自觉地运用评价手段，了解班级管理活动对幼儿发展的适宜性和有效性，以利于调整、改进工作，提高班级管理质量。我们提倡过程性评价和终结性评价相结合、质性评价和量化评价相结合。教师应运用幼儿发展知识、班级管理专业知识等在班级管理实践中不断分析问题、解决问题。幼儿的行为反应和发展变化是对班级管理工作客观、真实的评价。这要求教师关注幼儿的反应和变化，把它看作重要的评价信息和改进工作的重要依据。

---

① 袁新新：《学前教育学》，200页，长沙，中南大学出版社，2019。

② 张莅颖：《幼儿园班级管理》，11页，北京，高等教育出版社，2010。

思考与练习

一、基础练习

1. 简述幼儿园班级管理的目的和意义。

2. 简述幼儿园班级管理的内容。

3. 简述幼儿园班级管理的原则。

4. 简述幼儿园班级管理的方法。

5. 简述幼儿园班级管理的过程。

二、实践训练

1. 假设你是一名幼儿园教师，这学期担任中班的班主任，谈谈你将如何开展这个班级的管理工作。

2. 联系幼儿园工作实际，拟订一份小班上学期的班级工作计划。

3. 结合幼儿园班级管理方面的真实事件总结提炼幼儿园班级管理的方法。

学习评价与反思

单元十一综合检测题　　单元十一综合检测题答案

单元十二　幼儿园的合作与衔接

学习目标

1. 了解幼儿园与家庭、社区合作的内容与价值。

2. 把握幼儿园与家庭、社区合作的方法，并能灵活运用与实践。

3. 掌握幼小衔接的原则与方法，并能运用相关理论分析教育现象，解决幼小衔接工作中的实际问题。

思维导图

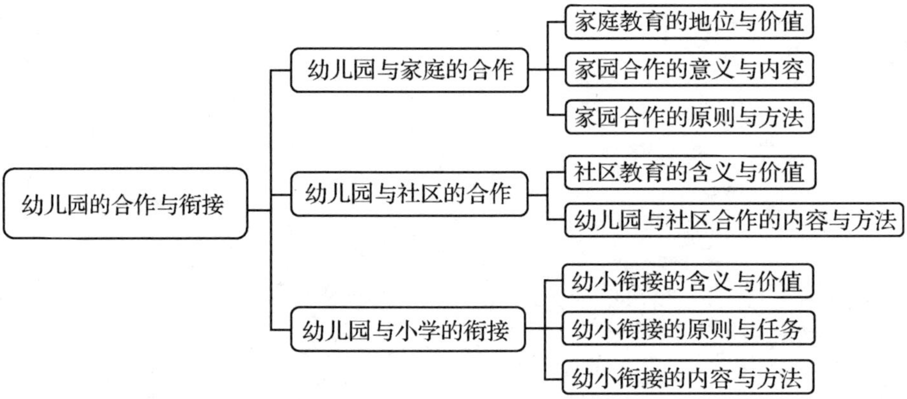

单元导入

1999 年，世界学前教育组织和国际儿童教育协会共同制定的《全球幼儿教育大纲》明确指出，幼儿的成长和教育是家庭、教师、保育人员和社区共同的责任。在家庭和社区里，所有成员应共同为儿童的利益创造良好的条件。幼儿教育工作者和家庭之间应就儿童的成长以及和儿童家庭有关的问题，经常进行讨论、交流，语言应通俗易懂。幼儿教育的监督机制需要以社区为基础，并且是开放的、透明的，还要尊重差异性及观点的多样性，要鼓励家庭、社区参与幼儿教育。幼儿园教师要采取措施，鼓励幼儿在各方面为进入小学做好准备。2001 年发布的《幼儿园教育指导纲要(试行)》指出："幼儿园应与家庭、社区密切合作，与小学相互衔接，综合利用各种教育资源，共同为幼儿的发展创造良好的条件。"可见，幼儿园与家庭、社区及小学的合作与衔接已经引起国内外学前教育界的高度重视。

幼儿园的衔接与合作是指学前教育阶段与其相邻的横向或纵向教育阶段、

教育范围之间，在内容、方法、过程及组织形式等方面的连接、沟通、融合与合作关系。其主要包括幼儿园和家庭的合作、幼儿园和社区的合作、幼儿园与小学的衔接。

单元案例

“不能让孩子输在起跑线上”正在成为家长、幼儿园、学校背后一股巨大的推动力，推动着一些家庭加入择幼儿园、择小学、择初中的队伍中。有些幼儿园主动迎合家长和小学的需要，把幼儿园的最后一年变成了学前班，学习的是上小学后的知识。同时这也给小学教育带来了困扰。一些新生在入学前就学了不少数学、语文、英语知识，教师根本没有办法按照小学一年级的课本讲课……

“幼升小”的教育方式适合儿童的身心发展规律吗？什么才是适宜儿童的学前教育？学前教育工作者应该以科学理念和专业导向引领家长和社会，共同为儿童打造真正适宜的生存环境，促进儿童身心的健康和谐发展。

第一课　幼儿园与家庭的合作

苏霍姆林斯基说过，教育的效果取决于学校和家庭教育的一致性，如果没有这种一致性，学校的教育、教学就会像纸做的房子一样倒塌下来。幼儿园和家庭作为幼儿生活中两个重要的环境，它们对于幼儿的学习与发展的影响各具不同的特点。只有家园共同配合，才能保证幼儿健康发展。

一、家庭教育的地位与价值

(一)家庭教育的含义

家庭是社会的基本单位，是人类基本的社会生活组织形式，承担着生养和教育子女的社会职能。家庭是儿童成长的第一个和最重要的环境，对儿童身体发育、知识获得、能力培养、品德养成、个性形成等方面的影响都是巨大的。

家庭教育是指父母或其他年长者在家庭中自觉地、有意识地在日常生活中对子女施加教育影响的过程。① 家庭教育是学校教育的基础和对学校教育的补充，有着学校教育和社会教育不可替代的作用。

(二)家庭教育的价值

1. 家庭教育是儿童走向外部世界的桥梁

父母是儿童的第一任教师。对于刚刚降临到这个世界的儿童来讲，对世

---

① 虞永平、王春燕：《学前教育学》，282 页，北京，高等教育出版社，2012。

界的认识是从对父母的认识开始的。人生的无数个“第一次”都是在家人的见证下实现的，儿童与父母的关系常常成为他们与整个世界联系的基础。在人生的前几年，父母保证了儿童的基本生活需要，并向他们传递生活经验，使他们学习知识和语言，学会人际交往，掌握社会行为准则。由父母和其他家庭成员组成的家庭还能帮助儿童有效地抵制和缓解来自外部世界的过于强烈的冲击，过滤不健康的信息，为儿童撑起一把“保护伞”。因此，家庭是儿童认识世界、了解社会的通道和桥梁。

2. 家庭教育是儿童个性形成的关键因素

家庭是儿童健康成长的第一个生活场所，家庭教养方式对于儿童的习惯、能力、气质、性格、兴趣等方面的养成都有着根深蒂固的影响。如果父母在教养过程中善于鼓励，态度理性温和，儿童往往愉快活泼，积极热情。相反，如果父母对待儿童时粗暴、冷淡，训斥居多，那么儿童就会受到心理伤害，容易变得冷漠，不爱与人交流，缺乏自信。家长应该用温和、民主的教养态度及科学的教养方式对儿童进行教育，塑造儿童健全的个性。

3. 家庭教育是儿童身心健康发展的必要条件

儿童从父母身上遗传到机体的构造和形态等生物特征，为其身体发育和心理发展提供了最初的物质前提。同时，家庭也为儿童后天生长发育提供了环境和条件。儿童出生后所接触的第一个生活环境是父母创造的。均衡的营养、充足的衣物等必要的物质环境，促进了儿童身体的发育。充满关爱的、安全的、积极互动的、充分满足儿童各种心理需求的精神环境，有效促进了儿童的心理健康发展。

4. 家庭教育对儿童的学习有着至关重要的影响

儿童的学习基础、学习意愿、学习方法、学习习惯等与家庭教育水平、家长教养习惯等有着密切的关系。有的家长望子成龙，过早地让儿童背负竞争的压力，可能埋下儿童厌学的种子；有的家庭却能根据儿童身心发展的规律和个性特点给予恰当的引导，既能充分挖掘儿童的潜能，又能使儿童保持学习的兴趣。因此，不同的家庭教养方式对于儿童学习的影响是不同的。家长在进行教育时应该保持理性，善于思考和学习，采取适合儿童的教育方式。

二、家园合作的意义与内容

家园合作指家庭和幼儿园都把自己当作促进幼儿发展的主体，双方积极主动地相互了解、相互配合、相互支持，通过家庭与幼儿园的双向互动共同促进幼儿的身心发展。家园合作的核心是幼儿，同时要考虑家庭和幼儿园双方的需求。促进幼儿的全面发展是家园合作追求的最终目标。

在家园合作中，幼儿园应处于主导地位。马卡连柯在论述学校教育和家庭教育的关系时指出，学校应当领导家庭。这是因为幼儿园是专业的教育机构；教师是专职的教育工作者，需要理解幼儿身心发展的特点和规律，掌握科学的教育方法。因此，幼儿园应当主动与幼儿的家庭沟通合作，为家长提供科学育儿指导，帮助家长创设良好的家庭教育环境，共同担负教育幼儿的任务。

(一)家园合作的意义

家园合作既有利于幼儿的成长和发展，也有利于幼儿园的教育工作。同时，家园合作对于幼儿的家庭与家庭教育也有积极的意义。

1. 家园合作为幼儿身心健康发展创造良好的条件

家庭和幼儿园是幼儿生活和学习的两个重要的环境。家庭和幼儿园之间的联系是否有利于幼儿身心健康发展，取决于这两个环境对幼儿施加的教育影响在方向上是否一致。如果来自不同环境的教育影响在方向上是一致的，那么就可以相互支持，形成影响幼儿发展的合力。反之就会减弱和抵消各自的教育影响。家长是教育幼儿的重要力量，家庭是幼儿学习与发展的重要环境与影响源。家庭教育的随机性、情感性等特点使得家庭教育的影响广泛、持久、潜移默化。因此，幼儿园只有有目的、有意识地建立家园之间融洽的合作关系，才能为促进幼儿身心健康发展提供有利条件。

2. 家园合作为幼儿园教育工作创造有利的条件

家庭作为支持幼儿园教育工作的外部环境因素之一，是幼儿园应当注意利用的宝贵的教育资源。一般来说，家长都很关心子女的学习和教育，他们也乐于支持和配合幼儿园的教育工作。良好的家园合作关系可以使幼儿园从家长那里获得多种人力、物力的支持。家长对幼儿园教育工作的支持不仅体现在配合教师，做好对子女的教育工作，保持教育要求的一致性、一贯性，提高教育工作的效果方面，还体现在直接参与幼儿园的教育活动、丰富幼儿园的教育内容等方面。从事不同职业的家长，可以成为幼儿园开展各种相关主题活动的重要教育资源。例如，开展“医院”主题活动时，教师可以请相关职业的家长来讲解医院中各个部门的职能，介绍各种常见的医疗器具以及到医院就诊的注意事项等。可见，不同职业的家长参与幼儿园的教育活动，可以丰富幼儿园的教育内容和幼儿的学习经验。

家园合作可以使家长了解幼儿园教育的内容，理解幼儿园教育原则与方法，也就会支持幼儿园的教育工作。有些幼儿园常常抱怨家长对其施加压力，要求其教识字、教计算等。如果幼儿园能够开放办园，让家长参与幼儿园的活动，了解幼儿园的教育内容与方法，沟通就顺畅了。没有家长支持的教育改革，是不可能持久的。只有得到家长认可与支持的课程，才能顺利地实施并取得好的效果。

3. 家园合作可以密切亲子关系，改进家庭教育

家园合作为促进亲子互动、相互了解提供了新的途径。在幼儿园的教育活动中，家长可以有机会了解子女在幼儿园的生活和学习情况，更好地认识他们的特点；同时幼儿也有机会了解自己家长的工作与“本领”，对家长产生敬佩、尊敬的情感。家长和幼儿一起为幼儿园的主题活动收集资料、实地观

察，解决问题，从而促进亲子交往，密切亲子关系。通过家园合作，家长可以从幼儿园获得科学育儿的专业知识，通过配合幼儿园的教育工作可以提高与改善家庭教育的质量。

典型案例

在“环保小卫士”活动中，教师请家长和孩子一起查阅有关沙尘暴、酸雨、空气污染、水污染等环保方面的资料，并请家长利用假日带孩子实地参观并讨论：水怎么变脏了？汽车的尾气有什么危害？垃圾是如何分类的？……教师从幼儿的生活经验出发，帮助幼儿了解和感受自然、环境与人类生活的密切关系。

该活动不仅使幼儿掌握了多种学习方法，而且初步培养了他们保护环境的意识。家长表示，他们在活动中不仅增进了亲子间的积极互动，提高了教育能力，而且也受到了教育，从而共同促进幼儿全面健康发展。

综上所述，家园合作使家园双方都受益，最大的受益者是幼儿。家长越关心幼儿的教育，幼儿发展与幼儿园教育的效果就越好。

(二)家园合作的内容

家园合作的内容是指家庭和幼儿园双方利用各自占据的教育资源，相互配合，发挥合作优势共同促进幼儿的健康发展。根据幼儿园开展家园合作的实践，家园合作的内容主要包括如下两个方面。

1. 引导家长直接或间接地参与幼儿园教育，同心协力培养幼儿

家长直接参与指家长参与幼儿园教育过程，如共同商议教育计划，参与课程设置、加入幼儿活动、深入具体教育环节与教师联手配合(共同组织或分工合作)等。家长间接参与指家长为幼儿园提供人力、物力支持，或将有关意见反映给幼儿园和教师，而自己不参与幼儿园教育各层次的决策和活动。

2. 帮助家长树立正确的教育观念，掌握科学的教育方法

目前我国的家庭教育存在偏重孩子智力、技能的培养，忽视孩子社会性发展的误区。家庭教育的方法简单、盲目，溺爱、娇惯孩子的现象还存在。因此，强化家长“不仅是养育者，也是教育者”的意识，改善家长的教育行为、教育方法，优化家庭环境，贯彻《幼儿园工作规程》的要求，为家长提供科学育儿指导是幼儿园的重要任务。

三、家园合作的原则与方法

(一)家园合作的原则

家园合作的原则是家园合作中必须遵循的公认的行为准则。

1. 尊重性原则

尊重性原则指家园合作中要尊重家长的人格、尊重家长的教育观念、尊

重家长作为教育者的主体地位。家园合作是建立在相互尊重、信任和支持的基础上的。在通常情况下，由于教师的专业地位，教师在与家长探讨教育问题时会处于主导地位。但是如果教师经常忽视家长的感受，漠视家长的需要，就容易使家长产生隔阂感，彼此之间很难建立有效沟通。因此，教师要秉持平等交流、相互尊重的理念，真心、虚心、诚心地听取家长的意见，客观、公正、理性地向家长传达幼儿的教育情况。当教师与家长产生分歧时，也要努力营造一个相互尊重、心平气和的交流氛围，开诚布公地进行讨论，求同存异，达成教育幼儿的共识。

典型案例

瞳瞳是个懂事的孩子，生活自理能力强，还能够帮助老师安慰情绪不好的孩子。这样一个孩子，她的父母是怎样的呢？第一次家访，张老师见到了瞳瞳的妈妈。初次见面，瞳瞳妈妈说："老师您好，瞳瞳是不是让老师费心了？我们文化不高，教育不好孩子，老师多担待。"张老师赶紧温和地告诉瞳瞳妈妈："瞳瞳是个懂事的好孩子，你们能把瞳瞳教育得这么懂事，很了不起。这次家访只是想了解一下瞳瞳的基本情况，为今后的教育打好基础。"听了张老师的话，瞳瞳妈妈才放松了一些，详细地向张老师讲述了瞳瞳的情况。

分析：尊重是教师打消家长顾虑的法宝。教师不能因家长的容貌、职业、地位等不同而区别对待，而要发现每一位家长的优点，引导家长参与、支持幼儿园的教育工作。

2. 平等性原则

平等性原则是指教师与家长地位平等，不涉及谁主、谁从的问题，合作时要大家协调决定。家园合作是一种双向互动活动，需要合作双方有积极主动的态度来相互配合。一方面，教师视家长为促进幼儿学习的积极合作者，对家长热情接纳，信任家长的参与。教师要帮助家长了解幼儿在幼儿园的生活，认真考虑家长提出的意见和建议，邀请家长参与幼儿园的教育活动，发动家长为幼儿园提供教育资源，并对家长的教养方式和与幼儿园合作的方法进行指导。另一方面，家长要对孩子有爱心与责任感，信任与支持幼儿园乃至整个教育，积极向幼儿园提出自己对教育孩子的看法，对幼儿园为孩子提供的一切做出反应。

平等的家园合作关系是指争取家长合作与支持，要以家长自愿为前提，不能采取摊派、让幼儿传达幼儿园的要求等方式，硬性要求家长的支持与合作。教师要让家长通过参与幼儿园的活动，实际体验到这种参与对幼儿、对家庭的好处。只有让家长体验到幼儿园对自己的尊重，才能真正调动和发挥家长参与和支持幼儿园教育工作的积极性。只有营造一个民主、平等的家园合作氛围，才能更好地促进幼儿的身心和谐发展。

3. 艺术性原则

沟通交流是一门艺术。语言是教师开展家园合作的基本工作手段。教师在与家长沟通时，要研究语言艺术。

典型案例

为了拓宽幼儿的视野，让幼儿获得更多有益的知识，教师会让家长带各类物品来幼儿园。然而在某天早上，真真的爷爷对着教师说："你们这些老师，一下子让我们带纸箱，一下子让我们带瓶子，孩子在幼儿园是让你们教他读书写字的，不是让你们教他收集这些东西的!"教师刚想开口解释，真真的爷爷却转身走了。

分析：案例中真真的爷爷并不了解教师让幼儿带废旧物品的用意，并主观地认为收集废旧物品是对幼儿发展不利的。可见教师应详细说明教育的意图，争取获得家长的认可。

(1)掌握沟通交流技巧

在与家长沟通时，教师要尽量做到留有余地，多用"你的意见呢""你怎么看"等鼓励性、引导性的语言。教师要多用通俗的口语，忌用家长听不懂的专业术语；在评价幼儿时，不要与其他幼儿比较等。谈及幼儿的行为问题时，首先，教师要先扬后抑，即要先肯定幼儿的优点，然后再点出不足。这样家长才易于接受。其次，教师要避实就虚，即不要一开始就切入正题，而是先谈其他方面的事情，待家长心理趋于平静的时候再自然引入主题。最后，教师要淡化幼儿的缺点和错误。教师不要去给幼儿所犯的错误定性、定论。如果幼儿在场，教师要注意谈话的内容，以免影响幼儿的自尊心和家长的威信。

(2)善于倾听

善于倾听对于提高沟通效果，提高家园合作的针对性、时效性都具有重要意义。在实践中，教师要积极倾听家长的想法，首先让对方把话说完，其次鼓励大家发表意见，最后不要轻易下结论，更加不能随意否定。这样与家长沟通时才能达到事半功倍的效果。

(二)家园合作的方法

家园合作的方法

随着经济和社会的多元化发展，人们对教育的需求越来越高，家园合作面临着许多新的挑战和机遇。家园合作的形式如果千篇一律，不能随时代发展而推陈出新就很容易被家长厌烦，最终让家长失去参与的积极性。为此，在家园合作中进行创新，以专业的知识理论和丰富的教学经验为载体，开展了丰富多彩的家园合作活动是必然的选择。

知识链接

幼儿园工作规程(节选)

第五十二条　幼儿园应当主动与幼儿家庭沟通合作，为家长提供科学育儿宣传指导，帮助家长创设良好的家庭教育环境，共同担负教育幼儿的任务。

第五十三条　幼儿园应当建立幼儿园与家长联系的制度。幼儿园可采取多种形式，指导家长正确了解幼儿园保育和教育的内容、方法，定期召开家长会议，并接待家长的来访和咨询。

幼儿园应当认真分析、吸收家长对幼儿园教育与管理工作的意见与建议。

幼儿园应当建立家长开放日制度。

第五十四条　幼儿园应当成立家长委员会。

家长委员会的主要任务是：对幼儿园重要决策和事关幼儿切身利益的事项提出意见和建议；发挥家长的专业和资源优势，支持幼儿园保育教育工作；帮助家长了解幼儿园工作计划和要求，协助幼儿园开展家庭教育指导和交流。

家长委员会在幼儿园园长指导下工作。

1. 个别方式的家园合作

(1)家长助教

家长助教是指请不同职业、具有不同爱好的家长参与教育活动，借助家长不同的职业经验、生活阅历、爱好特长等教育资源配合幼儿园教育。家长助教的具体形式有两种：一种是请家长来园做临时教师；另一种是教师事先联系好，带领幼儿去家长所在的工作场所，进行现场教育。家长助教可以充分利用家长中的教育资源，弥补幼儿园教育资源的不足；同时也发挥了家长参与教育活动的积极性，唤起了家长的主人翁意识，使其真正成为幼儿园的合作伙伴。

(2)个别交谈

个别交谈是一种以谈话为主要方式的个别交流形式，主要目的是让家长了解幼儿在幼儿园的表现，让教师了解幼儿在家庭里的行为表现，加强沟通，共同促进幼儿发展。在家长接送孩子过程中教师与家长的交谈可以简短些，交谈内容可以是孩子日常的行为表现，也可以是家长在家庭教育中遇到的问题、困难，当然也包括成功的经验。

(3)家访

家访是教师工作的基本方法之一。教师的家访要有一定的目的性，并在家访过程中围绕事先确定的目的进行。家访时，教师要事先与家长约定时间，不做“不速之客”。教师要注意，家访不是“告状”。“告状”式家访不但不能因家访而建立合作的关系，反而易对教师、家长和幼儿之间的关系产生负面影响。这就要求教师满怀真诚和爱心，注意讲话方式，全面分析、了解幼儿的情况，多表扬幼儿好的行为表现，以建议的方式请求家长配合帮助幼儿改正不良行为习惯。同时，教师也可以向家长宣传正确的教育理念和方法，促进幼儿健康成长。

(4)家园联系册

家园联系册是教师和家长围绕幼儿的发展与教育进行的书面形式的个别交流方式。家园联系册因内容不同而有所区别。一种家园联系册是由教师根据幼儿在园情况和家长根据幼儿在家情况而撰写的，其内容可以因每个幼儿的具体情况而有差异。另一种家园联系册的内容是固定的，有的甚至是用项目的方式呈现的，如生活卫生习惯、动作发展、学习能力、语言发展等。相对而言，前者更为自由，适合阶段性的专题联系；后者更为全面，适合经常性周期使用，但其内容一般包括幼儿的表现与教师或家长的建议。

2. 集体方式的家园合作

(1)家长委员会

家长委员会一般有全园家长委员会和班级家长委员会两种，不同层次的家长委员会分别参与相应的管理工作。家长委员会的主要管理工作就是促进家园之间的信息联系，保证交流渠道畅通，协调家园教育的一致性；发动和组织家长发挥各自的专长和优势，开展各种配合幼儿园教育的活动；向幼儿园反馈家长的意见，参与幼儿园的教育决策和监督。幼儿园的领导和教师应与家长委员会保持密切的联系，尊重和支持他们的工作，为他们顺利开展工作创设有利条件。

(2)家长会

家长会一般可分为全园家长会和班级家长会，其内容相对集中于大家共同关心的问题。家长会的类型有家庭教育专题讲座、教育经验交流会、家庭教育专题讨论会等。家庭教育专题讲座是邀请专家或由教师就某个问题做全面系统的讲解，既有理论上的阐述，又有实践操作上的指导。例如，幼儿园为刚入园幼儿的家长开设的“三岁幼儿的年龄特点及其教育要点”讲座。教育经验交流会和家庭教育专题讨论会主要是在家长之间开展的，也可由教师主持。召开家长会时，教师要制订详细计划，包括目标、主持人、时间与地点、对象、内容、形式、准备、具体步骤与过程。会后教师要对活动效果进行评价，可以是教师的自我评价，也可以通过家长的意见反馈来进行评价。

(3)家长开放日

家长开放日又叫教育活动开放日，可以是家长在幼儿入园前对幼儿园整体环境设施设备与师资力量等情况的了解，也可以是家长在幼儿入园后的一日或半日活动的参观与听课。入园前的家长开放日可以邀请家长和幼儿一起来园，熟悉新教师和新环境，消除陌生感。而入园后的家长开放日可以让家长从整体上了解幼儿在幼儿园的表现以及幼儿园的教育内容与方法，从而解除家长的顾虑。此外，家长开放日还有幼儿学习成果展览与汇报会、亲子运动会、亲子联欢会等形式。

(4)家庭教育宣传栏

家庭教育宣传栏是以文字的形式定期对家长进行指导的交流方式。它一般设置在班级教室外的活动区域，介绍的内容非常宽泛：家庭教育方面可有幼儿身体与心理发展知识、家庭营养知识、家庭教育方法以及新的教育观念与实践等；幼儿园教育方面可有幼儿园近期的教育活动或重大活动、幼儿的作品等。家庭教育宣传栏要注意定期更换内容。

(5)信息网络平台

在科技发达的当下，大部分幼儿园的网站、公众号成了新的宣传阵地，采用先进的信息技术实现了与家长的全面直观的沟通，为家长提供能畅所欲言的家庭教育经验交流平台。信息网络平台可以让家长及时了解幼儿园的课程开展情况；通过相关信息，给家长推送家庭教育知识与技术；开辟家长园地，让家长在网络上发表自己的观点与建议等；建立家长交流群，及时与家长交流，实现幼儿园与家庭的合作沟通。

总之，不管是哪种形式的家园合作，评价其质量的标准应是家长的家庭教育水平的提高、幼儿的发展以及教师的自我成长，并且归根结底要落实到幼儿的发展上。在教育越来越强调生态化的当下，家园合作是一种必然的趋势。而起着主导作用的幼儿园应将家园合作视为自己的重要工作之一，增强合作的有效性，促进幼儿的全面发展。

第二课　幼儿园与社区的合作

《幼儿园教育指导纲要(试行)》提出，幼儿园要充分利用自然环境和社区的教育资源，扩展幼儿的生活和学习空间。幼儿园同时应为社区的早期教育提供服务。因此，幼儿园和社区都应该把自己当作促进幼儿发展的主体，双方积极主动地相互了解、相互配合、相互支持，通过积极的双向互动共同为幼儿的身心发展服务。

一、社区教育的含义与价值

(一)社区教育的含义

社区是由聚居在特定区域内互相联系着的，具有共同成员感、归属感的人群所组成的社会生活共同体。“社区”一词是1844年丹麦教育学家科维隆在乡村创建国民高等教育学校时提出的。社区教育的真正发展是在“二战”之后的美国。一个社区应当包含三个要素：特定的区域、一定数量的居民、共同的认同心理和归属感。特定的区域可以大至城市社区、农村社区，也可以小至街道、居委会。在日常生活中，人们常提及的社区往往是与个人的生活关系密切的、有直接联系的较为小型的社区，如农村的村或乡、城市的住宅小区等。

(二)社区教育在学前教育中的作用

首先，社区教育可以充分利用社区资源，包括当地自然资源与人文资源，广泛动员并组织协调各方面力量发展学前教育事业。其次，社区教育有益于使学前教育从封闭走向开放，注重家庭教育、机构教育与社区中多种教育因素的有机联系，发挥整体性教育影响，提高教育质量。再次，社区教育可以加强地方的自主性，使学前教育更好地立足当地实际，形成各自的特色。最后，社区教育可以扩大学前教育的社会职能，有益于发挥学前教育对社会和社区发展的作用，推动两个文明建设，更好地实现服务社会的职能。因此，幼儿园与社区合作具有重要的意义。

(三)幼儿园与社区合作的价值

1. 幼儿园与社区合作是学前教育事业发展的要求

早在20世纪20世纪年代，我国教育家就明确提出了幼儿园活动要以大自然、大社会为活教材的主张。1981年，联合国教科文组织指出，学前教育必须从幼儿园这个封闭的范围中解放出来，扩展到家庭与社区。这已成为全世界学前教育共同的发展方向。随着我国近年来社会飞速发展和学前教育改革的深入，将学前教育置身于终身教育体系中，牢固树立家庭、幼儿园、社会三位一体的大教育观，已开始成为我国学前教育实践的指导思想。

学前教育是终身教育的一个重要阶段，也是社会一体化教育的一个重要组成部分。开发与利用社区教育资源，可以丰富幼儿园教学活动内容，拓展教育空间；可以让教育跨越幼儿园围墙，为幼儿创设更为开放的学习空间；可以让幼儿在自主、开放的氛围中，多方位、多渠道形成健全的人格、获得全面发展。幼儿园与社区合作进行学前教育，已成为时代的需要、教育发展的需要。

2. 幼儿园与社区合作为更好地开展幼儿园教育提供支持

社区具有丰富的教育资源。社区如果能够对幼儿园开放其具备的资源，无疑将大大拓展幼儿园教育的深度和广度。而幼儿园也要主动开发与利用社区教育资源，为幼儿的身心全面发展创造更好的保育和教育条件。

从物质条件来看，社区的自然环境可以成为幼儿探索的自然环境，社区内的各种硬件设施能为幼儿园教育提供一种保障。比如，社区内的邮局、医院、菜市场等设施资源可以拓展幼儿园教育的范围。幼儿园的许多教学主题与社区相关。教师可以把课堂带到社区，或者把社区资源引进幼儿园，拓展幼儿的学习空间，丰富幼儿的生活体验，提升教育质量。

典型案例

认识身边各行各业的人①

为了让幼儿熟悉自己的生活环境，认识身边各种职业的人，张老师组织班里的幼儿走进社区，开展了一次“认识身边各行各业的人”的活动。在张老

① 万超林：《学前教育学》，214页，南京，南京师范大学出版社，2017。

师的带领下，幼儿有序地来到了社区进行参观，他们先后看到门卫叔叔、保洁员阿姨、物业管理员叔叔等人。看到这些工作人员，幼儿会在张老师的指导下大声地说："叔叔(阿姨、爷爷等)您好！辛苦了！"幼儿礼貌的问好也得到了他们的积极回应。

了解和认识身边的人和事物，是幼儿园教育的重要内容。教师利用走进社区活动，让幼儿与社区中的人们面对面接触，能够更好地发展幼儿的社会性。

3. 发挥幼儿园的教育优势，有利于为社区提供教育和文化的支持

幼儿园是一个专门的教育机构，具有很多的教育优势。作为社区内的教育机构，幼儿园应该发挥自己的优势，支持社区的文化教育事业发展，促进社区的精神文明建设，共同创造良好的社会环境。

幼儿园可以为社区内的家庭提供专业的学前教育服务，还可以根据社区居民的实际需要提供一些其他方面的教育服务，如在社区创办"科学育儿"知识讲座，开展社区亲子活动等。幼儿园还可以发挥自身优势参与社区的文娱表演等群众性活动。

总之，幼儿园与社区合作是幼儿园自身发展的必然。只有利用外部大环境和幼儿园小环境的结合，实现资源共享，建立幼儿园与社区的互动，才能构筑开放的社区幼儿园教育基地，形成家、园、社三位一体促进幼儿发展的合力。

知识链接

幼儿园对社区资源开发状况的调查①

为了解幼儿园对社区教育资源开发的状况，长沙市学前教育工作者对该市20所幼儿园园长及相关社区负责人进行了访谈。调查结果显示，由教育部门、事业单位主办的规模较大的幼儿园对社区资源的开发利用要远高于民办的较小规模的幼儿园。幼儿园在对社区资源开发的内容上，仅仅是利用社区的公共活动地作为幼儿园的远足踏青场所；利用社区超市让幼儿体验购物的方法和乐趣等。在问及幼儿园在社区教育资源开发中的困难时，园长大多都表示社区教育资源的开发缺少专业人员指导，资源开发零星而缺少系统性；社区服务人员也不重视幼儿园教育，不愿意提供协助。

在社区服务人员的访谈中，社区则对如何配合幼儿园的工作感到无所适从。甚至有的社区工作人员认为，幼儿园有利用社区服务站进行商业性宣传的嫌疑，如向家长推销幼儿学习用品和日用品，所以使得社区服务站不愿为幼儿园的工作提供更多的便利和帮助。

分析：可见，幼儿园在对社区教育资源进行开发时还存在一些问题。幼

① 李岩、李晶晶：《幼儿园对社区教育资源的开发和利用》，载《基础教育研究》，2009(19)。

儿园应加强与社区的沟通，促进家庭、社区对幼儿园工作的理解和支持，提高保教质量。

二、幼儿园与社区合作的内容与方法

(一)幼儿园与社区合作的内容

1. 发挥、挖掘社区的教育功能

社区是幼儿的生活环境，也是幼儿的学习环境。社区中蕴藏着丰富的教育资源，无时无刻不在起着教育的作用。幼儿园周围的自然景观、风土人情、各种社会机构以及人员都是对幼儿进行教育时可利用的资源。此外，社区生活中的一些大事，如环境保护等活动都可作为幼儿园教育的内容，使社区环境成为幼儿园教育的大课程。

(1)利用社会资源

教师应充分利用社区现有社会资源对幼儿进行教育。比如，社区周围分布着医院、商店、邮局、学校等服务设施，这些都可以成为对幼儿实施教育的资源。为了使幼儿了解立交桥的作用，教师可带幼儿到立交桥下观察桥上行驶的车辆；为使大班幼儿了解小学生活，教师可组织幼儿到小学参观，与小学生共同活动，使他们产生强烈的入学愿望。教师带幼儿到现实中去学习，让幼儿在现实活动中了解社会。

典型案例

孩子们都看到过警察叔叔在马路上指挥交通，但他们对警察这一职业还缺少深入的认识。因此，这一次“考察”让他们生成了许多问题：“警察叔叔胸前的牌子是做什么用的?”“他们指挥交通的手势都代表什么意思?”“这辆警车里都有什么?”

孩子们还兴致勃勃地参观了警察叔叔工作的地方，看到电脑上很多画面和符号，就觉得很奇怪，问道：“这些数字显示的是什么意思?”“我们从哪里可以看到什么地方发生了坏事?”……

分析：案例中的教师为幼儿创造条件，利用社区资源，让幼儿通过对一个真实的社会生活环境——警察工作环境的考察，激发了幼儿的求知欲，培养了幼儿的社会责任意识。

(2)挖掘人力资源

教师应挖掘社区内的人力资源，发动人力资源为幼儿园教育所用。比如，教师请话剧演员来给幼儿讲故事；请有书法、棋类专长的爷爷来园为幼儿上课；请警察叔叔来讲如何遵守交通规则。运用社会的力量使幼儿园的教育更丰富、更充实，也更贴近生活，更具说服力。

典型案例

某幼儿园想在园内开设一些传统艺术类的特色课程，可是缺乏相关师资。后来，园长了解到附近社区有一支“白发”民乐队，是由一些擅长各类传统民族乐器的退休老人组成的。园长决定亲自去拜访他们，把他们请到幼儿园来教幼儿。经过园长的积极沟通和协调，这些退休老人答应每周给幼儿上一次免费的传统艺术课。后来，这支“白发”民乐队还经常与幼儿在节假日为社区居民共同表演节目。

(3)利用环境资源

教师应借助社区教育的优势，培养幼儿的环保意识。比如，教师可以让家长带幼儿到公园和其他一些公共场所，引导幼儿将杂物自觉地放入果皮箱，在日常活动中培养其良好的行为习惯。社区环境资源的挖掘与利用不仅促进了幼儿的发展，同时也使幼儿深深地爱上了自己生活的环境。

2. 为社区精神文明建设服务

《幼儿园工作规程》指出，幼儿园应当加强与社区的联系与合作，面向社区宣传科学育儿知识，开展灵活多样的公益性早期教育服务，争取社区对幼儿园的多方面支持。幼儿园作为社区的组成部分，应不断提高自身的文明程度，为优化社区的文明质量做贡献。

比如，教师在重阳节那天组织幼儿到孤寡老人家慰问，带去礼物，带去节目，带去问候，更带去敬老爱老的孝心；组织幼儿开展认领社区小树的活动，让每个幼儿认领一棵小树，在家长的陪同下为小树清除杂草，学会爱护花草、树木，保护小区的环境卫生。这样在对幼儿进行环保教育的同时共建社区。

典型案例

母亲节到了，幼儿园组织了一次“我爱妈妈”的活动，邀请社区内的妈妈来园观看幼儿精心准备的节目。节目演出过程中还设置了“我和妈妈的故事”环节，让幼儿更好地了解母爱的无私。最后，幼儿还向妈妈赠送了亲手做的礼物，表达了对妈妈的感谢。这次活动以社区内的妈妈为主角，得到了社区在设备、宣传等方面的支持，也获得了社区居民的一致好评。

分析：开放办园，与社区保持密切的沟通与合作，能够使幼儿园和社区的资源利用效益最大化；在丰富社区精神文化生活的同时，也为幼儿园自身的发展赢得更多的支持。

(二)幼儿园与社区合作的方法

1. 参观游览

教师经常带领幼儿到博物馆、图书馆、美术馆、展览馆、科学馆甚至工地和农村去参观，增强幼儿对国家政治、历史、文化、艺术、社会生活等方面的感性认识。

2. 操作劳动

教师经常让幼儿自己动手操作，尝试、探索自己感兴趣的事物，加深对周围世界的认识；教师在定期带领幼儿去教育农场活动的时候，鼓励幼儿多观察小动物。

3. 走出去，请进来

教师经常带领幼儿到街道、广场、公园、小区去散步，还可采用“请进来”的形式，利用社区人力资源的独特才能，提高教育质量。教师可以邀请社区工作者来园演示自己的特殊工作，如请消防员向幼儿展示扑灭大火的方法等。

总之，幼儿园与社区合作的形式和途径多种多样，社区是幼儿园教育的重要资源与支持力量。幼儿园应当主动寻求社区的支持，开展与社区的合作，促进自身建设和社区建设，发展社区学前教育。幼儿园教育走向社区，也是我国学前教育事业发展的必然趋势和客观需要。

第三课　幼儿园与小学的衔接

2010年11月，随着《国务院关于当前发展学前教育的若干意见》的出台，综合治理幼儿园“小学化”问题成为社会关注的话题。2018年11月，《中共中央　国务院关于学前教育深化改革规范发展的若干意见》提出，开展幼儿园“小学化”专项治理行动，坚决克服和纠正“小学化”倾向；小学起始年级必须按国家课程标准坚持零起点教学。2019年6月，《中共中央　国务院关于深化教育教学改革全面提高义务教育质量的意见》再次强调，严格按课程标准零起点教学，小学一年级设置过渡性活动课程，注重做好幼小衔接，进一步明确了新时期幼小衔接教育工作的基本要求、基本任务和发展方向。2021年3月，《教育部关于大力推进幼儿园与小学科学衔接的指导意见》的总体要求指出，全面推进幼儿园和小学实施入学准备和入学适应教育，减缓衔接坡度，帮助儿童顺利实现从幼儿园到小学的过渡；幼儿园和小学教师及家长的教育观念与教育行为明显转变，幼小协同的有效机制基本建立，科学衔接的教育生态基本形成。为什么不能“小学化”？幼小衔接工作做什么？怎么做？这是学前教育工作者应该深入研究的问题。

儿童从幼儿园进入小学，这是人生的一大转折。它意味着儿童在成长过程中向正规的学习生活迈出了最初的一步。幼儿园与小学衔接的目的就在于使儿童尽快适应幼小过渡期的学习生活，顺利度过转折期，为儿童日后的发展奠定良好的基础。

一、幼小衔接的含义与价值

(一)幼小衔接的含义

“衔接”原指事物之间的“连接”，教育学上所讲的“衔接”是指相邻教育阶段、不同教育机构之间的“连接”。幼儿园教育与小学教育是邻近的两个教育阶段，但是存在极大的差异。幼小衔接就是要为儿童从幼儿园顺利过渡到小学创造良好的条件，从而实现幼儿园教育向小学教育平稳过渡的整个教育过程。

幼儿园与小学之所以要衔接，是因为儿童从幼儿园到小学，不仅要经历学习环境的转换，还要经历教师、朋友、行为规范和角色期望等因素的变化。学前期与学龄期这两个年龄阶段的儿童有着不同的年龄特点与主导活动。学前期的儿童处于以具体形象思维为主的时期，主导活动是游戏。学龄期的儿童处于具体思维向抽象思维过渡的时期，主导活动是学习。但是这两个时期又是连续和渐进发展的。我们应尊重儿童各个发展阶段的特点，并逐步引导他们顺利向下一个阶段发展。进入学龄期的儿童通常存在下列问题。[①]

①关系人的断层。儿童进入小学后，和小学教师的关系不再像和幼儿园教师那样，必须接受严格要求；学习期望高的小学教师对儿童的诸多要求会使他们感到有压力。

②学习方式的断层。小学正规的课堂学习方式与幼儿园的自由游戏、探索学习和发现学习方式有着较大的差异，需要儿童用一定的时间来适应。

③行为规范的断层。儿童进入小学之后行为规则受到更多的制约，不能再随心所欲地对教师提出要求，以往的感性将渐渐被理性和规则控制。

④社会结构的断层。儿童进入小学后需要结交新朋友，学会与他人交流和沟通，在班集体中确立新的人际关系，重新寻找自己在团体中的位置。

⑤期望水平的断层。在幼儿园里家长和教师的期望是儿童在各个方面的健全发展；进入小学后家长和教师给予儿童新的期望和压力，为了儿童的学业而减少他们游戏和玩的时间。

⑥学习环境的断层。精神环境由幼儿期的自由、活泼、自发的学习环境转换成分科学习、作业、受教师支配的学习环境；硬件环境由布置的多样化和多个学习活动室转换成有固定的桌椅摆放的单一环境。在这种环境中，儿童会出现注意力难以集中问题，或因不适应而产生学习障碍。

这些断层构成了儿童进入小学的“陡崖”，使得儿童进入小学后就会出现不适应状况。如果不能及时地调整，会影响到儿童身心的健康发展。所以，开展适宜的幼小衔接工作就势在必行。表 12-1 为幼儿园教育和小学教育的差异。

---

① 王海澜：《学前教育学》，208 页，上海，上海交通大学出版社，2013。

表 12-1　幼儿园教育和小学教育的差异①

教育情况	幼儿园	小学
学习环境	整体上学习氛围比较轻松，环境布置多样化；有不同的活动室，自由活动多	整体上学习氛围紧张，环境布置比较单一；除体育和劳动教育课外，所有课程在同一个教室学习
学习方式	寓教于乐，以游戏为主，在游戏中积累知识、完成学习任务，注重学习过程的趣味性	依照教学大纲制定严格的教学目标，以课堂为主要形式，更注重学习结果
教学内容	知识比较粗浅，分散在游戏和生活的各个角落	开始有严格的分科，知识系统化，抽象、严谨、组织性强
授课方式	教师以具体、生动、形象的方式教授知识，提升儿童的各项能力	教师以课堂为主要的和基本的授课方式，态度严谨，要求严格
学习时间	学习时间总体分散，集体教学时间短且灵活；其余都是游戏、劳动等时间	学习时间比较集中，集体教学时间比较长；有固定的学习时间
教学管理	没有特别严格的管理制度；根据主题式单元组织每日教学	有严格的教学管理制度、明确的作息时间；教学评估考试化
师生关系	幼儿和教师的关系密切；教师随时照顾幼儿的学习生活，对儿童的独立性和自主性要求较低	师生相对疏远；开始侧重于学习关系，对儿童的独立性和自主性有了较高的要求

(二)幼小衔接的价值

1. 幼小衔接有利于儿童身心的健康发展

根据世界卫生组织的界定，身心健康是指在身体上、精神上的完满状态以及良好的适应力，而不仅仅是没有疾病和衰弱的状态。幼小衔接可以有效地减小幼儿园与小学之间的坡度，使儿童能根据环境的变化积极、主动、有效地进行身心调整，减轻生理和心理上的失衡，在新的环境中保持良好的身心发展状态。

2. 幼小衔接有利于提高儿童的社会适应能力

儿童在任务意识、规则意识、独立意识和完成任务的能力以及人际交往能力方面都需要加强训练，以适应小学的学习生活。幼小衔接的过程就是帮助儿童适应新的环境、新的要求、新的教师与同学，在与他人交往的过程中实现社会化发展，提高自身的社会适应能力。

---

① 刘东：《对幼小衔接教育的再思考》，载《辽宁教育行政学院学报》，2006(1)。

3. 幼小衔接有利于儿童良好习惯的养成

儿童正处于人生的初始阶段，可塑性大，自控能力较差，是养成良好习惯的关键阶段。但是习惯的养成并非一朝一夕的事情，很多习惯一般要到小学甚至中学阶段才真正形成，如生活习惯、卫生习惯，学习习惯等。做好幼小衔接工作，有利于形成儿童良好的行为习惯，特别是良好的学习、人际交往的习惯。

4. 幼小衔接有利于儿童顺利适应小学学习生活

小学时期是儿童发展历程中的一个重要时期。儿童能否适应从幼儿园到小学的生活，会影响他们小学后的学业成就。适应好的会较快进入小学的学习状态，取得较好的学业成就；反之，出现学习困难的概率就会增大。

二、幼小衔接的原则与任务

(一)幼小衔接的原则

1. 长期性非突击性

幼儿园教育要为儿童的终身发展打好基础。因此，我们不应当把幼小衔接工作仅仅视为两个教育阶段的过渡问题，而应把它置于终身教育的大背景下去考虑。让儿童顺利地进入小学只是幼儿园教育的近期目标而已，它是实现幼儿园教育长远目标的一个组成部分。对于幼儿园来讲，入学准备不仅仅是在大班下学期进行的。儿童在入小学时较为顺利地适应小学的学习和生活，不仅与大班下学期所进行的一些有针对性的教育活动有关，还与三年幼儿园教育，甚至与入学前的全部教育有关。所以，时间上要把幼小衔接工作贯穿于幼儿园教育的各个阶段，而不仅仅是大班下学期；内容上要涉及儿童发展的各个方面，而不仅仅是知识准备；人员上要包括幼儿园全体人员、家长及有关成人，而不仅仅是大班的教师。对于小学来讲，我们不能仅仅把衔接工作看成是幼儿园的事情，而应当遵循素质教育的精神，改革不适合儿童发展的教育形式、方法等。幼小衔接不只是为儿童入小学做准备，更是为儿童终身发展打基础。

课证融通

单选题(2019 年综合素质真题)：在小班的家长会上，有两个家长质问带班的李老师：“为什么不教孩子写字和拼音？再不教的话，我们的孩子就转园。”对此，李老师恰当的做法是(　　)。

A. 接受意见，适当增加拼音和写字的内容

B. 听取意见，耐心向家长分析不教的原因

C. 尊重家长，推荐校外辅导机构

D. 不予理会，尊重家长的转园自由

答案：B。

2. 整体性而非单项性

幼小衔接是全面素质教育的重要组成部分。越是身心得到全面充分和谐发展的儿童，越能较快地适应小学的学习和生活。因此，教师要避免那种重智育与忽视或轻视体育、德育、美育等工作的倾向；更要避免把幼儿园入学准备工作等同于教儿童认字、学拼音、学计算的做法。幼小衔接中仅偏重某一方面是错误的，而在某一方面中又偏重某些因素则更片面了。有的教师把智育理解为仅是让儿童记忆知识、掌握技能，对智育的其他因素如思维能力的培养则重视不够；对儿童的学习主动性、兴趣、习惯等与智力发展密切相关的，也属于智育范畴的非智力因素的培养则更是忽视。这种片面的幼小衔接教育对于儿童入学后尽快适应小学的学习与生活是非常有害的。

3. 与小学的适应性而非小学化

入学准备工作的误区之一就是“小学化”倾向严重。有些教师将幼小衔接理解为“提前学习”或者“小学化教育”，主要表现如下。

(1)超前学习

超前学习就是提前让儿童学习小学的教材，如提前学习汉语拼音和书写汉字，提前学习小学的数学知识等。教学内容背离儿童的年龄特点，使儿童不能或不甚理解，在学习中只能较多地使用机械记忆和死记硬背的方法，体会不到学习的乐趣。这不但不利于儿童思维能力的发展，而且极大地挫伤了儿童对学习的兴趣，使他们未进入小学就已经害怕学习、讨厌学习，甚至可能给今后的发展埋下隐患。

(2)教学方式小学化

教学方式小学化就是用小学教育的组织形式与方法对待幼儿园的儿童。比如，教师用小学式的上课取代幼儿的基本活动——游戏；教师长时间用言语讲授的方式进行知识灌输，追求立竿见影的短期学习效果；教师的管理方式也小学化。这些做法严重违背了儿童的身心发展特点，是造成儿童怕学、厌学、养成不良学习习惯的重要原因。这种拔苗助长的“短视”行为已经引起了教育工作者和教育管理部门的重视。教育部分别于 2011 年 12 月和 2018 年 7 月出台《教育部关于规范幼儿园保育教育工作　防止和纠正“小学化”现象的通知》和《教育部办公厅关于开展幼儿园“小学化”专项治理工作的通知》，在全国范围内整治幼儿园“小学化”倾向、小学一年级非“零起点”教学等问题，得到各地高度重视和积极响应并取得了显著成绩。

(二)幼小衔接的任务

在儿童由学前期向学龄期过渡的过程中，幼小衔接应完成下列任务。

1. 生理适应

生理适应是指儿童在升入小学之前，必须具备适应小学紧张而有序的学习生活的身体条件，如体力、自我控制力、手眼协调能力等。大班儿童机体的发育渐趋完整，肌肉发展迅速，动作能力增强，大脑的发育也相当成熟。这为他们进入小学进一步发展智力、体力提供了条件和可能。但是，儿童的身体发育还没有完全成熟，如大、小肌肉发展不平衡，大脑神经系统的兴奋性大于抑制性等。这些特性就决定了他们既具备适应小学学习和生活的基本条件，又存在身体机能上的某些不适应性。因此，幼小衔接工作需要注意下列问题。

首先，健康的身体是儿童适应小学生活并进行各种调节的基础。没有健康的身体状况，其他的适应性调节就无从谈起。其次，进入小学之后，儿童的动手能力集中体现在书写上，儿童的手眼协调协调能力直接影响到他们的字迹工整程度。此外，儿童的手眼耳等的协调能力也十分重要。上课听讲时，儿童要听教师的声音辨别课堂重点，看黑板和教师的表情，并在课本上画线，记简单的笔记。这决定了儿童听课的效率。最后，自控能力是很必要的。小学阶段进行正常学习活动所必需的能力要求和纪律约束要求与幼儿园阶段有着较大的差异。

在幼小衔接工作中，幼儿园应进行适当的训练和培养，注意儿童身体的健康成长以及各方面能力的协调。小学也应采取适当的教育方法，逐步过渡，才能为儿童的发展奠定良好基础。

2. 心理适应

心理适应主要是指儿童在心理上做好当小学生的积极准备。一般来讲，大多数儿童都比较向往小学生的学习生活，愿意成为一名小学生。但这并不意味着他们有渴望知识与追求理想的自觉信念。教师和家长要注重引导儿童在进入小学之后面临新环境、新问题时，能够以一种积极的心态去面对，努力去克服困难。要让儿童做好接受新生活的准备，成人需要给儿童呈现新生活的全景，让儿童对新的生活有全面正确的认识，既愿意上学，喜欢上学，又具有一定的克服困难的思想准备，以积极的心理状态迎接小学生活。这样儿童在小学面临新的事物和区别于幼儿园的学习任务时，有足够的勇气和信心去面对，并主动去解决问题、完成任务。在心理适应上，家园要充分了解小学生活，培养儿童的主动性、独立性等。

3. 能力适应

能力适应主要是指儿童具备进入小学所需要的基本学习、交往能力等各项能力。由于幼儿园与小学是两个不同性质并具有不同特点的教育阶段，因此儿童在进入小学后很容易出现学习上的不适应情况。而让儿童摆脱不适应情况的有效方法则是让儿童在进入小学前获得基本学习能力的训练，包括学习上基本的听写能力、简单的背诵和复述能力、计算能力以及阅读理解能力等学习能力；具备生活中基本的交往能力，如结交新朋友、在班集体中和大家和谐友好相处；具备良好的学习习惯，如能集中精力认真听讲，在教师提出问题时积极思考问题；具备任务意识，如能按时完成教师布置的任务、主动独立完成家庭作业；具备基础能力，如观察能力、想象力等。这都有助于提高儿童入学的适应性。

在完成上述任务时，家长和教师以及小学教师要通力合作，注重儿童适应能力的内在衔接，遵循儿童身心发展的规律，共同促进儿童过渡时期各项能力的培养，以提高儿童的适应性。

课证融通

单选题(2018年保教知识与能力真题)：某幼儿园在上学期为大班开设了小学一年级语文、数学课程。该幼儿园的做法(　　)。

A. 正确，幼儿园有权安排教学活动

B. 不正确，这些内容应设在大班下学期

C. 正确，有利于实现幼小衔接

D. 不正确，不利于幼儿的身心发展

答案：D。

三、幼小衔接的内容与方法

幼小衔接工作对于幼儿园来说，就是幼儿园为儿童入小学做好准备的工作。入学准备教育贯穿于整个幼儿园教育的全过程，也是幼儿园整个教育结果的最终体现。儿童的入学准备教育包括全面的入学准备与专门的入学准备两个方面。

(一)全面的入学准备

全面的入学准备是指儿童在进入小学之前需要达到应有的身心全面发展的水平，包括健康的身体、正常发展的智力和社会性、良好的行为习惯等。可以说，幼儿园几年的全部教育过程都有为进入小学做准备的意义和作用。全面的入学准备工作旨在在整个幼儿园教育过程中促进儿童全面发展，因为儿童的身心要得到全面发展绝不是一朝一夕可以实现的。培养儿童的独立意识、生活自理能力及社会交往能力，也都不是一年半载的功夫。所以，整个幼儿期的教育都是入学准备教育。全面的入学准备工作是幼小衔接的基础，并贯穿于整个幼儿园教育的全过程。

(二)专门的入学准备

专门的入学准备指对大班儿童进行适应小学一年级学习和生活的、有针对性的工作。主要是在儿童入学之前针对小学学习生活所做的有关的准备工作。表12-2为幼儿园入学准备教育指导要点。

表12-2　幼儿园入学准备教育指导要点

准备领域	发展目标
身心准备	1. 向往入学 2. 情绪良好 3. 喜欢运动 4. 动作协调

续表

准备领域	发展目标
生活准备	1. 生活习惯 2. 生活自理 3. 安全防护 4. 参与劳动
社会准备	1. 交往合作 2. 诚实守规 3. 任务意识 4. 热爱集体
学习准备	1. 好奇好问 2. 学习习惯 3. 学习兴趣 4. 学习能力

1. 激发儿童对小学生活的热爱和向往

入学意识教育是大班下学期一项必要的工作。其内容包括：了解和熟悉小学的学习环境及学习活动；了解和熟悉小学生的生活作息制度；认识小学生的学习用具；有向往小学、当小学生的愿望。其中，儿童对小学生活的态度、看法、情绪状态等对入学后的适应至关重要。因此，幼儿园阶段应注意培养儿童上学意愿，对小学的生活怀着兴趣和向往，为做一名小学生感到自豪的积极态度，并让儿童有机会获得对小学生活的积极情感体验。为此，幼儿园应当通过多种教育活动，特别是加强与家长、小学的合作，来让儿童逐步了解小学，喜欢小学，渴望上小学，最后愉快、自信地跨进小学。

2. 培养儿童对小学生活的社会适应性

社会适应性教育目标指向四个方面：培养规则意识与执行规则的能力、培养任务意识与完成任务的能力、培养独立性与生活自理的能力以及培养人际交往的能力，而且把培养儿童的主动性作为教育的重点。

(1)培养规则意识与执行规则的能力

培养规则意识与执行规则的能力具体包括：认识理解教育环境中的规则；养成按规则进行活动的行为习惯；养成按指令统一行动的习惯；学习制定有关规则，形成规则意识。儿童应该逐步懂得生活、学习、游戏等都是有规则的。教师可以让他们体验不遵守规则造成的后果，有意识地发展他们的自我控制能力。同时，幼儿园可在生活制度、课堂纪律等方面有所改变，让儿童逐步养成遵守规则的习惯，以有利于缩短入学后适应小学规则的时间。

(2)培养任务意识与完成任务的能力

培养任务意识与完成任务的能力具体包括：认识到成人要求做的事情都是必须完成的任务；养成认真专注做事的习惯；学习一些执行任务的技能；学会正确看待自己的能力，做事有信心，有毅力。

(3)培养独立性与生活自理的能力

儿童的独立性与生活自理能力对进入小学后的适应影响很大。有些儿童因为不能管理好自己的学习用具和生活用品，不能记住喝水或害怕独自上厕所等，而影响身体和学习，对小学生活感到困难。教师应培养儿童自己的事情自己做的习惯，让他们学会自己照顾好自己等。

(4)培养人际交往的能力

儿童人际交往能力的重要性表现在进入小学后对新的人际环境的适应上。适应能力差的儿童胆小，不能主动地与同伴交往，或与同伴不能友好相处，遇到问题也不敢去找教师反映或寻求帮助等。结果他们没有新朋友，感到孤独，心情沮丧，学习的兴趣大大减低，学校的吸引力也随之消失。

以上几方面的教育目标彼此相互渗透、相互联系、不可分割。一个目标可指向多个活动，多个目标也可在一个活动中体现。但教师在设计教育目标时应有侧重点，将培养儿童的主动性问题作为主线贯穿始终。儿童各个方面能力的发展都离不开他们自己的主动参与。只有当他们主动地与环境相互作用时才能得到发展。所以教师应尽可能地创设条件，综合运用多种形式与方法，让儿童实现自身的探索与选择，以促进儿童进入小学前的社会适应能力的培养。

3. 引导儿童做好入学前的学习准备

学习准备是着眼儿童终身学习的需要，发展他们基本的学习素质，并在此过程中帮助他们打下今后学习的基础。幼儿园需要做好以下工作。

①培养儿童良好的学习习惯，如爱看图书的习惯，做事认真的习惯，注意力集中地听教师讲话的习惯，保持文具、书本整洁的习惯等。

②培养儿童良好的非智力品质，如认识的兴趣、学习的积极性、意志品质、自信心等。

③发展儿童的思维能力和基础能力。比如，入学前的数学教育在让儿童学习初步的简单数学知识的同时，重在发展儿童的思维能力；入学前的读写教育要让儿童在游戏中愉快地发展基础性的能力，如拼音学习所需要的语音的辨别能力，正确写字所需要的儿童小肌肉的灵活、手眼的协调以及观察、识记、位置辨别、空间方位知觉等多方面的能力。

4. 指导家长做好入学准备

实际上，无论是儿童自理能力的锻炼、社会性行为的发展，还是儿童学习习惯的养成、学习信心的培养，都与家长的观点、态度和行为有着直接的关系。因此，家长应该成为幼小衔接工作中的重要力量，通过适宜的方式发挥自身的协调、润滑功能。幼儿园要定期或不定期地与家长交流育儿知识，帮助家长提高育儿能力；做好家长工作，引导家长走出误区，使家园教育一致。在幼小衔接的关键时期，幼儿园应加强与家长的联系，使家长与幼儿园统一认识，协调一致地开展幼小衔接工作。幼儿园还可以充分发挥家长学校的作用，聘请心理学专家、有经验的教师或者家长开设专题讲座，引导家长正确评价自己的孩子，帮助孩子做好入学前的身体准备、心理准备、物质准备、生活习惯准备和学习习惯准备。

课证融通

单选题(2016 年保教知识与能力真题)：教师在幼儿书写准备的指导中不恰当的做法是(　　)。

A. 让幼儿用图画和符号表达自己的愿望和想法

B. 让幼儿书写自己的名字

C. 让幼儿养成正确的写画姿势

D. 让幼儿学习书写常见汉字

答案：D。

(1)指导家长帮助儿童做好入学的心理准备

从幼儿园升入小学，全新的环境、人际关系、学习方式等必然会对儿童的心理产生强烈的冲击。家长需要密切关注儿童面临这些冲击时的心理状态，及时给他们提供疏导、指引和支持。家长还需要根据儿童的兴趣和能力，帮助儿童选择合适的学校，对小学生活进行合理的展望和规划。家长还可以配合幼儿园教师，带领幼儿熟悉、了解小学，提前与小学生进行接触和交往。总之，在幼小衔接这个重要的过渡时期，家长要做儿童最坚强的后盾，让儿童充满信心和希望地迎接小学生活。

(2)指导家长帮助儿童养成良好的生活习惯

良好的生活习惯对于儿童升入小学后的生活质量、学习质量都有着很大的影响。家庭是培养儿童生活习惯的“主战场”。家长要培养儿童良好的生活习惯，使儿童更好地适应小学生活。

首先，调整好儿童的生活作息时间。小学的作息制度比幼儿园更加严格，学习和生活节奏更加紧凑。在幼小衔接时期，家长要开始培养儿童的时间观念，帮助儿童形成张弛有度的生活习惯。

其次，培养儿童的生活自理能力。在日常生活中，家长不要溺爱儿童，要让儿童做一些力所能及的事情。比如，让儿童自己穿衣、系鞋带、上厕所，玩具、学习用品要自己整理好，在入学前具备基本的生活自理能力。

最后，培养儿童自己解决问题的能力。在小学，教师和家长都不可能为儿童提供“保姆式”的照顾。培养儿童的独立性、主动性，让他们具有自己发现问题、解决问题的能力，对他们适应小学甚至是以后的人生都是非常重要的。

5. 幼小配合做好入学对接

幼小衔接问题不仅关系儿童入学的适应问题，还会对儿童的终身发展产生深远影响。因此，推进幼儿园教育和小学教育的双向改革是非常必要的。解决幼小衔接问题必须加强园、校间的沟通与协作，以儿童身心发展的阶段性与连续性的规律为依据，把培养和提高儿童各方面的适应能力作为幼小衔接工作的着眼点。

一方面，幼小衔接应在观念上有衔接的意识。幼儿园教师与小学教师应相互联系，在观念上不要过多地强调幼儿园教育与小学教育的差别，而应看到两者相通和一致的方面；利用个别访谈、组织参观活动、座谈会等方式，了解不同教育阶段的情况，不断调整自己幼小衔接工作的策略和方法。另一方面，幼小衔接在体制方面保持沟通与衔接关系。幼小衔接可采用幼儿园同小学衔接、小学向幼儿园接近和幼儿园与小学共同衔接三种形式，减缓两者之间的教育坡度。总之，加强家庭、幼儿园、小学、社区力量的相互配合，形成影响儿童成长的教育合力，使全社会对此都达成共识、共同配合，才能做好幼小衔接工作。

学前教育不能任意超前，从近期的效果看是令人振奋的，但最终的结果不见得令人满意。正如卢梭说过：“大自然希望儿童在成人以前，就要像儿童的样子。如果我们打乱这个次序，就会造成一些果实早熟，它们长得既不丰满也不甜美，而且很快就会腐烂。”这值得所有的学前教育工作者深入思考，引以为鉴。

思考与练习

一、基础练习

谈谈家园合作的方法。

二、实践训练

1. 通过幼儿园教育实践或网络搜索，收集幼儿园幼小衔接的经典案例，并结合所学理论进行评析。

2. 运用所学知识制订并撰写一份家园合作计划。

学习评价与反思

____

____

____

单元十二综合检测题　　单元十二综合检测题答案